四川省全国导游资格考试统编教材
SICHUANSHENG QUANGUO DAOYOU ZIGE KAOSHI TONGBIAN JIAOCAI

导游服务能力
——四川省现场考试指南
（修订版）

DAOYOU FUWU NENGLI

SICHUANSHENG XIANCHANG KAOSHI ZHINAN

四川省全国导游资格考试统编教材专家编写组 编

中国旅游出版社

责任编辑：郭海燕
责任印制：冯冬青
封面设计：中文天地

图书在版编目（ＣＩＰ）数据

导游服务能力：四川省现场考试指南 / 四川省全国
导游资格考试统编教材专家编写组编. -- 4版. -- 北京：
中国旅游出版社，2019.7（2019.8重印）
ISBN 978-7-5032-6291-3

Ⅰ．①导… Ⅱ．①四… Ⅲ．①导游－资格考试－自学
参考资料 Ⅳ．①F590.63

中国版本图书馆CIP数据核字(2019)第137759号

书　　名：导游服务能力：四川省现场考试指南

作　　者：四川省全国导游资格考试统编教材专家编写组编
出版发行：中国旅游出版社
　　　　　（北京建国门内大街甲 9 号　　邮编：100005）
　　　　　http://www.cttp.net.cn　E-mail:cttp@mct.gov.cn
　　　　　营销中心电话：010-85166536
排　　版：北京旅教文化传播有限公司
经　　销：全国各地新华书店
印　　刷：河北省三河市灵山芝兰印刷有限公司
版　　次：2019 年 7 月第 4 版　2019 年 8 月第 2 次印刷
开　　本：720 毫米 ×970 毫米　1/16
印　　张：18
字　　数：300 千
定　　价：35.00 元
ＩＳＢＮ　978-7-5032-6291-3

四川省全国导游资格考试
统编教材专家编写组

主　编　宫庆伟　李如嘉

副主编　张　岚　梁中正　顾　琳　冯景云

参　编　黎　玲　刘　洋　方　澜　刘婷婷

　　　　　翟　莲　瞿　静　龚曜琨　刘　倩

　　　　　陶虹雨

序 言

　　2019 版全国导游资格考试《导游服务能力——四川省现场考试指南》一书，是根据文化和旅游部 2019 年全国导游资格考试大纲指导方针，在 2018 版《导游服务能力——四川省现场考试指南》基础上修订而成。

　　本次修订根据 2019 年全国导游资格考试现场考试要求，从有利于科学考核和系统测评的角度出发，将四川省品牌旅游资源按资源等级和典型度整合，考核重心依托景区讲解，使景区讲解的内容在时间上拓展，增加景点讲解的信息量，强化景区内的信息广度和深度。本次修编内容，侧重突出考生在景点讲解环节中展示出的由点到面、由面到点、信息丰满及能突出重点的讲解能力。

　　同时，为方便考生更有针对性地整合、选择素材，教材也分专题罗列了一些与四川文化和旅游有关的内容模块，主要目的是为考生提供一种搜集、整理素材的途径，同时也为考生增添触类旁通、举一反三的参考内容，拓展阅读量。这些与四川旅游息息相关的文化背景资料，在某种程度上可以为考生挖掘导游词深度提供助力。

　　本书编写由四川省业内具有丰富实践经验并兼具理论修养的行业专家和一线资深导游组成，形成院校、行业、旅行社、景区融合的编写队伍，在内容整合上既突出考试要求和文化传承，又兼顾行业服务标准和导游岗位的执业实际情况。全书由廖荣隆、宫庆伟、李如嘉负责统稿。其中，第一、第二、第三章由宫庆伟、冯景云、梁中正参与修编，第四章由张岚、龚曜琨、瞿静、翟莲参与修编，第五、第六章由黎玲、宫庆伟、李如嘉、赵旭望、刘洋、方澜、顾琳、刘婷婷、刘倩、陶虹雨参与修编。延续新的考试方针、新的考核体系，我们努力通过 2019 版教材的修订，让考生对现场考试环节有更精准的把握和更深入的理解。

由于编写水平有限，不足之处在所难免，真诚欢迎各界专家、学者和广大读者批评指正。

编者

2019 年 7 月

目　录

第一章
现场考试概况

　　现场考试环节是考生在考试现场运用语言能力，向考评员传递其对四川文化和旅游资源信息所知、所解、所悟的一种考核形式。整个现场考试环节，是对一名导游从业者上岗前讲解与服务综合素养的测试。

　　考生在讲解过程中，从主动讲解到被动回答提问，从讲解方式到讲解内容，从讲解姿态到对话谈吐，从仪表、音质、语速、表情、亲和力到一颦一笑、一举一动，都会让考评员设身处地地考核考生的实际能力和潜在能力。简而言之，就是考查考生是否具备从事导游工作的素质，是否熟悉导游服务规范，是否熟知四川文化和旅游资源，是否洞悉相应景区的文化内涵。

　　考评员评判的不仅是有声语言所表述的内容，同时还更重视评判无声的肢体语言、眼神语言、表情语言和着装饰物语言在细节上的合理性。换句话说，考生在现场考试过程中，有声语言除了它的悦耳成分，它有无内容、内容有无信息储量、信息的价值大不大、呈现方式有无逻辑、感染力强不强，都属于考核范畴。

　　所以，现场考试的应试，就是调动一切有声的、有形的物质，声情并茂地给考评员展示一个由此及彼的审美联想过程，达到"考""评"互动沟通的统一。因而，在考试现场，我们要求考生的言行举止符合礼仪的舒适性、语言的通俗性、选点的准确性、内容的趣味性、信息的新颖性、技能的多样性以及实施服务的连贯性。

　　现场考试的目的是根据导游员应具备的基本能力和素质要求，以室内考试的方式对考生进行现场考评，归根结底是知识、能力和实践经验的检验。要求考生通过讲解，满足考官的好奇，激发考官的热情，引发考官的联想，弘扬地方文化和民族文化并扩展新的文化信息。但由于考试时间所限，这就要求考生在讲解中以点带面、以一概全、重点突出，讲解内容既能聚焦浓缩又能扩散延展。在有限的考试时间内，既能展现新颖的讲解主题，又能呈现经过自身消化的讲解内容，还能表现适度的讲解情感和一定的讲解技能。

第一节　现场考试的规则

现场考试采用室内模拟导游的方式，模拟情景空间为景区内实景讲解和回答问题。

一、指导思想

通过现场考试，考察考生与导游职业、语种服务要求相对应的语言能力；考察考生是否具备导游的基本素质要求和服务能力要求，是否掌握导游服务规范及工作程序，并具备一定的应对、应变能力；考察考生对景点熟练进行导游讲解的能力。同时，要求考生对国际、国内、省内时政大事和文化旅游行业相关常识有一定了解，考察考生的知识广度和深度。

二、考试项目

主要包括七大方面，重点测试导游服务最核心的导游讲解能力。

（一）语言表达

主要考察考生与导游服务相对应的语言能力，包括语言表达的准确性、流畅性、逻辑性、生动性、感染力、说服力及身体语言的得体运用、语音面貌等。

（二）仪表、礼仪

主要考察考生与导游服务相对应的仪表仪容知识和对礼节、礼仪的得体运用等。

（三）景点讲解

主要考察考生导游讲解是否符合服务规范程序，考生的景区概况和景点讲解的正确性、全面性、条理性，讲解内容是否连贯如一、逻辑清晰、方位清楚、重点突出、现场感强。

（四）导游规范知识问答

主要考察考生对导游服务规范及工作程序、文明旅游引导的掌握和应用。

（五）应变能力知识问答

主要考察考生处理突发事件和应变特殊问题的能力。

（六）综合知识问答

主要考察考生对国际、国内、省内时政、经济、文化、社会发展等综合知识的了解。

（七）口译（外语类考生）

主要考察外语类考生在中文和外语之间口头互译的能力。

三、考试组织

现场考试由四川省文化和旅游厅组织实施，各市、州文化和旅游行政主管部门配合。具体考试时间、地点以"现场考试准考证"标注为准。

四、考试时间

为了全面、准确地测试考生的基本素养和能力，现场考试时间中文类考生每人不少于 15 分钟，外语类考生每人不少于 25 分钟。

五、评分标准

考试成绩采用百分制。

中文类分值比例为：礼貌礼仪占 5%，语言表达占 20%，景点讲解占 45%，导游服务规范占 10%，应变能力占 10%，综合知识占 10%。

外语类分值比例为：礼貌礼仪占 5%，语言表达占 25%，景点讲解占 30%，导游服务规范占 10%，应变能力占 5%，综合知识占 5%，口译占 20%。

六、考试要求

（一）讲解环节

考生签到候考时，随机抽取 1 个景点（中文类 12 个景点范围内抽取，外语类 5 个景点范围内抽取）作为考试讲解题目。

具体要求如下：

1. 考生抽签后，不得要求更换景点题目。

2. 景点抽签范围：

（1）中文类（12 个）：

九寨沟景区、黄龙景区、峨眉山景区、乐山大佛景区、阆中古城景区、邓小平故里旅游区、剑门蜀道剑门关景区、海螺沟景区、成都大熊猫繁育研究基地景区、都江堰景区、武侯祠景区、三星堆博物馆景区。

（2）外语类（5 个）：

九寨沟景区、峨眉山景区、都江堰景区、成都大熊猫繁育研究基地景区、三星堆博物馆景区。

（二）问答环节

考生完成景点讲解后，从导游规范知识问答、应变能力知识问答、综合知识问答 3 个部分各抽取 1 个问题作答。

（三）口译环节

外语类考生问答环节结束后，抽取"中译外""外译中"口译题各 1 题，口译题由考评员读题，考生紧接着进行口译。

（四）外语类考试要求

外语考生全程使用所报考的语种进行考试，即用所考语种进行景点讲解、导游规范问答、应变能力问答、综合知识问答和口译测试（包括"中译外""外译中"）。

第二节 现场考试的准备

凡事预则立，不预则废。

现场考试准备工作的第一步是准备导游词。由于每个景区涵盖的地理范围比较大，所以准备工作必须足够充分，并确定所准备的信息量足以支撑一篇不少于 8 分钟的讲解词。同时，这篇导游词必须主题鲜明，不是分散的多个景点或多个主题。也就是说，选择一个讲解重点尤为重要。这样的考试要求与游客的旅游需求不无关系。从换位思考的角度看，我们但凡到达一个陌生的旅游区，首先想消除的就是陌生感。因此，引导游客游览，由浅入深、循序渐进地逐一讲解，使整个讲解有的放矢，调动游客的游览兴趣，就是一名导游责无旁贷的工作使命。

简而言之，就是抓住重点、突出主题。

假定中文考生在 12 个题签中抽取到的是"阆中古城景区"，首先遇到的难题就是古城内林林总总多达百处的景点；其次，仅以其中代表性的桓侯祠、考棚、锦屏山而言，每个景点可以展开的重点就有多个。如此令人眼花缭乱的庞杂内容，假如不分青红皂白地东拉西扯，自己没有讲解主题，游客也就抓不住游览重心。合理的方式就是在考前准备中，预先确定一个重点进行精心打造。

对于一名新手而言，这其实是一个很棘手的问题。比如，大多数考生因不了解阆中古城，无法把握微观讲解。而微观，恰恰是现场考试中考评员最注重、实践中游客诉求最强烈的。大多数考生只好凭借自己的一厢情愿，眉毛胡子一把抓，照着资料一字不漏地讲解宏观的阆中古城：

大家请看：阆中古城建在大巴山脉、剑门山脉与嘉陵江水系交汇聚集处，山围四面，水绕三方，顺应了风水理论中的"龙""砂""水""穴"的意象，形成山水紧密契合之势。所谓"龙"，指龙脉，即山脉；"砂"指四周山形地势；"水"即河流，以由西向东流入为佳，水流入的地方叫作天门，水流去的地方称为地户，应是天门开，地户闭；"穴"，即基址、建筑、穴场，一般以坐北朝南的方向为佳。

这里的"大家请看"，凸显了一个问题：往哪里看？导游自己没有定点，既没有确定讲解点，又没有团队所处的站位点，坐标不清，讲述中的"画面"没有具体的立足点，连讲解者本人都没有弄清讲解内容是怎么回事。

如果接着往下说：

中国风水理论是世界闻名的一大奇特传统文化现象。"风水"简而言之，是指关于居住环境、城市选址、建筑布局等方面的规划设计的一种传统理论。它以人为中心，天、地、人三者协调，以求达到"天人合一"，即把自然环境与人居协调起来，指导人们去占用有利的位置空间，获得大自然的恩宠，趋吉避凶，收到物质丰盛和精神满足的双重效果。说到底，选择好的风水，就是选择良好的生态环境。

传统风水理论讲究空间构成聚合。为了加强聚合，阆中古城采用了多重聚合的办法。

城外，山围四面，水绕三方，北以蟠龙为屏障，东西有大像山、西山形成左右环抱，城南有锦屏山（案山）所护，剩下水流缺口，有塔山所守；嘉陵江从西北来，从东边出，形成"金城环抱"之势。这是第一道聚合圈。此外，蟠龙山之北与大巴山的方山山系和龙山山系相连，形成城区北部高大雄伟的天然屏障，阻挡北部寒气，迎纳南部的阳光暖流，锦屏山以南山峦叠，东西也有高山护卫，这便形成了古城的第二道聚合圈。

城内，众多四合院是一个个聚合空间；多进的庭院，加强了聚合层次；街巷又把各个四合院聚合起来，形成聚合圈；四周的城墙，再把街巷聚合起来，形成环环相套的空间。

这些多重空间聚合，取得了人与自然的和谐，创造了居住的良好环境。

古城街道以西街、北街交界处，即中天楼为中心，主干向东南西北辐射，对应"天心十道"。东西街道多而长，南北街道少而短，无论东西南北，都与远山相对。街道习惯根据朝向取名，强调风水主题。街道更习惯背山面水，沿街构筑顺其自然的等高线建筑，使整个街道高低错落，层次丰富，通风透光，视野开阔，形成"处处轩窗对锦屏"的胜景。加上四周山体中楼台景观的点缀，这就有了名副其实的"阆苑仙境"！

到这里，考评员可能会认可一篇内容饱满的导游词，即使它缺乏相应的空间感，但这并不足以说服考评员忽略这位考生的生搬硬套。首先，考生的站位确实更接近于锦屏山上，在锦屏山上指点江山才能有这样的视野；但这样一来，新的问题接踵而至：讲解内容中所指点的东西南北（街道）很多点位就会变得很抽象。除非手上还有一张地图，否则，游客（或考评员）是无法身临其境的，这就是导游词要强调现场感的原因。

所谓现场感，直观地讲，就是在视界之内显而易见的景物；对于导游而言，最重要的是集中在一个相对固定的点位上，这个点既是可视景点也是文化讲点、游客眼光聚焦之处，通过内容介绍和主题揭示，解开游客心中的疑窦，这就是一篇有主题、有内容的导游词。

尽管这篇导游词缺乏现场感，但却是一篇有文化发掘的导游词，因为它不但有内容，而且揭示了一个文化重点。这篇导游词最大的成功之处，就是宏观上提取了"古城"的一个重点："风水"主题。一篇导游词一旦有了鲜明的主题，这篇导游词就找到点了，丰富的信息也随之扑面而来。考生此时最需要完成的工作就是定点（即选择合适景点）、定位（即选定所处位置），也就是选择一个合理的讲解空间，在一个能够充分展现讲解内容的景物前，以小见大地解读古城的风水。

由此可见，对一个景区的空间具有充分认知是选择重点的前提，资料和信息的搜集整理是揭示重点的根本。理顺这种关系，首先必须对一个景区做认真地考察，在此基础上筛选出合理的重点。其次，搜集该景区翔实的资料。最后，根据自己的风格、学识和掌控度，确立一个能够与该景区融会贯通的讲解主题。

在达到熟悉景区、选点正确、主题鲜明这些要求后，建议考生特别注意从以下环节的准备入手，有效丰富自己的讲解内容。

一、资料收集与整合

收集、消化和运用资料是写作一篇应试导游词所必需的基础工作。

本书第三、第四章罗列的资料仅仅是景区信息的冰山一角，大量的信息有待考生自己在网络、方志、书籍、现场中去搜集提取，把一切与景区关联的细枝末节作为关注点进行筛选。

二、资料甄别和取舍

导游现场考试确实是凭"讲"评分，但不等于不动笔"写"。撰写导游词本身就是一个认真学习、充分准备、提前预制的过程，它能帮助我们去伪存真、去粗存精。在占有丰富资料的前提下，考生还必须懂得信息的识别和选择。

（一）信息的分类

导游讲解所涉及的内容信息，一般分为固定信息和扩充信息两种。

1. 固定信息

固定信息是指关于资源地的自然、人文承继的稳定信息内容。

如何利用稳定的固有信息是考生在创作讲解词时的一个难点。以"大千纸"为案例，张大千在夹江所生产的纸见诸当地记载，有它稳定的固有信息，但这种信息量还不足以支撑一篇现场考试的完整讲解词。如果通篇抄袭稳定的固有信息，信息量哪怕很多、很全，但不新、不奇，也很难形成听觉冲击；但摒弃稳定的固有信息，则会落入生编硬造、无中生有的窠臼。如讲解"大禹治水"，流传已久的神话传说是固有信息，但如果通篇都在讲一个神话，讲解就虚无缥缈了。

因此，对撰写导游词的考生而言，利用稳定的固有信息作为讲解内容是必需的，但绝对不能一味机械照搬，通篇全盘复制。它体现的应是一名导游从业人员对资源地信息的"知"，这个"知"要求考生全面地、正确地把握资源地信息。

2. 扩充信息

扩充信息是指与固定信息有关联的新增内容，或固定信息在发展过程中的新变化。

扩充信息表现的是一名导游从业人员对资源地信息的"识"，即在原有固有信息基础上，延伸出自己的理解和诠释。如"大千纸"，造纸术就是支持大千纸延伸性的一种扩展信息；由于造纸术是中国的四大发明之一，更为宽泛的如指南针、火药、印刷术都是扩充信息。如讲解"大禹治水"能联系2008年"5·12"特大地震中治理唐家山堰塞湖的过程，就变成扩展信息了。

无论是稳定信息还是扩充信息都是资源的背景信息。背景信息具有陪衬性、引申性、对比性。理解景区资源所具有的背景信息很重要，它对揭示资源主题能起到认知、比对、聚焦、扩展、挖掘、升华等多种作用。一尊塑像，如武侯祠内的诸葛亮像，是肉眼一目了然的景物。同理，一座山，如在峨眉山山门前；一棵树，如九寨沟长海的"老人柏"；一座寺庙，如伏虎寺；一杆旗帜，如藏寨的经幡；一块匾，如"名垂宇宙"；一潭水，如浣花溪或五花海；一方碑，如三绝碑；一孔洞，如海师洞、天师洞等，都是游客面前的实物。因而，你只讲这尊塑像姓甚名谁，穿着打扮什么样，等于是重复语言信息。所以，考生在讲解中最好不要全篇都是就事说事的景物描述，通篇用最基础的看图说话方式去填充考试的时间，这既不是重点信息，也没有凸显文化。

（二）信息的甄别

在浩如烟海的信息中提取自己最需要的那一部分，或在习以为常的一条稳固信息中扩展关联信息，对于考生撰写一篇讲解词非常重要。比如，以绵阳梓潼七曲山大庙景区为例，其中需要选择一个讲解主题。而七曲山大庙古建园林与文物众多，名人题咏碑刻洋洋大观，可供考生选择的讲解点不胜枚举，该如何取材才好？通过取舍，我们可以选择大庙关圣殿中的金脸关公塑像作为重点：

　　尊敬的各位团友，易中天先生在《百家讲坛》中对三国人物的评点又一次地唤醒了人们对三国的记忆，掀起了一场"三国热潮"。国内外专家学者、影视界的编导们纷纷沿着蜀道来探寻三国遗迹，七曲山大庙更是成了他们热捧的地方。这倒不仅仅是因为文昌信仰，而是因为在这里保存有全国独一无二的金脸关公像。放眼海内外大大小小的关帝庙及戏剧舞台，关公都是一张红彤彤的脸膛，独独七曲山上关圣殿中的关二爷塑成了金脸，让人百思不得其解，这是什么原因呢？

　　这就不得不提到关公是如何走上神坛的了：我们姑且从《三国演义》小说的通俗视角来说。关羽追随刘备起兵后，凭着他过人的武艺和耿耿忠心，斩颜良诛文丑，过五关斩六将，败曹仁擒于禁，威震华夏。刘备称汉中王以后，关羽因赫赫战功被封"五虎上将"之首。麦城战败被杀后，仍被追封为"壮缪侯"，历代帝王无不希望能借表彰关公的"忠"与"义"来巩固统治。

　　北宋真宗大中祥符七年，也就是1014年，朝廷敕封关公为"忠义神武王"，宋徽宗以后又不断加封。到了明神宗万历年间，更是被封为"三界伏魔大帝神威远震天尊关圣帝君"，使他成了与孔子并列的文武二圣。在咱们普通老百姓的心目中，关公具有赤胆忠心，志虑忠纯，富贵不能淫、威武不能屈的品质，激起人们的无限敬仰。

　　《三国演义》里的关公长得是这般模样，"髯长二尺，面如重枣，唇若涂脂，丹凤眼，卧蚕眉，仪表堂堂，威风凛凛"。在戏曲舞台上，典型的关公打扮就是身着绿袍、颌下长须的红脸将军。

　　罗贯中写《三国演义》前，关羽是否红脸，史书上并没有记载。但却有个民间传说提到："关羽从来就好打抱不平，一次在他的家乡，当地太守的儿子强抢民女，而太守非但不能大义灭亲，反而包庇儿子威胁乡民。关公一怒之下，当场打死贪官父子为民除害，但他自己也被迫落得亡命天涯，四处逃难。他经过圣水庙时，在庙旁泉水里洗脸，霎时脸就变成了红色，于是，再也无人认出他来，这才赶到河北投军"。这故事出于宋代话本，所以从宋代开始就有了红脸关公。

明代末年，正值张献忠起义在成都称帝，张献忠却偏偏要认文昌张亚子为祖宗，改文昌祠为太庙。张献忠认为统治天下要文武双全，既然文有金脸张亚子，武帝关公也应当是金脸才对。红脸原本象征勇武刚烈，而帝王塑像才会脸部涂金，此地又是"帝乡"，因为张献忠以此为家庙，所以全国也就只有这一处关公是金脸了。了解了这样的背景，各位朋友，想来您也就不会对这金脸关公像感到困惑了吧！

在实际导游过程中，由于时间相对要宽松一些，景点讲解是可以洋洋大观的。但在考试环节上，则需要主题鲜明、重点突出。否则，任凭自己纵情论述，考试时间全用完，还不知道考生到底想讲清楚哪个主题，这就是没有取舍造成的问题。就事论事而言，这篇导游词可以直截了当选择金脸关公塑像，从眼前讲起，把其他外延内容适度压缩。这样，火力就可以集中在"金脸"这一重点上了。

（三）信息的取舍

信息的取舍是导游词优劣的关键。

景区背景信息包罗万象，但万变不离其宗，都不外乎跟历史、文化、宗教、建筑、民族、民俗、名人、事件等有关系。人物和事件是背景信息的核心。凡是推动历史进程的重大事件或叱咤风云的人物都是脍炙人口的话题，是导游词不可或缺的扩充信息资源。

如：从四川名人来说，一名考生在导游词中提到"李调元"这个名字。对于一篇导游词而言，"李调元"这个名字至少有四个重要信息会接踵而至：①清代在全国具有独一无二影响力的四川籍诗人；②历史上最有名的川籍对联大师；③现代川菜之父；④他曾经说过一句话，叫作"不鸣则已，一鸣惊人"，讲的就是四川和四川才俊，将司马相如、陈子昂、李白、苏东坡这样的"国家级"旷世奇才牢牢地跟四川连为一体。这样一来，背景信息的延伸性可以有效拓宽。这就是典型人物在导游词中的重要性。

从事件来说，比如考生在讲解中提到"泸定桥"，脑子里联想的毫无疑问就是红军长征。"飞夺泸定桥"是红军长征中的一个经典战例，它牵涉众多事件和人物。比如，导游词"毛泽东主席对它画龙点睛的评价突出为一个'寒'字"，这句话，既可以联想到一代伟人毛泽东，也可以从"寒"字还原到景点知识铁索桥、当地气候、当时红军所处的险恶环境以及诸如此类的链接，讲解内容就可以向宽度、深度进行挖掘。泸定桥既是桥（景点），也是一场战役（事件）。作为长征的一个局部，可以联想或追溯到一系列长征重大事件，就要求考生对红军长征进行详细了解，从告别中央苏区到突破四道封锁线，从湘江战役到强渡乌江，从遵义会议到四渡赤水，从巧夺金沙到彝海结盟，从爬雪山到过草地，以及最后会师会宁，从而理解毛泽东在《长征》一诗中"尽开颜"的丰碑意义。曾有一位考生讲解泸定桥景点就是先从"桥"破题，然后巧妙切入泸定桥战役的：天下桥梁何其之多，为何要游泸定桥？讲长度，别说它不能与上海的浦东大桥相比，就是在川内，超过它长度的桥也不下百座；讲悠久，四川羌区竹索桥的历史比它长千年；讲交通，成都市区一座普通立交桥的负荷都在它的百倍之上；讲造型，如今的斜拉式、彩虹式等层出不穷；讲文化，河北赵州桥、泉州洛阳桥比它有名得多。为何这泸定桥能一桥壮古今？这当然有其妙所在：泸定桥，既有它自身的人文历史，又有古典索桥的式样，最重要的是它比任何一座交通繁忙的大桥都伟大。因为，它曾经在150年前，眼睁睁地见证了太平天国翼王石达开的折戟沉沙，同时，又在80多年前承托出一个崭新的共和国。

考生运用类比法从不同方面采集了大量扩展信息烘托泸定桥，对泸定桥集中聚焦，这座桥就已经埋下了"伟大丰碑"的意义伏笔了。

三、主题提炼与巩固

一篇好的应试讲解词一定不是人云亦云的鹦鹉学舌。比如，一位讲九寨沟景区的考生就结合藏族聚居区游览特色从庞杂信息中提炼出一个大型景区的讲解主题：

九寨沟风光有"六绝"：蓝冰、翠海、叠瀑、彩林、雪峰、藏情。今天，我给大家介绍"六绝"之一的翠海。

一般说到海，人们脑子里想到的是东海、南海之类的海洋。九寨沟距海洋万里之遥，因为它的海拔太高，而海洋，恰恰是它的低调成就了"有容乃大"。因而，九寨沟地理位置所处的青藏高原东部与海洋隔着十万八千里。但这句话贸然说出，其实只对了一半，殊不知在亿万年前，海洋就在我们眼前。

据地质学家的研究，人类生存的地球，亿万年前是一个水球，全球都是汪洋大海。海水中大量钙华沉淀，生成礁石和坚硬的岩层，它们在水中待得不耐烦了，一头钻出水面，一不小心，长成了擎天大山。九寨沟一带的地貌也同样是这般的沧海桑田。长时间以来，九寨沟的人们以山为邻，但他们同样向往大海。在元朝时期，由于蒙古语的发音影响，但凡见到水面，蒙语中对应"湖泊水潭"这个词语的发音类似汉语的"海"字。所以，传到现在，每每说到九寨沟的湖泊，老百姓更习惯称为"海子"，这才有了这个亲切的名字。

这段导游词用九寨沟的六大特色概括九寨沟的风光，从中提炼出其中一绝，使整个庞大的景区讲解集中到一个方面，然后再选择 108 个海子中的一个海子作为具体讲解的载体，信息资料就有主题、有重点了。

比照另外一位考生，他这样讲解成都杜甫草堂景区的"茅屋"：

由少陵草堂碑亭向北，过一座横跨溪流的小木桥，竹树丛中，隐约露出一组茅草覆顶、黄泥涂壁的典型农居建筑，这就是 1997 年依据杜诗描写和明代格局重建的茅屋景区。整个景区内，以卵石铺底的溪流萦回环绕，岸边种植着芦竹和迎春花。

茅屋是穿斗结构，竹笆墙、茅草顶，呈"一"字形，两端略有扩展变化，爽快地展现着川西农居建筑的个性。它的布局体现了传统的做法，即居中为堂屋，左右为卧室，东头为厨房。风格简朴而不简陋，结构明快而略作变化，将历史信息与现代审美结合了起来。在茅屋右前侧，依据杜甫《高楠》诗"近根开药圃，接叶制茅亭"的描述，又营建了茅亭、楠树与药圃三个景点。在茅屋左侧，与药圃相对，还辟有菜圃，以应杜诗"自为摘嘉蔬"的描写。

由茅屋主景向西，隔竹林有山石飞瀑相呼应，这个造景顺应了杜诗"窗含西岭千秋雪，门泊东吴万里船"的意境。另外，还在原有土山基础上建成了景点"西岭"。西岭山脉原本远离成都，只可遥望，但景区增设了这一小景点，浓缩了空间，有咫尺千里的国画意境。

这样的讲解有一定问题：一是方位与方向不停变化，会误导为不停的移动状态而非定点深度讲解；二是书面语味道很浓，讲解不接地气；三是蜻蜓点水，游客抓不住重点在哪里。

我们特别强调，讲解中一定要选取某一个具体位置，将书面语言转换成口头语言，讲解点应该有一个提纲挈领的主题。比如，位置可以选在茅屋的前面，常见的主题切入点是《茅屋为秋风所破歌》，围绕川西民居的建筑结构、建筑材料，将林盘的功能作重点讲解。讲完之后，再用手势指示，简洁介绍茅亭、药圃、西岭这些面上的内容，点与面就自然而然结合在一起了。

四、重点突出与强化

究竟该如何选择一篇导游词的重点，这要结合考生自身的知识结构来决定。

考生如果对所选择的讲解内容做到深入了解，就能够合理组织背景知识和素材，而不会犯生拼硬凑的忌讳。考生应该针对自己的知识结构，尽量熟悉具有代表性的景点，学会选择跟自己驾驭能力相匹配的信息。

考生往往以为规模大、名气响的景区就一定好讲解，实际上恰恰不然，因为这一类景区的重点讲解内容反而是大家都经常听到的，比如都江堰景区。如果讲不出新意，只是机械、单调地陈述老版的讲解词，现场效果肯定不理想。又如，选择峨眉山这样的景区作为讲解对象，切忌把导游词写成抒情散文或导游日志，慷慨激昂、不着边际的抒情替代不了一篇讲解词，反而会让人觉得这种抒情太过缥缈。导游可以是诗人，但导游词一定不是通篇的诗歌或散文。导游现场考试就是让一个考生实事求是地给考评员模拟讲述一个看得见、摸得着的景点，要求考生必须把讲解的重心落实到某一个可发挥的具体的点上，不管这个点是自然类型还是人文类型。从选择角度和现场效果看，人文景点的发挥空间相对较大。以都江堰景区为案例，可侧重在景区中选择讲点，无论经常出现的鱼嘴、飞沙堰、宝瓶口三大部件，还是偶尔选择的离堆、索桥、二王庙、卧铁、李冰石人像，都是值得大讲特讲的点，不愁信息源。

五、口语表达与现场感

导游词归根结底是"讲"出来的。

考生背诵自己撰写的稿件仅仅是为了牢记内容，仅仅是讲解准备的基础，同时还必须修炼一定的讲解基本功。如果讲解总是以单调的背诵呈现于人，这样的"讲解"将会枯燥无味。如何将一篇经过精心准备的导游词变成由心而发的口语化表达，这是导游现场考试的"丹田之气"所在。

一名优秀的导游，或者一名有潜力的导游，从来都不是背诵导游词的"高手"。学会导游的能言善辩，天分是一个方面，但在导游现场考试这个环节中，后天的训练极其重要。千锤百炼、发挥稳定、关注沟通与交流，这样的考生才能更好地适应将来的导游工作。考评员衡量考生是否适合从事导游这门职业时，通常非常重视考生的口语表达能力，也就是通常我们所说的听觉冲击。听觉冲击在考试过程中常常起压倒性的作用。

通常来说，听觉的冲击能力主要包含以下几个方面：

（一）流畅度

流畅在听觉冲击中所占比重至少高达七成。一次流畅的讲解，首先解决了悦耳动听的问题。它能使思维保持连性，同时避免了考评员的种种猜疑，即把考生所表现出来的中断、结巴、"倒带"完全地视作照本宣科的背诵。考生只有讲自己想讲的话，知道自己正在讲什么，想对谁讲，才能做到真正的流畅。

（二）感染力

我们常说的感染力，就是要求考生在讲解时声情并茂、张弛有度。一名导游发自肺腑地讲自己的心里话，讲自己的所知所解，他的语言就是自然流畅的，表情也会是轻松、有感染力的。在考试过程中，考评员更注重一名考生所表现出的协调感，即讲解词内容与考生的表情、眼神、手势都属于协调的自然流露。在这种基础上的艺术加工，就是考生现场掌控能力强的一种表现。

反之，机械刻板的讲解内容，如果再辅以生硬的手势、做作的表情、心虚的眼神，所表现出来的状况就不是声情并茂，而是提线木偶。哪怕是抄袭到一篇非常经典的导游词，这样的演绎也会大大地影响它的有声传递。换言之，即便是一篇"大师级别"的经典导游词，换一个背诵能力极强的小学生，将它平铺直叙地背诵出来，其结果是可想而知的。

（三）吸引力

考生参与现场考试就是参加一次互动实践。要懂得这个互动的规则：首先是要让考评员愿意听，乃至不由自主地倾听。如果能做到后者，考生的讲解就做到了吸引力强。

导游现场考试的吸引力主要表现在：第一方面是服饰与仪表、气质搭配得当；第二方面是音质、语流、语速与讲解内容匹配；第三方面是注重运用讲解方法和讲解技巧，能有效地制造包袱。

以上要诀，除了加强训练自己的口语表达能力外，没有别的捷径可走。

（四）消除心理障碍

但凡考试就没有不紧张的空气。

考试中，考生是被动的，其命运 50% 取决于考评员对你的印象和看法；另外 50% 在于自己的发挥。问题的关键是仅有的 50% 主动权是丢失了呢，还是把它掌握住，再从考评员处将另外 50% 抢夺回来？这是一个临场应考心理问题。心理问题在现场是很难一下子就解决的。多年来，很多考生会提出同样一个问题：我平时是可以讲的，为啥一上场就不行了？

那到底应该怎样解决考试中心理紧张的问题呢？ 我们认为，考生心理问题的造成，普遍源于以下几点缺陷和不足：

1. 对导游这门职业缺乏总体把握，基本只了解导游职业徒有虚表的"热闹"，不知道导游职业的艰辛与付出，尤其还没有真正懂得一名导游肩负的"公众人物"使命。

2. 性格缺陷或经历缺陷，即过去从来没有担当过出头露面的角色，也没有过成为公众人物的心路历程或类似经历。

3. 对所选择的导游词，基本是单一地、孤注一掷地盲目抄袭和背诵，缺乏真正的理解和消化，形成考试的"瓶颈"——恐惧心理：一旦跳出白纸黑字的讲稿，就失去了自己的语言组织能力。

4. 对所选择的讲题，采用的是机械背诵方式，而不是采用理解和交流的方法。

5. 考生对自己所选择的讲题，缺乏空间认知，即没有临场体验。换言之，你没去过小平故里景区，但你又抽中了这个讲题，这种空间感就是无法把握的。因此，这种有声语言的传递，仅仅局限于对白纸黑字的记忆搜索。所以我们常常可以看见一种情形：考生两眼上翻，神情呆板，这就是在搜寻记忆去了。

针对以上问题，我们建议，考生可以采用以下方式来树立自信心，解决心理问题：

1. 对所选择讲题中的关键词，应该进行发散式思维，找到更多的信息支撑点，扩展知识领域。这样，无形中会有一个面的关联信息在心理上进行强力支撑，解决怯场的心理短板。

2. 对所选择的讲解点要通过专业的训练。有人听，听得出问题；有人点，点得出门道，这样才能帮助自己做到流畅自如、连贯如一。

以上现场发挥的四个要求相辅相成，缺一不可。实际上是要求一名考生要充分地做好文化准备、知识准备、语言准备、仪表准备、心理准备，这样就基本上可以如实地发挥自己的本色，甚至有可能超水平发挥，形成考评员所期待的听觉冲击力。

六、礼仪与形象准备

现场考试礼仪，是指参加导游现场考试的应考人员在考试过程中表现出的符合职业规范的全部行为，通常也称"总体印象"。它包括问候语、肢体语言和服饰等方面。

任何一种职业都有其代表性的服饰。导游在具体的工作中，户外活动为多，往往要跋山涉水。因而，休闲性是它的主要特性。导游职业决定了担任这种角色的公众形象，所以，导游的着装应该是社会大众所普遍能接受的着装形式。

在现场考试的着装准备上，考生不必非要去借一套职业装来穿上，我们认为整洁、端庄、大方、得体，满足考试要求，配合自身的年龄、气质和特点，这样的着装就基本达到了考试要求。

考生参加现场考试，服装上满足与实际工作特点相匹配的"三符合"即可：

1. 符合季节性；

2. 符合大众审美；

3. 符合职业特点和工作地点所处环境。

凡是与以上要求背离，尤其是用力过猛的浓妆艳抹，其形象都不可取，反而成为有失礼仪的表现。

第二章
景点导游词创作

　　导游工作实践中，景点讲解是旅游活动的根本。换句话说，讲解服务是一名导游人员的基本任务。敢讲，初生牛犊不畏虎；能讲，旁征博引淋漓尽致；会讲，兵来将挡水来土掩。导游现场考试最终必须练就会讲。

　　会讲，就是要立竿见影、循序渐进：首先，要做到开门见山，直奔主题；其次，要点面结合，重点突出；再次，对重点阐释部分，既要言之有物、言之有效，还要言之有据、言之有理；最后，题材的选择越具体越好。

　　比如，抽到"武侯祠景区"题签，不假思索就讲整个武侯祠的概况，这从技术上说就不好，立足面太宽泛了。作为职业资格准入考试的考生，很难用8分钟时间将武侯祠讲得深入、讲出特色，恐怕连基本情况讲清楚都难，更不要说讲精彩。即使小而细地选"刘备殿""静远堂"等景点，如果不具体到一个人、一件事、一个器物，也很难讲出基本的深度、高度，没有这"二度"，整个讲解就缺乏厚度。

　　总而言之，由于时间有限，我们对讲解空间的要求，就是要求考生在虚拟点位基本不移动状态下，讲清楚一个景区中的一个静止点，以点盖面，重点突出。我们称为景点讲解，或者叫作静态讲解。

第一节　静态讲解

　　这里所指的静态讲解，指考生选定的模拟空间为景区中一个具体的景点，要求考生定位相对稳定。讲解以直观景点的某一个具象作为对象，如一块匾、一副对联、一个字、一尊像、一潭水、一座鼎，或一株古树、一座殿宇、一通石碑乃至一花一叶，将一事、一物或一人说清楚、讲明白。也就是说，在现场考试中，如果你抽取的选题是武侯祠中的静远堂，你就可以在简单铺垫后直接切入主题，定点在静远堂门口或者堂内，不用从大门、二门、刘备殿、过厅一路讲来。讲解过程中，讲解内容自始至终围绕一个固定"点"进行深度讲解。

具体要求是：以挖掘一个点的深度和高度来反映这个点的厚度（如成都武侯祠内的"三绝碑"）。

静态讲解的具体要求如下：

（1）开篇点明景点的"点"与景区和景区所在地"面"的关系；

（2）对该点位进行翔实的讲解，内容丰富饱满、由表及里、由浅入深；

（3）讲解过程中考生肢体语言适度、得体；

（4）结束语符合导游工作实际。

由上我们进一步强调，景点导游词的形式需要符合以下要求：

（1）讲解空间相对静止、不移动，对一个点进行深度解析。

（2）讲解主题以小见大、以点带面，能反映出景点与景区以及和景区所处地域文化的关系。

（3）讲解内容相对独立，要以一个具体得看得见、摸得着的固定景点为讲解对象，如武侯祠内"三绝碑"这样一个静止的小点，也就是要为讲解词内容的展开找一个固定、稳定的落脚点。以三星堆博物馆为例，不能既讲"青铜神树"同时又讲"纵目面具"和"大立人像"，甚至将三星堆文化的陶器、玉器也一并拖泥带水式地混为一谈，以此类推。

准确地说，一篇好的景区导游词至少必须做到选点有厚度、讲解有亮点，同时方法使用得当。

一、厚度

一篇导游词是否有厚度，最关键的是选点精确。精确的选点有以下几个特征：

一是讲解空间在可视范围之内。比如，武侯祠是一个景区，但这是一个一眼望不到尽头、一目不能了然的景区，游客的游览视界仅在可视范围内有一个直观景点。假如选择的讲解点不是眼前这个直观点，讲解词就很空泛地让游客插上飞翔的翅膀，跳上想象的高空，从空中去俯瞰全武侯祠。于是，在讲解内容上就面面俱到、处处空泛。

由此，精确选点的第二个特点随之浮出水面：讲解内容可以深入挖掘，也就是有深度或有高度。这实际上是指选点要选文化底蕴深厚的点。这里有两层含义：一方面是告诫考生，人文题材讲解为首选，其次是自然题材，有效规避植物知识的贫乏和美学构图及审美知识的不足；另一方面又提示考生，尽可能选择人文题材中人所不知或知之不详或详而不解的。文化底蕴的深厚有许多表现点，外观上看是古建、碑刻、楹联、横匾、钟鼎，但其内在涵盖了历史事件、名人佳话，如"三绝碑"，既有三国的文化底蕴，又有中唐治蜀的历史背景，所谓汉唐盛世。即使这块石碑仅仅是时代的一个后续文化遗存，也仍然能看到书法艺术、镌刻艺术的精湛。而文化的内核所表现的思想，碑文体裁的精妙以及关联到的人物又影响深远，一块碑就不能像普通石头那样等闲视之了。

就具体的选点而言，如将武侯祠的三绝碑和兴文石海洞乡的"夫妻石"相比，后者是一种形态的想象，可观性虽强，但因其文化内核更依赖于神话或传说，大多数传记和神话具有生命，但也有一些是人臆想的，甄别不当就会显得肤浅。而传说的厚度需要有历史空谷的回音，缺乏这一条件就味同嚼蜡。所以，原则上说，选点除了"小"外，还要具备以小见大的条件。

选点大，大必泛，如立足整个九寨沟或大熊猫繁育研究基地；泛必浅，通篇可能都是名、形、色，缺乏韵；浅必平淡，基本只有固定信息，没有扩展信息。这就是选点出了问题，即该点信息量有限，拓展难度较大。

二、亮点

现场讲解不外乎两个环节打动或感染考评员：一是视觉，二是听觉。视觉冲击和听觉冲击的关系密不可分。某种程度上讲，它们之间也是一种辩证关系。在第一印象的时候，视觉冲击很重要，包括仪表、礼仪、姿态、情感和气质；但听觉冲击在随后的过程中，将会起压倒性的作用。也就是说，考生的讲解如果能够逐渐形成听觉的冲击力，会逐渐地改变其视觉的缺陷和不足。反之，听觉的冲击力不够，或根本没有冲击力，也会使视觉冲击减弱。导游现场讲解最应注重的还是听觉的冲击力。考生只要充分地做好文化准备、知识准备、仪表准备、心理准备，较好发挥自己的语言能力，就可以形成听觉冲击力。

听觉效果的打造完全依靠后天努力。流畅是一个人讲解好与不好的基本评估标准。所以，中断、重复，尤其是从头一字不差地再来"重复修饰"一遍是极其糟糕的应考表现。过去的考试经验表明，一位讲解比较流畅的考生，因为他脱口而秀，无形中会为自己赢得一个加分亮点。流畅不等于是一口气从头背诵到尾，也不等于是没有停顿、没有口误、没有错句、没有补充和修正，但这种自然语流与中断和倒带是有本质区别的。

第二节　框架构建与信息分类

为方便考生甄别、筛选资料信息，大致可以将一篇结构完整的导游词所使用的信息内容分为四个方面。本质上讲，这四方面的内容是根据游客需求而总结出来的客观规律。也就是说，游客初到一地，首先对这个地方充满新奇感，将所有好奇加以归纳，不外乎用以下四个方面的信息要素，以求解开疑团，满足旅游需求。

因此，下列四个方面的信息内容，它们在导游词中是刚性要素，是导游讲解中相互关联的组成部分，且每个部分相对独立，在导游实践中均不可或缺。

一、分类定义

导游词中各类信息的识别十分重要。作为识别符号，我们将其归纳为四个字："名""形""色""韵"。

所谓"名"，指的是景区名称的由来，借此介绍人文类景区的历史沿革或自然类景区的自然成因。

所谓"形"，泛指景区外形。狭义的"形"指景区有形的形状、轮廓，广义的"形"则泛指景区的面积、游线、组团分布或自然资源的地质结构、风貌性质等。

所谓"色"，意指景区特点，泛指景区审美特色和其具有的特殊地位。

所谓"韵"，则指景区的韵味或文化要素，涵盖景区各类故事、神话、传说或记载确凿的方志或长期相伴的文化内涵，其记载可以广泛地扩散到精彩纷呈的历史事件和栩栩如生的历史人物。人物和事件深刻烙印一个时代、一个民族、一种宗教、一种生活状态的记忆，诸如此类，都是具有底蕴的拓展内容。

下面，以峨眉山景区的信息分类为例：

（一）"名"

峨眉山，在被视为中国方志源头之一的《尚书·禹贡》中，被称为"蒙山"，西晋志怪小说集《博物志》中称为"牙门山"，属邛崃山脉。2世纪初，史志学家张华对峨眉山有"山如眉横羽"的美誉。郦道元在《水经注》中说"两山相峙，如蛾眉焉"，后来才衍化成"峨眉"的得名。

举一反三，考生在导游词中可如下解释黄龙景区的名称由来：

黄龙的得名，直观上是金沙铺地的钙华流滩，形似一条黄色巨龙，内涵上是因中华救世主大禹是本乡土著，大禹治水得黄龙相助，所以景区才有了这响亮的名号。

（二）"形"

峨眉山地处成都以南约160千米处。全山由4座山峰组成，分别是大峨山、二峨山、三峨山、四峨山。地形因地层之分而多种地貌并存：如石灰岩层中的九老洞岩洞地貌、花岗岩变质岩区形成深峡幽谷、山顶坚实的玄武岩上自成熔岩平台等。景区总面积约623平方千米，已开发面积约154平方千米，最高海拔3099米，因主峰南侧与峨眉平原相对高差达2600米，酣畅淋漓地陡峭凸显，故唐代李白有"峨眉高出西极天"的咏叹。

（三）"色"

峨眉山有"天下秀"的美誉，有中国西南地区"古老植物王国"和"天然动物园"之称，位列"中国四大佛教名山"而著称于世。

（四）"韵"

峨眉山素有"一山有四季，十里不同天"的气候特点。清代诗人谭钟岳将峨眉山佳景概括为十景（具体详见第三章"中文类景点讲解范围"）。

一篇结构合理的导游词，"名""形""色"点到为止，信息量不大，一般用于对景区全局的概括，所占篇幅比例较小；而应尽可能将"韵"用到极致，浓墨重彩，使其篇幅占据一篇导游词总信息量的75%，这才是一篇优秀导游词的血肉和灵魂。尤其在应试中，"韵"的比重和体量，决定这篇导游词质量的高低优劣。

无论自然资源还是人文资源，导游词均应该涵盖以上这四个要点，并从这四个要点入手解构，我们将其视为整个应试导游词的"面"。由于时间（8分钟）和空间（1个点）所限，特别是在考试中，四个要点里第四点"韵"才是导游词的重中之重。理解"韵"在一篇讲解词中的重要性，需要考生全面解析一篇应试导游词的基本结构。

二、"名""形""色""韵"的"黄金切割"

一篇现场讲解导游词应以有限的8分钟为前提。一般来讲，名形色最好只占篇幅的1/4，而韵要占近3/4。只有这样，才能基本做到宽度、广度、深度、高度兼具。"韵"决定深度和高度，而"名""形""色"则囊括宽度和广度，"名""形""色""韵"搭配得当，四个字就能组合形成一篇有厚度的导游词。

比如下面这篇按"名""形""色""韵"完全格式化的讲解词：

七曲山古称九曲山，大庙建筑始建于晋朝，当时叫"亚子祠"，是为纪念梓潼神张亚子而修建，集博大精深的文昌文化、三国文化、蜀道文化、汉唐文化于一身。景区文化特色以天下文昌祖庭和全国最壮观的古柏林区享誉海内外，被道家封为"天下第九名山"。

据传，当年唐玄宗幸蜀，途经此山，由于思念杨贵妃，难以入眠，侍臣黄幡卓以"细雨霏微七曲旋，嘟当有声哀玉环"的诗句应答玄宗。从此，"七曲山"之名便扬名天下。大庙经过元、明、清三代多次扩建，最后形成了一组完整的古建筑群，被梁思成先生誉为"古建筑博物馆"。

如果说七曲山的古柏是七曲山的幽，大庙则体现了七曲山的奇，文昌文化又展现了七曲山的深，而七曲山风景区的精，就是大家眼前看到的这座与文昌殿平分秋色的关帝庙。

全国的关帝庙何其之多！名气最大的有埋葬关羽身躯的湖北当阳关帝庙，有埋葬关羽头颅的河南洛阳关帝庙，还有埋葬关羽灵魂的山西运城解州关帝庙。与这么多的关帝庙相比，七曲山的关帝庙有着它独特的个性。

熟知三国故事的朋友都知道关羽"挂印封金"的故事：曹孟德送给他高

官黄金，而关羽却权财不动其心，爵禄不移其志，从此名留千古。对于功名、钱财，关公似乎都不放在眼里。但恰恰是七曲山关帝庙中的这位关公，又可以说是全国关帝庙中跟黄金关系最密切、含金量最高的一位。

首先说第一金，大家抬头就可以看到：这是一尊金脸金身的关公。众所周知，在中国传统文化里，关公的形象不管是在文学、戏曲还是民间故事中，总是以枣红脸形象出现。但从未进入过四川的关羽，他的神像一进入四川就玩起了"变脸"：成都武侯祠的关帝是一张白脸，而现在我们看到七曲山关帝像则变成金脸金身，这是什么原因呢？简单来说，是因为中国古代统治者讲究的是文武并重，文能治国，武能安邦。所以，文武二圣要相辅相成。在我们七曲山，文昌帝君是文圣，是金脸金身帝王打扮；而关羽在明代的时候被明神宗封为关圣帝君，所以，就把武帝关羽塑造成金脸金身了，这就是第一金。

其次，关公也被人们视为招财进宝、驱邪降魔的武财神。财神管钱，掌管金银财宝，所以说，财神爷的身份，是我们所说的第二金。

但您可能会觉得奇怪，为什么关羽是财神呢？他没有财，也不爱财的啊！其实不然，关公的钱财就是他诚信的品格：诚信是金嘛。所以，关公的诚信为第三金，也是最足赤的一金。诚信的品格如同金子一样珍贵，所以，不乏一诺千金的说法。

诚信是现代市场经济的生命线，是国家强盛、文明的重要标志。在现代经济活动中，只有拥有诚信的企业才能创造利润价值。"诚信"是无价的，是企业的一种无形的资产。它会牢牢地储存在广大消费者心目中，成为企业运营取之不尽、用之不竭的最有效资本。

接下来，就让我们作为另类的"拜金主义者"，一起进殿去膜拜眼前这位金脸金身的关圣帝君吧！

谢谢！

以上这篇例文，比较典型地按名、形、色、韵四要素进行了组合。从考试时间8分钟和导游词结构上看，全篇紧扣主题"金"，挖掘了有形"金"的深度，提炼了无形"金"的高度，最后形成了"金脸金身"这篇关帝庙讲解词的厚度。如此讲解，一方面考评员能感受到它稳定的固有信息均能有所把握；另一方面在原固有信息的基础上，将信息编码重新排列组合，形成了新的扩展信息，让人觉得有新意。

三、"名""形""色""韵"的定量分析

（一）"名""形""色"是稳定、有限的信息量

1. "名"：题有"细雨霏微七曲旋，啷当有声哀玉环"的诗句，从此，"七曲山"之名便扬名天下。

2. "形"：七曲山祥云笼罩，大庙依山而建，石级较多……依次沿山门、正殿、桂香殿、关帝庙，最后参观"天尊殿"。

3. "色"：集博大精深的文昌文化、三国文化、蜀道文化、汉唐文化为一体。以天下文昌祖庭和全国最壮观的古柏林享誉海内外，被道家封为"天下第九名山"。

以上都是稳定信息。所谓稳定，就是它的信息是固定的，不容改变的。因而，讲解原则中的"正确""清楚"所要求的就是这几个方面的内容（如姓名、年龄、性别、地点、时间、事件），都由不得丝毫篡改。这种信息反映在量上也极其有限。比如说峨眉山景区游览面积是 154 平方千米，景区覆盖几大区域，每个区域各有什么特色等，这些都是常见的格式化内容。

但一篇应试导游词又切忌通篇全是老生常谈。如果在一篇应试导游词中把有限信息无限使用，考生所传达的内容信息不过是固定信息在量上的堆砌。如武侯祠这样的景区，如果不能把握好名、形、色只能占整个内容 1/4 的比例要求，就会先对大门来一通名、形、色；再对二门来一通名、形、色；然后在刘备殿再一通形、名、色；再到诸葛亮殿来收尾一通名、形、色；最后还凑不够 8 分钟时间，干脆把惠陵也一并拉进来，统统名、形、色，通篇都是一些稳定信息，充其"量"不过是有限信息量无限使用，实际上是无实质性内容，不仅味同嚼蜡，而且在考试时间上也就没有办法再去顾及"韵"，给考评员听觉上造成的印象就是枯燥乏味。

（二）"韵"是一篇讲解词最重要的部分，因为它可以展开

如：这是全国成千上万座关帝庙中含金量最高的一处。第一金：金脸金身的关公。第二金：招财进宝、驱邪降魔的武财神。第三金：诚信是金。另类"拜金主义者"膜拜金脸金身的关圣帝君。凡是好的讲解词，通常都在"韵"字上下功夫。

"名""形""色""韵"并非是孤立不变的。在实际应用中，常常是"名"中有"韵"，"形"中有"韵"，"色"中有"韵"。

比如讲德格印经院时，导游抓住展现德格印经院"韵味"的印经院建筑结构、布局、功能和色彩。德格印经院和很多藏传佛教寺院一样以红色为主，而红色这种"形""色"所具有的"韵"，是因为红色在藏传佛教里象征着"息""增""怀""诛"四业中的"怀业"（怀柔调伏神天人鬼之业）；又如在外院墙上方有很宽的黑色色带（色），体现在"韵"上却是象征着罪业。红、黑两色相配（色）能够显示威风（韵），用于显示佛法的威武、威猛。另外，在萨迦派看来，红色（色）还具有象征意义（韵），象征文殊菩萨；同理，他们眼中的黑色象征着金刚手菩萨，而白色象征着观音菩萨。

而德格印经院最值得玩味的"韵"毫无疑问是印经用的各种雕版：

印经院的雕版都是用坚硬的桦木板，经过火熏、晾干等特殊方法处理，使它不易变形，同时印经院注重刻版质量，笔画雕刻细腻，下刀很深，被称为德格刀法。据说，德格土司给工匠的工钱是刷在雕版上的金粉，刻得越深，工匠得到的金粉越多。很显然，当年的德格土司明白经济杠杆的重要意义。

用印版印成的书页，因印刷用墨不同，分为红版和墨版两种。红版为朱砂印刷，通常用于印制珍贵典籍，如《甘珠尔》《丹珠尔》等。墨版是用烟墨印刷。印刷用纸，是用一种名叫"阿交如交"的草本植物根须为原料制作而成的。这种纸的颜色微黄，质地较粗厚，但纤维柔软，不易折皱，吸水性强，同时还具有防虫蛀、防鼠咬、久藏不坏的特点。"阿交如交"（汉名"瑞香狼毒"）的根须分内、中、外三层，可以分别制造三种质地不同的纸张。用中层做原料制出的纸为一等纸，用作公文书写专用纸；内、外二层合用制出的纸为二等纸，是德格印经院印刷用的大宗用纸；内、中、外三层合用制出的纸为三等纸。造纸时，需要上山采集大量的"阿交如交"回来，进行淘洗、分层、捣浆、沤制，其后的方法大体上与汉地造纸工艺相同。

印经院创始人第十二代土司主持镌刻《甘珠尔》时，曾收集当时流传的版本，聘请八邦寺著名学者第八大世司徒活佛却吉迥乃整理，精心审阅校订。历时 5 年，共刻经版 33748 块；《丹珠尔》的刊刻历时 7 年，共刻经版 64512 块。这部德格版的藏文大藏经，闻名于世，并使德格印经院由此享有盛名。

德格印经院所藏的印版，可以分为书版和画版两大类。其中书版830部，包括著名的德格版《甘珠尔》《丹珠尔》以及藏传佛教四大教派经典著作、译著、传记和历史专著。此外，有关哲学、天文历算、医学、辞书文法、诗歌音韵、文学、音乐、美术等方面的著作也不少。目前，德格印经院所收藏的木刻画版大体可分为三种：第一种是唐卡画版，第一种是坛城（曼陀罗）画版，第一种是风马（龙达）画版。除单独的画版外，德格印经院还藏有许多书版的插画，其中《八千颂般若波罗蜜多经》的书版插画，多达1000余幅。

大家都知道藏传佛教中各种护法神和守护神很多，可能大家还不知道印经院藏版库的守护神是哪一位，她就是在藏传佛教里面地位崇高的女菩萨：绿度母。在藏族同胞的传说中，绿度母是松赞干布的尼泊尔籍王妃尺尊公主的化身，白度母则是文成公主的化身。

再如：藏传佛教寺庙八邦寺的"韵"：传说当年噶举派高僧向秋能巴云游到此，发现这里三座大山的轮廓如三头神象，拱卫着一个小山冈，应了"三象聚会"财富汇聚的吉兆。于是选定这个山冈修殿以住修。明洪武年间，因寺僧用火不慎，全寺基本被毁。到了清雍正五年（1727年），在德格土司的大力支持下，由噶举派的第八世司徒活佛却吉迥乃主持重修八邦寺，历时三年之久。

大家请看：八邦寺坐北朝南，是一座依山势修成的大型四合院式古建筑，整个建筑自下而上连成一片，红墙褐檐，金顶闪耀。赭红色的主建筑与四周白色的宅院，错落参差，经幡成片交织在一起，整个空间布局富于变化而层次井然。红色在上，白色在下，红色代表宗教，白色代表行政，巍峨壮观，被赞为"小布达拉官"。

八邦寺的主殿"卓拉空"建在山脊之上，三层建筑，正殿高24米，八根两人才能合抱的巨柱都是用千年整树制成，更增添了雄伟的气势。二楼是活佛的住所，雕梁画栋，金碧溢彩，殿内四壁绘满珍贵的壁画，内容有佛本生故事、六道轮回等，是著名的"噶日画派"杰作。"卓拉空"除正殿外另有房屋130余间。20世纪80年代，在殿内新塑了一尊高18米的强巴佛像，让大殿更加辉煌庄严。

"噶举派"特别注重师徒之间的口耳传承，特别注重个人的实际修行，所以噶举派的寺庙规模并不大，建筑群也少。但八邦寺却是其中唯一一堪与格鲁派大寺媲美的寺院，建筑之宏伟十分罕见。这又是什么原因呢？因为主持重建的第八世司徒活佛却吉迥乃曾长期游历卫藏、尼泊尔、印度等地，广参各派教法，精研绘画和建筑艺术，博学广闻，阅历丰富。所以八邦寺的建筑风格中才融合了格鲁派的宏伟壮丽和噶举派的细腻神秘。

却吉迥乃在藏民族的文化艺术史上是特别耀眼的一代宗师。学识渊博，著述很多，尤其在藏文文法、藏医药、藏画等方面的造诣极为精深。所著《司徒文法广释》一书，被视为论述藏文文法的权威著作，至今仍是藏文文法的高级教材。他同时又是一代名医，当拉萨天花流行时，他深入病区，实地研究防疫治病的方法，救活无数生命，备受人民感戴。撰成的《天花疗法》一书，从实践和理论上总结了藏族聚居区防治天花的方法。他还发展了藏画中著名的"噶日"画派，该画派的特点是：一是在传统的藏画技巧中融入了汉地画法的技巧和风格，类似国画"散点透视"的构图，强调对称、均衡、疏密的布局关系。二是色彩多用三原色、二次色，注重亮丽华贵的视觉效果，画风典雅凝重。以独一无二的风格成为藏画的典型代表之一。在他的影响下，八邦寺历代画师辈出，其壁画和唐卡画成为康区藏画的代表，享誉海内外。所以，藏族聚居区有一句民间谚语："学藏画，到八邦"。这一画派当代最有名的画师是通拉泽翁大师。尼玛泽仁、强巴、达吉、亚玛泽仁等著名画师都是他的得意弟子。当我们走进八邦寺，就会强烈地感受到这一画派绘画作品带给我们的冲击力。

1773年，乾隆发动第二次金川战役（历时5年），打了一年多，仍不能取胜。于是，恭恭敬敬地请出却吉迥乃去调和朝廷与土司的冲突。却吉迥乃抱病出行，途经炉霍觉日寺，因长途劳累，病情加重，在莲花座上静坐涅槃，世寿75岁。

这篇导游词以传说开始，介绍八邦寺建筑的特殊性，以第八世司徒活佛为转折，重点介绍了他所发展的"噶日画派"，整体内容有较突出的韵味。

由上可见，"韵"为重组、引申的扩展信息。从本质上讲，"韵"其实也是一个景区相对稳定的信息，既有沉淀下来的，也有正在发扬的，还有即将发掘的，也有那种发生在其他地方但却与此处密切关联的。凡此种种，通过重新排列组合，均能传神，做到"韵"味十足。只有它的篇幅大、内容多，才能真正形成一篇景点导游词的深度。要做到韵味十足，就得像挖掘一口井一样，一定要掘到见水、见油乃至井喷。如果遍地挖洞，浅尝辄止，就只能算作一般意义的名、形、色而毫无韵味可言。

第三节　景点导游词的逻辑层次

一、景区的具体位置、区位特点及品位

以上要素是导游现场考试解说词的基本组成部分之一，可以选择在解说词的前半部分开门见山地交代，也可以在讲解进行中适时说明。如以下阆中古城景区的讲解案例：

　　游客朋友们，大家好！今天的古城阳光明媚，下面，就让我们一起走进古城的街头巷尾，去感受阆中的古往今来。阆中是我国著名的四大古城之一。我个人认为，与徽州古城相比，阆中古城更加质朴；与丽江古城相比，这里有更加原生态的生活；与平遥古城相比，这里有更加完整的风水布局。如果您不信，那就让我们一起来用心感受。

　　阆中古城区是国家5A级旅游景区、千年古县，也是中国的春节文化之乡。它地处四川盆地东北部南充市境内，安然端坐于嘉陵江中游。在2300多年的历史中，阆中用风水、三国、山水和城门给自己作上了一目了然的注解。在悠久的历史中，这里的名人更不少，不仅有西汉著名天文学家落下闳，帮助刘邦统一天下的巴人领袖——范目，唐代状元兄弟尹枢、尹极等，还有当地独特的蜀汉文化、古街文化、宗教文化。因此，阆中古城被专家誉为"多元文化和谐发展的典范"。不过大家谈论最多的应该是，这里曾是三国风云人物——张翼德的辖地。

二、重点讲解内容

以下案例是一篇比较规范的应试讲解词：

　　朋友们，大家好，欢迎您来到平武报恩寺。报恩寺坐落在平武县城的东侧，背依箭楼山，三面临江。今天我们会依次参观天王殿、大悲殿、华严殿、大雄宝殿和万佛阁。这座卓尔不群的寺庙是明朝镇守平武的土官佥事王

玺所建。王玺崇佛，他觉得当时城南的观音院太过狭小，容不了多少人，又以"古有大藏经文一部，无所收贮"；还以"吾受命于朝，世守斯土，与国同休，恩至渥也，夙夜感戴，未莫报涓埃，唯欲修建一刹，以祝延圣寿"这三个理由请命于朝廷，希望修建一座辉煌无比的寺庙以表感恩。明朝廷认为王玺镇守地方，功绩卓越，又有祝延圣寿的理由，所以打破常规允许他建筑这座辉煌大寺。工程从明正统五年修到正统十一年（1440~1446年）经历七载，方告完成。报恩寺的特点是将建筑、雕塑、壁画等艺术融为一体，是集儒、释文化与民间传说之大成的一座精美绝伦的宫殿。传说报恩寺里有三颗明珠，分别是避水珠、避尘珠和避火珠，所以报恩寺从没发生过水灾、火灾，连蛛网都没有。由于报恩寺在抗震设计上也是匠心独运，自建成以来，历经570多年的风雨侵蚀和多少强震的考验，依旧巍然屹立，被中外建筑专家赞誉为"明初罕见之遗构"。

报恩寺有五绝：一是整个寺庙的建筑都采用清一色楠木建造；二是斗拱多；三是转轮飞天藏；四是龙多，足有一万条；五是木雕千手千眼观音像。

现在我们所看见的便是五绝之一：木雕千手千眼观音像了。这尊千手观音高约9米，整个身子由一根巨大的楠木雕制而成。这千手观音为何会列为报恩寺五绝之一呢？我们就要从她的手说起了。一般的千手观音都习惯用42只手和眼来表示，而大家是否可以数清这尊千手观音的手呢？她足足有1004只手！每一只手里还刻有一只圆睁的慧眼，手里还掌握着不同的法器。这些手上下重叠，互不遮掩，密密麻麻排成15层圆弧，犹如孔雀开屏般地展开，从下往上抬头凝望，整座圣像又好像一朵盛开的莲花。

千手观音在中国影响深远。传说千手观音原名妙善，是古代一位庄王的三公主。她秀外慧中，心地善良。一日，庄王忽患重病，奄奄一息。家中来了一位和尚察看庄王的病情，向其三个女儿说明，想帮助他治病，但需要一双人眼和一双人手做药引。妙善的两个姐姐都不愿意失去眼睛和双手，而孝顺的妙善却为父亲献出了双手和双眼。她的孝行感天动地，如来佛祖便度她修行得道，使她眼睛失而复明，且能眼观八方，并长出千只手臂，每只手上还独具慧眼。从此，她慧眼观八方，见谁有难，便伸出一只手拉谁一把。这就是千手观音的由来。

在观音殿大殿内壁上，塑有反映观音生平事迹的《香山壁记》。壁塑生动地记叙了观音由人到神的历程与事迹。下面，我们首先看最左边的一尊塑像……

上列这篇景点导游词逻辑严谨，层次分明。报恩寺有"五绝"，这是报恩寺的"面"，考生没有面面俱到地各用一分钟讲一绝，最后凑齐8分钟五绝，而是集中所有时间讲一绝，主题鲜明、内容丰富、线条清楚，是一篇让人愿意往下倾听的好讲解词。

在组织景点导游词的撰写过程中，以羌族风情为例，可供考生选择的"名""形""色"资料特别多，涵盖"韵"味的素材也不少。面对丰富的信息，就要求重视逻辑层次，讲建筑特色就集中讲建筑艺术，不要又同时揉入婚俗、葬俗；讲白石崇拜就集中讲原始宗教，不用再去切入头巾、羊皮袄、云云鞋等话题；讲服饰就集中讲服饰，不要去说青稞、荞麦、金裹银、银裹金或"羌笛何须怨杨柳"之类的延伸话题。古羌文虽然已经部分失传，但流传至今的文化传承却包罗万象，丰富异常。8分钟的景点导游词，再剔除1~2分钟的开篇（即"名""形""色"及其他概括的讲述）后，无论讲信仰、讲习俗、讲服饰、讲建筑，任选一点，都可以从容地用五六分钟时间去抽丝剥茧，层次分明地让游客感受到景区之美。

第四节　撰写景点导游词的常用方法

导游现场考试的讲解在某种程度上可以追求语出惊人。北宋著名文学家黄庭坚就是一个"语不惊人誓不休"的典型。黄庭坚追求的是句句有典故、字字有出处，这是他追求的写作方法。导游现场考试的内容信息是相对稳定的，顶多就是一种与时俱进的诠释，尽管有新意，但相关元素是不可能缺少的。只有方法和技巧，才能扩大信息量，出新而推陈。仅仅是平铺直叙地讲这样或那样，尤其是人云亦云的这样或那样，现场讲出来的效果就会大打折扣。

从最起码的方面说，讲解必须要运用方法，否则控制不了时间，或集中不了游客注意力，或不能把握要点。景点讲解是否精彩，景点导游词是否短小精悍，从方法上大致可以分为三个层级：

一、普通层次讲解的常用方法

（一）叙述法；

（二）故事法；

（三）神话传说。

二、较好层次讲解的常用方法

（一）突出重点法；

（二）叙述法；

（三）倒叙法；

（四）故事法；

（五）神话传说；

（六）悬念法。

三、优秀层次讲解的常用方法

（一）突出重点法；

（二）归纳法；

（三）画龙点睛法；

（四）对比法（以熟喻生法）；

（五）虚实结合法；

（六）名人效应法；

（七）典故法（引经据典法）；

（八）抑扬法；

（九）数字法；

（十）说文解字法；

（十一）叙述法；

（十二）倒叙法；

（十三）神话传说；

（十四）悬念法；

（十五）问答法；

（十六）其他可以融合使用的方法如演讲法、模仿秀等，不一而足。

比如，撰写海螺沟冰川"日照金山"这个点位的导游词就可以用类比法，与其他地方的"日照金山"相比；日出时与夕照时的情况相比；你可以用联想法，讲"日照金山"时山的形状；你可以用故事法讲一小段传说等。当你讲冰川与原始森林共生的奇观时，不但可讲冰川成因，还可介绍冰川舌，及适度切入到原始森林的植物、动物与环境保护等。

例一：

冰川，在自然界中独特而神秘，从南极到北极，甚至赤道高山上都有它的踪迹。我国是世界上山岳冰川最发达的地区之一，面积达 5 万多平方千米，占亚洲冰川一半。这是我国十分宝贵的淡水资源，长江、黄河、国际河流雅鲁藏布江都发源于冰川区。

那这冰川又是怎样形成的呢？您看，这冰川大都在雪线以上，海拔基本超过 5000 米。这些地区积雪越厚，下层积雪承受的压力就越大，就越密实。上层积雪受太阳辐射，融化后，雪水向下渗透，过冷时又冻结起来。天长日久，下层积雪在压力和冻结双重作用下，就形成了巨大的冰体，受地球引力的作用，沿山坡向下移动、延伸，形成固体冰河，也就是冰川。

接下来，我们来讲讲数据冰川。这海螺沟冰川属现代冰川，因是低海拔，冰川舌低处海拔仅 2850 米，所以称现代低海拔冰川。它整体长 14.7 千米，宽度在 300~1000 米，面积约 16 平方千米，冰体平均厚度约 100 米，最厚处达到 300 米。

例二：

站在观景台上时，您一准儿会认为这冰川太一般、太普通了，不过是一沟乱石，灰扑扑一片，毫无美丽壮观可言。其实这是假象，这是具有大美的冰川在逗您玩而不露半点声色。

冰川的美丽是不向懦弱者显示的。只有踏上冰河，爬上冰川你才会惊喜地看到另一个天地。在千姿百态的冰川世界，你会看到精巧的冰面湖、冰刻槽；令人心悸的冰裂缝，色彩绚丽的冰溶洞、冰塔林……你还会看到足以以假乱真的"冰蘑菇""冰墙""冰梯"和各种各样的"冰兽"。进入冰洞，仿佛进入水晶宫，其乐无穷。大洞可容二三十人，小洞其深莫测，冰壁并非纯白色，还呈现天蓝、雪青色，在阳光照射下如宝石闪光。

走上冰川舌根处，一幅巨大的"银屏玉帘"雄立天际，它高达 1080 米，宽在 500~1100 米，其面积相当于我国贵州黄果树瀑布的 150 倍，所以被称为大冰瀑布。

大冰瀑布是由多级冰坡组成的规模巨大的冰川陡坡。冰川在这里处于一种超级伸张状态，终年都有频繁的冰崩。雪崩发生在夏秋季特别多，雪崩体最大时可达数百万立方米。每当大型雪崩发生时，白光、蓝光闪烁，冰雪飞泻，如银龙滚动，隆隆之声，震天动地。这时，您准会联想到唐诗"飞流直下三千尺，疑是银河落九天"的写照，但又马上觉得这冰崩的气势远远超出了诗句的描绘。

例一的导游词从远到近、由大到小，以冰川成因作为过渡，点面结合的"点"是海螺沟冰川的形状和性质，并为后文的展开开了一个好头，比如，可以这样继续展开：

海螺沟冰川又称一号冰川，全长 14.7 千米，是贡嘎山 70 多条冰川中最长的一条，面积约 16 平方千米，最高处海拔 6750 米，最低处海拔仅 2850 米，沿纵向呈三级台阶：粒雪盆，冰川的孕育地；大冰瀑布，宽 500~1100 米，高 1080 米，是我国迄今发现的最高大、最壮观的冰川瀑布；它的冰川舌伸入原始森林达 6 千米，形成冰川与森林共存的奇绝景观。海螺沟冰川活动性最强，在冰川的运动中，形成晶莹如翡翠、水晶的冰川弧拱、冰洞、冰阶梯、冰门、冰湖、冰峰。

例二的讲解词略带些哲理和诗意，引导游客去审视，感觉冰川的美在哪里。既有具体的数字，也有细致的描述，还有提示的想象，都围绕观景台所见的冰川展开。

在景点导游词中，选择撰写羌寨的导游词比较多。羌族在四川旅游资源中独树一帜；它是中国最古老的民族，也是四川唯一独有的一个古老民族；它的建筑技术超一流，修建了世界上最早的桥，垒筑了世界上最具特色的羌碉；有与众不同的崇拜信仰，艰苦卓绝的迁徙历程，无与伦比的历史辉煌，出类拔萃的英雄人物……作为一个影响华夏民族的最古老民族，羌族的风情更是可圈可点。这里有溜索，有笮桥，有民居，有羌绣，更有最古老的庄房，还有为数不少的羌民，甚至还有大禹祭坛、大禹庙，一切都原汁原味。也许，一篇收放自如的景点导游词，将在文化上更深层次地展现这个古老的民族。那么，导游词的价值引发对整个茂县、理县、汶川、北川羌族的关注，其先导性、主导性和历史意义也就更加深远。以前，有考生的导游词是这样开头的：

创造了金字塔的古埃及人，如今已不再为法老所奴役，这种墓穴般神圣的地方，除了引发后人的奇思妙想外，从来没有任何一个平民乐意把它们作为自己的居所；而更为古老辉煌的玛雅文化，如今也是人去楼空；拓荒西部的美国人，将印第安人的建筑和生活方式也改变得物是人非，而在中国的西部，一个开创了华夏文明的古老民族，历经数千年辉煌灿烂的历程，至今仍闪烁着古老的文明之光，持续着他们在建筑上与生俱来的创造禀赋。数千年前的辉煌遗存至今，成为人类拓荒文明的一面镜子，映照着历史的光艳夺目，这就是羌族。这座羌寨就是这个民族不朽的一张名片。

这个开篇累赘了一点，但确实是用类比法凸显羌族非同凡响的惊世之语，由不得人们不去对羌民族叩问一个究竟。这就是导游方法和技巧的功用。

比如，在羌寨结构的认识上，有说五层，有说三层。考生在考试的时候，就一会儿三层，一会儿五层，弄得混淆不清。有谁在这个问题上拿出主见论证一下，也是一篇导游词，哪怕你的论点错了，或论据不足，至少你可以"抛砖引玉"。没有主见的悲哀，极有可能是在倾向于"五层说"的考官那儿你在讲"三层说"，而在倾向于"三层说"考官面前你又不幸在讲"五层说"，无奈地被这层数所困扰。

如你实在憋不住什么都要讲，你可用归纳法，这样，用1~2个重点，勉强可以说得上"点面结合"。当然，最好的重点是一个点突出，将一个小点放大，或挖深，或拔高。这样，这个点就显得厚重，其余的要点只要在罗列面的时候曾经提及，它们的重要性自然不在话下，岂不就是全面开花了吗？

有位考生就是选择在羌家客厅的火塘旁边讲解"羌寨"的：

在羌族的客厅里，最有特色的要数火塘了，火塘有家族香火的象征意义，而且火塘是不能跨越和乱捅乱扒的，请大家一定要留意。说到火塘呢，先简单给大家提一下羌族人的信仰，后面再详细介绍。羌族人信奉多神，相信万物有灵。但他们的神全是以一种白色石英石为象征，火神就是放在火塘旁边的一块白色石头；而在森林里，这块白石就变成了树神；放在山上就是山神；放在水边就是水神；而供奉于屋顶最高处那块白石就是天神，被羌族人视为地位最高的神灵。有一点必须要强调，白石在羌族人心中是非常神圣的，大家切记不可用手随意触摸。

这段讲解以火塘的象征意义切入，介绍了羌族原始宗教里的白石崇拜内容。如果以此为重点，还可以扩展，可以扩展到白石传说，可以扩展到羌族日常生活中与白色有关的其他物象，甚至可以扩展到羌族人的羊皮鼓。最后再回到客厅的火塘上来（如在火塘边的座次是有讲究的等），案例如下：

刚才，各位朋友已经知道了"桃坪四奇"中的三奇了，一是羌寨格局，二是奇特碉楼，三是地下水道，可能觉得已经不会再有什么事情会让你们惊奇了。但是我相信，当你们亲眼看见这第四奇时，同样也会惊奇！这第四奇就是羌寨内的住宅房门的"木锁"！

说到锁，人们自然会想到铁锁、铜锁、金锁、银锁……谁会想到这世上还有"木锁"。而这锁又是那样的奇特、那样的巧妙。

羌寨"木锁"是羌族人民用于关、开门的工具，它不像我们日常用的锁那样小巧，而是一件木质的门闩，长约30厘米，宽约5厘米，厚约5厘米。用时将锁合轻轻地往门侧的小口插上，门就锁上了。主人开门时，伸手将木钥匙送进去按下"机关"，锁便将房门轻轻地打开了，一般不知内情的外人是无法轻易打开的。因锁的"机关"在暗处，房主还可以随机改变，这样的锁，防外不锁内，十分方便实用。

说到羌家的"木锁"，还有一个故事：康熙年间，寨内有一对羌族夫妇。男主人是一个很能干的木匠，女主人是一位织布能手。一天妻子外出赶集卖布，做木工活的丈夫在家里做木工活，他做完几件家具后，见妻子还没回来，自己又急着要将做好的家具送到邻居家去。临走时，为了不使家里的家畜走失，同时也有个关拦，聪明的木匠想了一下，做了个门闩将门从里关上，并悄悄地设了个简单的"机关"。木匠走后，妻子回家，不管怎么弄，门就是打不开。正为难时，丈夫回来了，他轻轻地将手伸进门内侧小口内，用一根木棍往上按一下，门就打开了，家里的鸡鸭等物，一样也没有丢失。后来邻居发现了这个秘密，也要求木匠给自己家做一个这样的"门闩"。久而久之，木匠周围的邻居都用上了这种"门闩"。

目前，羌寨的宅门木锁在钥匙设计上，都采用了"北斗七星图"的变换方式，十分精巧。也有人根据古代九宫、八卦、十二生肖来设计，各家各户根据自己的情况来设计。因七颗星、五颗星开关难度大，一般人家都设计为三颗星、两颗星、一颗星。后来经过代代羌人的改进，羌寨的传统门锁的做工越来越精美、越来越完善，就形成目前大家看到的羌寨"木锁"。

大家请看，木锁钥匙就挂在墙上，但您就是有钥匙也很难把房门打开。不信，那您就试一试。

这段导游词先用归纳法设置悬念，引出第四奇后，又用类比法突出其独特巧妙之处，再介绍锁和钥匙的使用。以民间传说作为过渡，过渡到现在羌寨木锁的设计和制作上来。最后用激将法结束讲解。但应该注意的是，民间传说民间传说作为过渡应当简练，这篇导游词以传说作为过渡太长，传说故事至少应砍掉 2/3 的长度。

无论是在现场讲解中还是在导游实践过程中，问答法都是行之有效的一种讲解方法。如撰写小平故居或其他名人纪念地时的应试导游词，要尽量避免地图索引式的讲解，否则就会主题不突出。一位考生在进行小平故里景区讲解的时候，着重介绍小平同志一生当中"三起三落"的人生际遇，而在安排讲解点的时候把这个重点放在了面对故居陈列馆的正面，以问答的方式引入话题：

刚才我们参观了小平同志青少年时期的故居，现在大家看到的这栋建筑物是 2003 年落成开放的邓小平故居陈列馆。看到这座造型奇特的建筑物，朋友们兴许会产生疑问："难道这样的修建还有什么样的含义吗？"原来，这独具匠心的设计取意于小平同志一生当中三次起落的人生遭遇。

1933 年，邓小平由于拥护毛泽东的正确主张，被当时党内"左"倾领导者撤职，并于 1934 年 10 月参加长征，1935 年 1 月遵义会议以后逐步恢复工作。这是第一次起落。

1968 年，"文化大革命"期间，邓小平再次受到错误的批判和斗争，被撤销党内外一切职务，后又被下放到江西劳动。1973 年 3 月恢复副总理职务，1975 年 1 月任中共中央副主席、国务院副总理、中共中央军委副主席和中国人民解放军总参谋长。这是第二次起落。

由于他竭力整顿"文化大革命"造成的混乱局面，得到全国人民的衷心拥护，却因此遭到了"四人帮"集团的诬陷，1976 年 4 月又被撤销一切职务，直到 1977 年 7 月党的十届三中全会上才得以恢复职务。这是第三次起落。

这样进行的讲解，借故居屋顶的坡面造型，讲述小平同志作为一个意志坚定的马克思主义者，面对种种打击而百折不挠，无疑起到了较好的效果。当然，作为一篇相对完整的讲稿，毕竟有别于现场实地讲解，因此要求考生还应当在收尾处对全文进行提炼，从而升华意境：

在 20 世纪中华民族百年图强的篇章中，我们将永远铭记着他的名字。他为了中国的独立、统一、建设和改革事业，为了壮丽的共产主义事业奋斗了 70 多年。他的一生伟大辉煌，又富有传奇色彩。他属于中国，又影响着世界！

由上可见：一般来说，我们日常所用的讲解方法基本是平铺直叙的叙述法，叙述的节奏常常是循序渐进。但在现场考试时间有限的前提下，这种方法就太原始，也很苍白无力，基本流行在 20 世纪八九十年代。90 年代以后，随着国家级导游大赛的推动，短时间如何呈现一个景区，迫使一批优秀导游员努力做出探索和变革，于是，各种导游方法应运而生。同时，一大批行业标兵和服务能手脱颖而出，导游工作更加职业化、专业化、品牌化。

随着市场和产品的更新换代，随着文化和旅游的进一步融合，导游职业竞争也日趋激烈，掌握着更多讲解方法的从业者具有比他人更强的讲解能力，更容易打造出可识别的服务品牌，从而获得更多的认可和机遇。正如俗话所说，"工欲善其事，必先利其器"，每个行业、每种岗位莫不如此。

第三章
中文类景点讲解范围

一、九寨沟景区

（一）景区概述

2019 年 4 月，四川省文化和旅游新版宣传口号——"天府三九大，安逸走四川"正式对全球公布。"三九大"成为一个热词，更成为四川悠久历史文化和丰富资源禀赋的集中体现。而其中的"九"，就指九寨沟景区。

1. 景区位置

九寨沟景区位于四川省西北部岷山山脉南段的阿坝藏族羌族自治州九寨沟县漳扎镇境内，地处岷山南段弓杆岭的东北侧，距离成都市约 450 千米。九寨沟景区地势南高北低，山谷深切，高差悬殊。北缘九寨沟口海拔仅 2000 米，中部峰岭均在 4000 米以上，南缘达 4500 米以上。

2. 景区得名

九寨沟景区因沟中曾分布有树正寨、黑角寨、荷叶寨、则查洼寨、尖盘寨、盘亚寨、亚拉寨、郭都寨、热西寨九个藏族村寨而得名。

3. 景区资源性质

九寨沟景区的游览核心区主要由岷山山脉中呈"Y"形分布的日则沟、则查洼沟和树正沟三条沟谷所构成，属世界高寒喀斯特地貌。九寨沟山水约形成于第四纪古冰川时代，是长江水系嘉陵江上游——白水江源头的一条大支沟，区内流域面积超过 650 平方千米。

4. 景区品位

九寨沟景区集原始美、自然美、野趣美为一体，具有极高的游览观赏价值和科普价值，被誉为"人间仙境""童话世界"。作为一处世界罕见的地质地貌带和生物多样性地区，这里具有无可替代的生态意义和科学研究价值。作为世界上旅游环境最佳的景区之一，九寨沟先后荣获"全国优秀自然保护区""中国旅游胜地四十佳""全国保护旅游消费者权益示范单位"等多项荣誉。

2000 年，这里又被四川省委、省政府确定为全省旅游精品之首，成为四川"世界遗产最佳旅游精品线"的龙头，景区先后获得"世界自然遗产""人与生物圈保护区""绿色环球 21""国家级风景名胜区""国家自然保护区""国家地质公园""国家 5A 级旅游景区"等各项桂冠，也是中国第一个以保护自然风景为主要目的的自然保护区。

景区管理部门为还原和保护景区原始、自然的风貌，创新实施了"沟内游、沟外住"的景区管理模式，并成为全国首个"观光车电动化 5A 景区"项目。同时，在景区内外建成了 3 个电动汽车充电站，可同时满足 500 台电动观光车的充电需求，全力打造"低碳、环保、生态"的九寨体验方式。

5. 景区特色

九寨沟景区以翠湖、叠瀑、彩林、雪峰、藏情、蓝冰"六绝"为特色，形成驰名中外的"童话世界"品牌。

（二）讲解要点

1. 景区位置、品位、特色、名称由来、形成原因和代表景点、景观

2. 景区主要景点参考选择范围

主要游览区段及其对应景点一览表

主沟名	分布景点
日则沟	五花海、珍珠滩瀑布、珍珠滩、镜海、孔雀河道、诺日朗群海、诺日朗瀑布、原始森林、天鹅海、芳草海、箭竹海、熊猫海瀑布、熊猫海等
树正沟	卧龙海、双龙海、双龙瀑布、芦苇海、盆景滩、荷叶寨、火花海、犀牛海、老虎海、树正群海、树正瀑布、树正寨等
则查洼沟	长海、五彩池、上季节海、下季节海、则查洼寨等
扎如沟	宝镜岩、扎如寺、黑海、扎依扎嘎神山等

3. 九寨之韵

（1）山水相连

九寨沟景区四周群山耸峙，有雪峰数十座，终年白雪皑皑，河谷地带奇水荟萃。如果排除地质原因造成的突发性改变，景区内有呈梯形分布的大小湖泊 114 个，瀑布群 17 个，钙华滩流 5 处，泉水 47 眼，湍流 11 段，以 1870 米的海拔高差，在 12 座雪峰之间穿林跨谷，珠连玉接，逶迤近 60 千米，形成了中国唯一、世界罕见的以高山湖泊群、瀑布群以及钙华滩流为主体的品牌景区。

景区内湖泊，面积小的约数平方米，最大的长海长达 7 千米。根据历年观测，在冬季，除长海、熊猫海水面冰冻约 60 厘米外，其他的海子都不会完全结冰。其中，五花海、五彩池因受湖底的泉眼影响，其水温在冬天仍能保持在 6℃左右。

（2）日积月累

九寨沟景区内大多数湖泊地貌的形成源于水中所含的碳酸钙质。远古时代，地球处于冰期时，水中所含碳酸钙质无法凝结，只能随水漂流。到距今约 12000 年前气候转暖后，流水中的碳酸钙质活跃起来，一旦遇到障碍物便附着其上，逐渐积累，形成今天九寨沟中一条条乳白色的钙质堤埂。在时间的打磨中，再加上地震、崩塌、堆积等力量的影响，最后形成堰塞湖，也就是我们常说的"海子"。

由于富含碳酸钙质，湖底、湖堤、湖畔经常可以看到乳白色碳酸钙形成的结晶，而来自雪山的活水本身又清澈，加上梯状湖泊层层过滤，其水色便显得更加透明。湖水终年碧蓝澄澈，色彩斑斓，于是在阳光照射下，呈现出蓝、黄、橙、绿等多种色彩，绚丽夺目。天气晴朗时，蓝天、白云、雪山、森林倒映湖中，美丽如画，并随着季节的更迭还能呈现出不同的色彩风韵，所以有"九寨归来不看水"之说。

九寨沟的水赢得了与神山一样的尊崇，是我们多种情感的综合，因为其来源同样是非同凡响：首先，岷山终年积雪不化的雪宝顶，其厚厚的雪层在山体表面，由大地的体温融化，山隙、裂缝像吸收乳汁一样吸收了雪水，使整个岷山通体充盈着水分，显现为山体内部的暗泉和雪水融化的飞泉；其次，岷山山脉与摩天岭、龙门山、邛崃山等山脉或襟带相连，或齐眉对案，岷山恰好位于中间带，不经意间，其他山脉成了岷山空气的过滤器，因此这里的空气透明度、清晰度高，污染率低，山体、树木、雨水、积雪都仿佛出尘脱俗、洗尽铅华一般；再次，长期以来，这里地广人稀，动植物的新陈代谢和人类在这儿的生息繁衍都保持在原生态良性循环范围；最后，在九寨沟因地震、泥石流等原因形成的堰塞滩涂上，各种矿物质与水相溶解，使这里的水除了形态上的绚丽多姿外，更有色彩上的变化无穷。

（3）资源富集

据多年测量，九寨沟景区的年均气温在 7.5℃ 上下，冬季干冷，夏季凉爽，四季景色各异：仲春树绿花艳，盛夏幽湖翠山，金秋尽染山林，隆冬冰塑自然。动植物资源十分丰富，在 300 平方千米的原始森林中，自然分布的原生物种达 3553 种，有白垩纪—第三纪的孑遗植物独叶草、星叶草、箭竹等。其原始森林也是众多动物繁衍生息的适宜环境，初步调查有无脊椎动物693 种、脊椎动物 313 种，珍稀动物有大熊猫、金丝猴、小熊猫、羚羊等。这里古老的藏族村寨、石磨房、栈道、经幡和民族歌舞等元素极具地域特色，营造了多角度体验的旅游文化。

九寨沟从旅游资源的丰富程度来说，可谓"厚重"：厚重在海拔高，植物带谱非常分明，从雪线到中山，气候差异悬殊，植被完整，布局疏密有致；厚重在山体、水体的体量大、变化多，造型丰富多样。此外，除了厚重在自然资源无以计数，还厚重在丰富多彩的藏族生活、歌舞、宗教、服饰元素等。

4.九寨六绝

（1）翠海

水，是九寨沟的灵魂，而九寨沟的海子（湖泊）更具特色，湖水终年晶莹剔透、碧蓝澄澈，古树环绕，奇花簇拥，像是镶上了美丽的花边。海子由潺潺溪流连缀一体，犹如用银链和白绢串联起来的一块块翡翠，随着光照和季节的变化，呈现不同的色彩。水在林间流，树在水中生，花开水中央。

水，是九寨沟的精灵，随着光照变化、季节推移，呈现不同的色调与水韵。秀美的，玲珑剔透；雄浑的，碧波不倾；平静的，招人青睐，每当风平浪静，蓝天、白云、远山、近树，倒映湖中。"鱼游云端，鸟翔海底"的奇特景色层出不穷，水上水下，虚实难辨。彩池则是阳光、水藻和湖底沉积物的"合作成果"。一湖之中鹅黄、黛绿、赤褐、绛红、翠碧等色彩组成不规则的几何图形，相互浸染，斑驳陆离，如同抖开的一匹五色锦缎。行走在这里，视角移动，变幻无穷。

（2）叠瀑

瀑布是水流形式中的佼佼者，九寨沟是水的世界，也是瀑布王国。这里的瀑布大多从密林里狂奔出来，就像一台台绿色织布机永不停息地织造着各种规格的白色丝绸。这里有宽度居全国之冠的诺日朗瀑布，它在高高的翠岩上急泻倾挂，形态上好像巨幅锦缎凌空飞落。有的瀑布从山岩上腾越呼啸，几经跌宕，形成叠瀑，如熊猫海瀑布、珍珠滩瀑布、树正瀑布等。阳光照射下，瀑布间常常出现奇丽的彩虹，使游客流连忘返。

（3）彩林

秋日，是九寨沟最美的季节。每到金秋，九寨沟便成了彩色的海洋，一个绚丽的色彩王国。从谷底到山巅，一树引领，满沟呼应，整个山林都跃动起来点点的红，翠翠的绿，片片的黄，如彩似锦。从"红"色来讲就有深红、浅红、粉红、紫红，找不到单一的红，是红的系列组合；"绿"里有深绿、浅绿、明绿、暗绿，是绿的染缸；"黄"则是金黄、嫩黄、橘黄、鹅黄，是黄的色谱。深橙的黄栌，金黄的桦叶，绛红的枫树，殷红的野果，错落有致，每一片森林，都犹如天然的巨幅油画。

九寨彩林，覆盖了景区一半以上的面积，2000 余种植物争奇斗艳，3 万顷林海莽莽苍苍。

（4）雪峰

九寨沟地处青藏高原向四川盆地过渡地带，地质背景复杂，碳酸岩分布广泛，褶皱断裂发育，新构造运动强烈，地壳抬升幅度大，多种应力交错复合，造就了多种多样的地貌。这里发育了大规模喀斯特作用的钙华沉积，以植物喀斯特钙华沉积为主导。群湖、溪流、瀑群、林莽，雪峰，这些地貌景观的和谐组合，构成独具特色的景致。

九寨沟景区内及周边角峰峥嵘，刃脊巍峨，冰斗、U 形谷十分典型，悬谷、槽谷独具风韵。槽谷伸至海拔 2800 米的地方。谷地古冰川地貌集中，成为我国第四纪冰川保存良好的地方之一。

（5）藏情

九寨沟县原名南坪县，古称羊峒，殷商以前至秦均属氐羌。经考古调查，除草地、永和乡之外，其他乡镇均发现新石器时代遗址，可将九寨沟县历史上溯至 5000 年以前。

九寨沟在历史上就是民族融合的大走廊，在地理上处于青藏高原东北边缘向四川盆地过渡地带，在文化上处于藏区向汉区、牧区向农区过渡地带，因此其文化呈现出浓郁的边缘文化色彩和博大自由的包容性。藏族同胞一方面保持着自身的文化传统，如原始宗教、建筑风格、服饰风格、节日盛典等；另一方面，他们和周围羌、回、汉各民族相处共融，形成多元的文化格局。

这里藏胞的语言、服饰和习俗，与四邻的藏胞有着较明显的差异。据考证，他们的祖先原来生活在甘肃的玛曲，属阿尼玛卿山脚下的一个强悍的部落，随松赞干布东征松州时留在了白水江畔。《唐书·吐蕃传》中记载了唐初吐蕃东征时，松赞干布以勇悍善战的河曲部为先锋，一举占领松州（今松潘县一带），后部分人马被留在了弓杠岭下。他们将原河曲的蛾洛女神山的传说及部落出生传说均带到了九寨沟内。所以，九寨沟的色嫫山名及蛾洛色莫的传说与河曲文化有一定的关联。

（6）蓝冰

九寨沟冬季的冰体致密坚硬，里面的气泡逐渐减少。高原冬季灿烂的阳光照射时，会发生散射现象。光线进入冰中微小的气泡间，波长较长的红橙光由于衍射能力强，会穿透气泡。而蓝光波长较短，会被气泡散射，从而让九寨沟的冰体多呈蓝色。

以熊猫海瀑布为代表的蓝色冰瀑，凭借陡峭的岩壁挂起巨大的天然艺术冰雕，蓝如夏季早晨的碧晴，由浅而深，奇异多姿。还有那些巨大的冰柱和冰球、冰挂和冰幔，融合璀璨的冰晶世界、祥和的白雪天地和幽蓝的水体胜境，共同演绎着阿坝高原圣洁的冬韵。

（三）重、难点提示

1.重点

通过对诺日朗瀑布、树正瀑布、珍珠滩瀑布、五彩池、五花海、镜海、长海等代表性景点的讲解，突出九寨沟风光的"名形色韵"。

2. 难点

地质成因、民俗风情、藏传佛教、本教、红军长征文化等相关背景知识。

3. "童话有你，依然美丽"

2017年8月8日，九寨沟发生了7.0级地震，景区旅游接待设施遭受重创。2018年，九寨沟县辖区内又出现持续强降雨天气，尤其是6月下旬，景区内发生严重山洪泥石流灾害。为确保广大游客朋友的生命财产安全，景区从7月1日起一度采取临时性闭园措施，暂停接待游客。

事实上，九寨沟景区内27处世界自然遗产点除火花海外，其余景观变化较小，并没有遭受根本性的破坏。地震收走了火花海的水，但是又给我们送来了新的双龙海小瀑布，就像轮回的生命一般。

目前，景区各项灾后保护与恢复工作正有序开展。根据九寨沟景区官网消息，截至2019年6月，九寨沟景区暂未开园，请大家耐心等待九寨归来。补妆归来的九寨沟将会以更加优美的风光、更加优质的服务、更加优秀的管理、更加优异的品质展现在世人面前，敬请期待。

二、黄龙景区

（一）景区概述

1. 景区位置

黄龙景区位于四川省北部阿坝藏族羌族自治州松潘县境内的岷山山脉南段，距成都约554千米，距松潘县城56千米，距离平武县122千米，距离九寨沟景区130千米，距离九黄机场56千米。景区所在位置属于青藏高原东部边缘向四川盆地的过渡地带。景区范围在东经103°25′59″~104°8′45″，北纬32°30′53″~32°54′17″。黄龙紧靠着岷山山脉主峰雪宝顶，雪宝顶海拔5588米，终年积雪，是中国存有现代冰川的最东点。目前，景区总面积达到4万公顷，外围保护地带面积为640平方千米。

2. 景区得名

黄龙景区由黄龙沟、丹云峡、牟尼沟、雪宝顶、雪山梁、红星岩（七藏沟）、西沟等景区组成，其主景区黄龙沟是一条长7.5千米、宽1~1.5千米的缓坡沟谷。沟内布满乳黄色岩石，远望好似蜿蜒于密林幽谷中的一条黄色巨龙，黄龙沟之名即来源于此。另据考，明代时这里修建了黄龙寺，用以奉祀跟随大禹治水的黄龙。根据景区官网资料显示，黄龙中寺属藏传佛教苯波教寺庙，黄龙后寺属道教观宇。

3.景区资源性质

黄龙景区内连绵分布钙华段长达 3600 米，最长钙华滩长 1300 米，最宽约 170 米；彩池数多达 3400 余个；边石坝最高达 7.2 米，如此巨型的钙华岩溶景观堪为当今世界规模最大、保存最完好的高原地表喀斯特地貌。

4.景区品位

与九寨沟景区"背靠背"的黄龙景区，从某种含义上讲，二者的关系实际上是一对"连体婴"。两姊妹共享同一个心脏，只不过各自有一张不同的脸蛋。黄龙景区在 1992 年与九寨沟共同成为世界自然遗产，以享有"世界自然遗产""世界人与生物圈保护区""绿色环球 21"三项国际桂冠而著称，后又成为国家级自然保护区、国家地质公园、国家 5A 级景区。这里平均海拔在 3300 米左右，拥有海拔 5000 米以上的雪峰 7 座，是中国海拔最高的的风景名胜区之一，也是中国著名的保护完好的高原湿地，生存着 10 余种濒临灭绝的珍稀动物，包括大熊猫和四川疣鼻金丝猴。

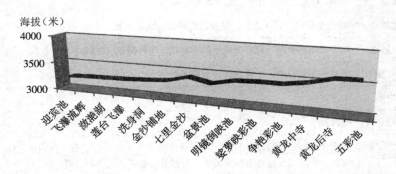

黄龙主景区（黄龙沟）各景点海拔一览图

5.景区特色

黄龙景区以"奇、绝、秀、幽"的自然景观蜚声中外，它酷似中国人心目中"龙"的形象，因而被喻为"人间瑶池""中华象征"。在当地更为各族民众所尊崇，藏族同胞称之为"东日·瑟尔峻"，意为东方的海螺山（指雪宝顶）、金色的海子（指黄龙沟），并沿袭着一年一度盛况煊赫、波及西北各省区各族民众参加的转山庙会。

（二）讲解要点
1.景区位置、名称由来、景点构成、品位、特色和形成原因
2.景区主要景点选择范围

黄龙沟景区主要景点一览表

景点	特色
迎宾池	由350多个结构精巧、形态奇特的彩池组成
飞瀑流辉	数十道梯形瀑布以及片状钙华物积淀，色泽金黄、富丽壮观
潋滟湖	黄龙沟内唯一的湖泊
莲台飞瀑	金黄色的钙华滩如吉祥的莲花宝座，又似嬉水的"龙爪"
洗身洞	10米高，40米宽，附近分布着目前世界最长的钙华塌陷壁。
金沙铺地	金沙铺地海拔3305米，长约1300米，宽40~122米。据科学家认定，金沙铺地是目前世界上发现的同类地质构造中，状态最好、面积最大、距离最长、色彩最艳的地表钙华滩流，是黄龙世界三大之最之一。
七里金沙	水中的碳酸盐在这里失去了凝埂成池的条件，形成了层层金黄色的钙华滩
盆景池	330个彩池，池中有池，池外套池
明镜倒映池	80余个彩池，紧傍森林，景观雄奇壮丽、恬静素雅
娑萝映彩池	整个彩池掩映在一片葱茏艳丽的娑萝花（即杜鹃花、羊角花）丛中
争艳彩池	拥有658个彩池，是黄龙沟典型彩池群
黄龙中寺	本教寺庙
黄龙后寺	道教观宇
五彩池	海拔3576米，池群面积2.1万平方米，有彩池693个，是黄龙沟内最大的一组彩池群，也是当今世界上规模最大、海拔最高的露天钙华彩池群。

黄龙外围景区

名称	特色
牟尼沟	以"瀑布、花海、湖泊、温泉、钟乳柱"五绝著称于世，含二道海、扎嘎瀑布、百花湖、翡翠湖、人参湖、柳荫池、明镜湖等景点。其中二道海以花海、温泉、钟乳柱、溶洞等景点组成。扎嘎瀑布高104米，宽35~40米，是目前世界上落差最大的钙华叠瀑

续表

名称	特色
丹云峡	以峻秀峡谷风光著称，由扇子洞、花椒沟、白龙峡、鍪字牌、龙滴水、猫儿蹲、龙安古道、枫叶谷、丹云飞瀑、笔架山、月亮岩、石马关等景点组成。在这里，秋天的枫叶一路红遍峡谷，丹云峡因此而得名。发源于雪宝顶的涪江，在峡内奇石怪岩的夹逼中奔游林间，好似一条白龙摇头摆尾，与身边的黄龙遥相呼应。

3. 景区地质背景

　　黄龙沟是古代冰川在运动中剥蚀而成的冰川谷，位于玉翠峰北坡，黄龙背斜南翼，大致南北走向，长约 7.5 千米，宽 1~1.5 千米，最高海拔 3576 米，最低海拔 3000 米，平均海拔在 3300 米左右。游览景点海拔主要在 3145~3576 米。谷底宽而平坦，沟床是一条保存完整的第四纪冰川底碛，厚达 50 米以上，由三道终碛堤形成逐渐抬升的三个台地，距今约 3 万年。沟内南端望乡台南至岷山主峰雪宝顶北一带主要分布地层为泥盆系、石炭系、二叠系的灰岩、结晶灰岩、白云岩等可溶碳酸盐岩，含水丰富，有溶洞等岩溶地貌发育，构成黄龙钙华源泉的补给区；从望乡台北至黄龙沟口地区主要分布地层为三叠系砂岩、板岩及志留系板岩夹砂岩等非可溶性岩组，是景区地下水的阻水带。第四纪冰川退缩后，沟床冰碛上松柳丛生、根系交错。沟内上游浅层富含钙离子、碳酸氢根离子的潜水（酸碱度 6.36~8.33，利于钙华体堆积）出露地表，在适当的水温（黄龙水温在 4~8℃）和气压变化下重新析出碳酸钙，附着于沟床冰碛物与盘根错节的树根上，形成碳酸钙沉积。

　　这些碳酸钙沉积本身为银白色，在水流析出过程中，因夹杂其他矿物质而使颜色发生变化。掺杂黄泥，则变成黄色；带有铁质，则成褐红色；带铜或二价铁，其色深蓝；夹带多种杂质或腐殖土，则为黑色。水中所含钙、硫、镁、磷、钡、锶、铁、钛等多种矿物质，使池水吸收不同光色，加之池沼深浅不一，以及折射、周边景物映衬等原因，水掬起无色，落池呈五彩。经过漫长地质演变，黄龙沟底堆积了厚达 2 米左右的黄绿色、黄色、白色、黑色、褐色等颜色的皮壳状碳酸钙沉积物，并固结成岩石状，随地势与冰碛物起伏，塑造出 5 千米长的石钟乳河槽、池沼、台地，形成阶梯状层层叠置、形态各异的钙华景观。

4. 钙华池

钙华池是在钙华堆积物上形成的水池，通常池水呈不同颜色，又称彩池，或钙华彩池。黄龙有世界上规模最大的钙华彩池群，有彩池3400多个，大者亩余，小者仅圆桌大小，形状奇特，类型丰富，由于池水的深浅、大小、矿物含量不同，所呈现的颜色也不相同，五光十色，流光溢彩。其中以五彩池、争艳池、迎宾池、明镜倒映池等8组池群为主要代表。

钙华边石坝彩池是黄龙钙华沉积的主要形式之一。钙华边石坝是一种弧形薄壳堤坝，围堤厚薄不等，高20厘米到4米，最高的飞瀑流辉彩池边石坝达7.2米，为世界地表边石坝高度之最。因地形、树根及杂物等因素，边石坝形态万千。堤坝所围部分蓄水为池，并向坝外漫流，水中滋生多色水藻，水池呈现多种色彩。

5. 钙华滩流

钙华滩流是岩溶溪水流经缓坡地段，随山坡缓缓流淌，在片状流动过程中钙华析出，日积月累，沉积成大面积的具流动感的钙华堆积体，如金河漫溢、玉珠奔泻。钙华滩流通常表面呈波纹状或鳞坑状，是钙华堆积初始阶段的产物。

黄龙钙华滩流分布于五彩池至沟口的整个黄龙沟景区，高程3114~3530米，总面积15.8公顷。主体分布于黄龙寺至洗身洞瀑布一带，长2500米，宽30~170米，以"金沙铺地"最为典型。

金沙铺地又名"金沙滩"，距涪源桥约1000米，海拔3305米，长约1300米，宽40~122米，是目前世界上发现的同类地质构造中，状态最好、面积最大、距离最长、色彩最艳的地表钙华滩流。在倾斜谷底的薄薄溪流下，奔流状金黄色钙华体呈淡黄、鲜黄夹金黄、深绿、灰白及褐色斑块等多种色调，又似片片鳞甲，金光闪闪，耀眼夺目。

6. 钙华瀑布

又称"钙华塌陷壁"，是岩溶溪水流经塌陷地貌和大型梯坎地貌时沿陡坎沉积的钙华堆积，钙华体表面呈流线、流纹及浪涛等流水形态，形似飞瀑。控制瀑华形成的因素是较大的地形坡度及其局部的骤然变化，水动力效应是其沉积的主要机制。钙华瀑布通常为流水—钙华双层瀑布，瀑华的沉积结构是垂帘式的，也有呈钟乳状的，固态的钙华体上往往有动态跌水，"流动"的凝固钙华和约束的水流相映成趣。规模较大的钙华瀑布有洗身洞瀑布、莲台飞瀑等。

7. 钙华洞穴

钙华洞穴指钙华体溶蚀或陷落形成的洞穴。黄龙地区的石灰岩地层和钙华体堆积为钙华洞穴的发育提供了基本条件。

黄龙洞又称"归真洞""佛爷洞",传说是黄龙真人的修炼洞府,距黄龙沟口涪源桥 3.5 千米,洞口位于黄龙后寺山门右前方 10 米处,海拔 3556 米。黄龙洞发育于钙华滩流中,洞口为竖井状,直径 5.5~8.5 米,深 25 米,下部为斜洞,洞底类似小型厅堂,长约 30 米,宽约 10 米,面积 400 平方米左右,小洞无数,洞内有洞,幽深莫测,至今其大小深浅,尚未完全探明。洞顶钟乳石,洞壁的石幔、石幔布,洞底的石笋,形态多姿,小巧玲珑,晶莹洁白。洞顶有黄龙图像,依稀可见。洞厅底部有三尊木质坐佛,高约 1.2 米。

这处洞穴传说为黄龙真人得道之处,原有塑像大致塑于明朝,经数百年泉水乳汁天然再塑,通体披上一层淡黄色钙华结晶,银辉闪烁,状若珠光宝裘,形态逼真。洞底钙华年龄约 7.8 万年。黄龙洞内渗水滴漏终年不断,12 月到次年 4 月,滴水成冰,冰林、冰笋、冰幔、冰瀑等,形态万千,犹如水晶洞天,为黄龙冬景一绝。黄龙洞是中国精致的钙华洞穴之一,同时也是中国冰期最长的天然冰洞。相传,"黄龙洞"与百里之外的岷江乡观音岩鱼洞相通。

8. "世界典型"的唯一性

在中国地质构造体系中,黄龙位于上扬子古陆块(四川盆地)西北边缘,主要为以从松潘东北进入、东西走向的雪山断裂带和南北向的牟尼沟—羊洞河断裂带为中心的微型构造系列。根据断层围限、沉积建造、变形特征、变质作用及地貌特征的差异,黄龙所处地质构造单元又可进一步划分为四个次级构造单元,即九寨沟褶皱推覆构造岩片、雪山断裂带、雪宝顶褶皱推覆构造岩片和岷江断裂带。

黄龙的彩池在全世界都具有其唯一性——由水体、地貌、植被和蓝天所形成的一种特有景观,它们位于青藏高原向四川盆地的过渡地带,属于虎牙—叠溪断陷带。大自然所具有的两面性非常残忍:它一方面让人感受、沉醉于黄龙得天独厚的美景,另一方面又让人们承受着不同时期大地震的阵痛。而黄龙不为人知之处，恰恰是因地质运动接二连三地发生，才造就了堪称世界一绝的胜景。

黄龙彩池有两个特点最为显著，一是它的色彩——五彩斑斓，二是它的造型——高低不等。这种梯级的水池在地理学上被称为"堰塞湖"。堰塞湖的形成，对经历地震之后的人们已不再陌生，只不过，黄龙彩池的堰塞湖的体量和规模不足以对其下游地区构成威胁而已。在地震期间，很多人担心黄龙景区遭到破坏，殊不知，黄龙景区本就是这样"破壳而出"的。

9. 鱼鳞色彩的成因

黄龙的精华——五彩池那些鱼鳞色彩的形成基于以下四个方面：

第一，池子中的水，因源于喀斯特地貌并存于喀斯特地貌，故含有丰富的矿元素，被称为"硬水"。硬水性钙华池的显著特征，就是水体的清晰度和透明度极高——这便是水能生成色彩的第一条件。

第二，池子里的水主要来自岩溶之中，不仅洁净，而且水里含有大量的负离子，这些离子是以蓝、绿色调为主的短波光，在水中会产生很强的散射作用，就像高低不同的折射镜，把阳光折射成不同的色彩。因此，阳光映射下的黄龙池水才会如此绚丽斑斓。

第三，黄龙堰塞湖的水源，是由丰富的碳酸钙地下水补充的，在泉水涌出地表的同时，还带出了钙、镁、铁、磷、钛等多种元素。

第四，由于部分彩池中的水非常适合于微生物和藻类的生长，这些颜色各异的微生物及藻类的聚集，也使池水呈现出了各种美丽的色彩。

（三）重、难点提示

1. 重点

通过对金沙铺地、黄龙洞、飞瀑流辉、争艳池、五彩池等代表性景点中的一个点进行讲解，全面突出黄龙风光的"名形色韵"。

2. 难点

地质成因、民俗风情、藏传佛教、本教、红军长征文化、历史典故等相关背景知识。

三、峨眉山景区

（一）景区概述

世界文化与自然双重遗产峨眉山—乐山大佛旅游区是"登震旦第一山·拜天下第一佛"的必到景区，同为国家 5A 级旅游景区。

1. 景区位置

峨眉山位于四川省峨眉山市境内，距成都约 154 千米。其最高峰万佛顶海拔 3099 米，但因故于 2007 年以后停止对外开放，于是佛教圣地华藏寺所在地——金顶（3077 米）便成了游客能到达的峨眉山最高点。

2. 景区得名及历史沿革

峨眉山位于神秘的北纬 30°附近，自古就有"普贤者，佛之长子；峨眉者，山之领袖"的说法。唐代大诗人李白则有"蜀国多仙山，峨眉邈难匹"的千古绝唱，在民间更享有"一山独秀众山羞""高凌五岳"的美称。

北魏时郦道元《水经注》记载，"去成都千里，然秋日澄清，望两山相对如峨眉，故称峨眉焉"。

峨眉山是中国的四大佛教名山之一，相传佛教于 1 世纪即传入峨眉山。汉末，佛家便在峨眉山建立寺庙。相传东汉时，山上已有道教宫观。佛教是晋初传上山的，唐、宋逐渐转盛，唐、宋时期，佛道两教并存，寺庙宫观得到很大发展。明代之际，道教衰微，佛教日盛，僧侣一度达 1700 人之多，全山有大小寺院近百座。至清末寺庙达 150 余座。峨眉山佛教属大乘佛教，僧徒多是临济宗、曹洞宗门人。

峨眉山是普贤菩萨的道场。东晋时期，高僧慧持、明果禅师等先后到峨眉山驻锡修持。他们以相传峨眉山是普贤菩萨显灵和讲经说法之所为依据，把峨眉山作为普贤菩萨的道场，崇奉普贤菩萨。佛经载，普贤与文殊同为释迦佛的主要助手，文殊表"智"，普贤表"德"。

普贤广修十种行愿，故又称"愿"王，尊号为"大行普贤"。其形象最富特征的是身下骑一六牙白象，作为愿行广大、功德圆满的象征。

3. 景区资源性质

峨眉山抚弄星辰，积蓄云雨。从山脚到山顶十里不同天，一山有四季。游览线路近 60 千米，由高、中、低三大主题游览区组成。现全山共有寺庙近30座，景点分为传统十景和新辟十景。如今的"大峨眉"已成为集休养、养生、文化、娱乐、观光、美食为一体的全新多功能复合型的精品旅游区。

4. 景区品位

峨眉山自然遗产极其丰富，素有天然"植物王国""动物乐园""地质博物馆"之美誉。

峨眉山气候多样化，植被丰富，共有3000多种植物，其中包括世界上稀有的多种树种。山路沿途有较多猴群，常结队向游人讨食，为这里一大特色。文化遗产极其深厚，是中国佛教圣地，被誉为"佛国天堂"。

峨眉山三大主题游览区一览表

分区	特色
高山区	金顶绝壁凌空、高插云霄，有世界海拔最高的金佛——四面十方普贤像，集天地灵气，有世界海拔最高的金属建筑群——金殿、银殿、铜殿，气势雄伟，也有世界最壮丽的自然观景台，可观云海、日出、佛光、圣灯、金殿、金佛"六大奇观"。
中山区	清音平湖是峨眉山自然景观的代表。
低山区	第一山亭和美食廊集中展示了峨眉山的人文文化和时尚休闲潮流，由红珠休闲区、中国第一山文化长廊、瑜伽河异国风情长廊、温泉养生康疗区、现代人文景观区和天颐温泉乡都六大休闲功能区构成，是目前中国西部规模最大、功能配套最完善、设施最先进的温泉度假国际会议中心。

5. 景区特色

峨眉山自然遗产丰富，文化遗产深厚。以其"雄、秀、神、奇、灵"的自然景观和深厚的佛教文化，被联合国教科文组织作为世界文化与自然双重遗产列入世界遗产名录。峨眉山更是人类文化的宝库，是盆地升起的天庭，是当之无愧的山之领袖。《杂花经·佛授记》中记载："震旦国中，峨眉者，山之领袖。"

（二）讲解要点

1. 景区位置、景点资源、品位、特色、名称由来和形成原因

2. 景点概况及主要景点参考选择范围

（1）全山共有寺庙近30座，其中著名的有报国寺、伏虎寺、清音阁、洪椿坪、仙峰寺、洗象池、金顶华藏寺、万年寺八大寺庙。

（2）寺庙中的佛教造像有泥塑、木雕、玉刻、铜铁铸、瓷制、脱纱等，造型生动，工艺精湛。如万年寺的铜铸"普贤骑象"，为国家一级保护文物，重达62吨，高7.85米，北宋时期铸造，已有1000多年的历史。另有贝叶经、华严铜塔、圣积晚钟、金顶铜碑、普贤金印，均为珍贵的佛教文物。

（3）峨眉山古建筑群始建于东晋，现有寺庙30余处，2006年5月25日列为第六批全国重点文物保护单位，与第一批全国重点文物保护单位峨眉山圣寿万年寺铜铁佛像合并，称为"峨眉山古建筑群"，含报国寺、圣积铜钟、伏虎寺、圣积寺铜塔、万年寺、万年寺铜铁佛像、万年寺砖殿、清音阁、洪椿坪以及慈圣庵。

（4）金顶是峨眉山景点和寺庙的汇集，是人与自然的和谐相处，是普贤行愿和人们美好心愿的融合。金顶四面十方普贤金像是世界上最高的金佛，也是普贤菩萨的第一个四面十方艺术造型，内涵十分丰富，是佛教教礼、教仪与造型的完美结合。造像采用铜铸镏金工艺，通高48米，总重量达660吨，由台座和十方普贤像组成。其中，台座高6米，底座直径21米，四面刻有普贤的十种广大行愿，外部采用花岗石浮雕装饰。普贤像身高42米，重350吨，由李祖原先生、詹文魁先生牵头设计。造像设计完美，工艺流畅，堪称铜铸巨佛的旷世之作，有极高的文化价值和观赏审美价值，是海峡两岸艺术智慧的结晶。造像通高48米，源自佛经中"四十八愿度众生"，意喻阿弥陀佛度脱一切众生的四十八大愿。造像数据中的"十"有四层含义：一是意喻普贤的十大行愿；二是普贤的十个头像分别体现普贤十大行愿的内涵，头像分为三层，神态各异，代表每一个愿的特定含义；三是代表佛教中的十个方位，意喻空间重重无尽；四是代表时间上的无穷尽。

峨眉山八大古寺及其简介

景点	特色
华藏寺	全称为"永明华藏寺"，是目前中国海拔最高的汉地寺院。始建于东汉，是全国重点寺庙之一。金殿是华藏寺的其中一殿，所处位置最高，是目前全国最大的金殿，俗称金顶（金顶所指不仅是这座山峰，更主要指华藏寺和寺内著名的镏金铜殿）。通高48米的十方普贤正面像对着大雄宝殿，这是峨眉山作为普贤菩萨道场的特征。

续表

景点	特色
洗象池	位于海拔 2070 米的钻天坡上，明代时仅为一亭，称"初喜亭"，后改建为庵，名初喜庵。清康熙三十八年（1699 年）由行能禅师改建为寺。清乾隆元年（1736 年）月正和尚整修寺前钻天坡和寺后罗汉坡道路，并将寺前小池改建为六方，池畔放一石象，以应普贤菩萨洗象之说。相传普贤菩萨骑象经过时，白象曾经在水池中沐浴，故改名洗象池，又称天花禅院。"象池夜月"为峨眉山古十景之一：每当云收雾敛，碧空万里，月朗中天，月光透过冷杉林，映入池中，水天一色，宛若置身云霄，令人气爽神怡。这一带常有猴群出没，僧人以慈悲之心待之，人与动物和谐相处，其乐无穷。
仙峰寺	位于仙峰岩下，原名慈延寺，海拔 1725 米。该寺初创于元代至元十八年（1281 年），初为一小庵。明代初，该寺建有专门存放明神宗御赐大藏经的藏经楼，明万历四十年（1612 年）本炯禅师扩建为大寺，名"仙峰禅林"，明末毁于火灾，清乾隆四十四年（1779 年），泰安、玉升和尚再度重建，名"仙峰寺"并沿用至今。上行二里有九老洞，是全山最大的洞穴，相传为天英、天任、天柱、天心、天禽、天辅、天冲、天芮、天莲九位老人修仙之所，"九老仙府"为峨眉山古十景之一。仙峰寺一带生长着许多珙桐树，为世界稀有植物，西方人称之为"中国鸽子树"。
洪椿坪	位于皇帽峰下，因寺前原有千年洪椿三株而得名。始建于明朝，称千佛庵；清时重修，此处珍贵文物数不胜数：一是楹联众多，且品位较高；二是寺内藏有清制千佛莲灯，雕镂精美；三是寺内存有清乾隆年间的木质"正明司碑"，具有很高的史料价值。因"山行本无雨，苍翠湿人衣"，此处誉称"洪椿晓雨"，被清代文人谭钟岳誉为古"峨眉十景"之一，是山中避暑胜地。
万年寺	位于骆驼岭上，为峨眉山占地面积最大的佛寺，全国重点寺院之一。该寺建于东晋隆安五年（401 年），慧远之弟慧持入蜀建寺，初名为普贤寺。唐乾符三年（876 年），慧通禅师更名为白水寺，北宋时期曾多次修葺，并称白水普贤寺。明朝万历皇帝为其母亲庆贺七十大寿，赐金修筑无梁砖殿，并题写"圣寿万年寺"金匾，此后寺改用万年寺。万年寺的寺院为汉传佛教布局，坐西朝东。此外，该寺寺僧创制茶叶，十大元帅朱德、陈毅、贺龙曾在此寺品茗，并由陈毅取名"竹叶青"茶叶。茂真和尚主持铸造的铜质普贤骑象为国家一级保护文物。行愿楼中的"佛牙"（剑齿象上颚骨化石）、"贝叶经"（明朝暹罗版本梵文《法华经》）、"御印"（万历皇帝朱翊钧御印），为该寺三宝。
清音阁	又称卧云寺，位于牛心岭下黑白二水汇流处，海拔 710 米。建于唐乾符三年（876 年），明初广济和尚取晋人左思《招隐诗》"何必丝与竹，山水有清音"之意，更名为清音阁，是世界罕见的庞大的山野佛寺园林。寺内供有释迦牟尼、文殊、普贤之像；阁下有双飞亭，左右各有桥，如鸟翼翼凌，故名双飞桥；亭下黑、白二水汇流处有一巨石，高丈许，形如牛心，故名"牛心石"，双飞亭柱悬清末"戊戌六君子"之一的刘光第所撰楹联："双飞两虹影，万古一牛心。"

续表

景点	特色
报国寺	位于峨眉山麓，海拔 551 米，是峨眉山的第一座寺庙、峨眉山佛教协会所在地，是峨眉山佛教活动的中心；同时也是入山的门户，是游峨眉山的起点。创建于明万历年间，曾名"会宗堂"，寺内供奉着佛教始祖释迦牟尼的大弟子普贤菩萨、道教创始人的化身广成子、春秋名士陆通，取儒、道、释三教会宗合祀之意。清康熙帝取佛门"报国主恩"之意，改名报国寺。寺门口新建一亭，挂有明嘉靖年间圣积寺所铸的一口大钟，高 2.3 米，重 12.5 吨，晚上敲钟时声闻 30 余里，故名"圣积晚钟"。寺中有两棵国家一级保护植物——桫椤，是峨眉山最古老的蕨类植物，是与恐龙同时代的植物，被人们称为"活化石"。
伏虎寺	位于报国寺西约 1 千米，为全山最大寺庙之一。始建于晋代，当时称为药师殿；后来一度改称为"龙神堂""虎溪禅林""虎溪精舍"；因山形如卧虎，遂将寺定名为"伏虎寺"；又因传说树林中多有虎患，于是寺院建"尊胜幢"以镇压。1935 年，蒋介石曾在此训练。现在，全山的比丘尼都集中于伏虎寺居住，该寺随之成为中国较大的比丘尼道场之一。寺内有华严塔亭，中置的华严铜塔以其时代久远（明万历年间）、体形高大和铸造精良而居中国铜塔之最。

3. "仙山佛国"

与国内众多名山相比，峨眉山有四个与众不同的特点：

（1）地质纪年最古老、最集中、最典型，被誉为"地质博物馆"。峨眉山的地质演化史，概括起来，就是"8 亿年的孕育，7000 万年的成长，200 万年的潜移默化"。在数千万年的演变过程中，经历无数次强烈的地壳运动，形成多种类型的地质构造，在国际上划分的 13 个地质代中，除缺失中奥陶纪、晚奥陶纪、志留纪、泥盆纪和石炭纪外，其余各时代地层均有沉积，因此才被誉为"地质博物馆"。

（2）植物和药用植物最多，被誉为"植物王国"。峨眉山植物资源丰富，以琼花瑶草、珍奇林木著称，有"古老的植物王国"之誉。复杂的地形层次，高低不同的海拔，寒温多变的气候，质地复杂的土壤，为各类植物的生长、繁衍提供了良好的自然生长条件。全山保存了最完好的亚热带植被类型，有最完整的亚热带森林垂直带谱，植物具有丰富性、古老性和特殊性。全山有植物近 5000 种，其中已知高等植物有 242 科，3200 种以上，占中国植物物种总数的 1/10；特有的植物 107 种，占中国特有植物的 11.56%，属国家首批重点保护的植物 31 种，占全国保护植物总数的 10%，其中属全国 8 种 1 级保护植物的即有桫椤和珙桐两种。据统计，以峨眉山为模式产地命名的新植物，近百年来有 253 种，其中 162 种为中华人民共和国成立后发现，有 103 种以"峨眉"为词头命名。全山森林覆盖率达 87%。自古峨眉山又被称为"仙山药园"。它拥有丰富的药用植物和药用动物。

据近年相关部门的调查显示，仅药用植物即有 212 科 868 属 1655 种，占全山植物总数的 33%。以"峨眉"为词头命名的药用植物达 93 种，特有药用植物 120 种以上。珍稀药用生物是峨眉山生物资源中的一大优势和特色，具有一定的观赏、研究和开发价值。

（3）珍稀动物、国家保护动物数量大，被誉为"动物王国"。峨眉山得天独厚的自然条件，加上茂盛的植物，为种类众多的野生动物的栖息、繁殖提供了一个优越的生态环境。

全山共有 3200 余种野生动物，在脊椎动物中，属哺乳纲的有 7 目、23 科、51 种及亚种；鸟纲为最大的一纲，有 16 目、43 科、256 种及亚种，其中属中国特产的 27 种，国家保护的 17 种，地模标本 7 种；爬行纲有 2 目、10 科、34 种及亚种；两栖纲有 2 目、7 科、33 种及亚种，其丰富繁多为全国罕见。四川的两栖动物为全国之冠，而峨眉山的占全川的 36.7%；具有中国特色的角蟾亚科有 10 种，也占全川的 1/3；节肢动物中，以昆虫纲鳞翅目的蝶类最为著名，约有 268 种之多，以中华枯叶蛱蝶和凤蝶最著名优美。

目前，全山已列入国家重点保护动物的有 29 种，占全国保护动物总数的 12.8%，其中一级 2 种，二级 27 种。

拓展资料：峨眉山国家重点保护野生动物名录

1. 鸟类

峨眉白鹇、黑鹳、黑冠鹃隼、凤头鹃隼、鸢、蜂鹰、凤头鹰、赤腹鹰、雀鹰、松雀鹰、红腹角雉、白腹锦鸡、楔尾绿鸠、领角鸮、领鸺鹠、斑头鸺鹠、鹰、灰树鹊、白喉短翅鸫、棕颈钩嘴鹛、白喉噪鹛、褐胸噪鹛、纹喉凤鹛、暗色鸦雀、纯色啄花鸟、山麻雀、蓝鹇、蓝喉太阳鸟、白鹭、凤头鹃隼、松雀鹰、灰胸竹鸡、峨眉白鹇、雉鸡、山斑鸠、楔尾绿鸠、点斑林鸽、鹰鹃、领雀嘴鹎、白头鹎、丝光椋鸟、红嘴蓝鹊、大拟啄木鸟、白颈乌鸦、白眉林鸲、鹊鸲、矛纹草鹛、灰翅噪鹛、

棕噪鹛、画眉、白颊噪鹛、眼纹噪鹛、黑脸噪鹛、丽色噪鹛、红嘴相思鸟、白领凤鹛、灰胸薮鹛、棕头鸦雀、棕腹仙鹟、铜蓝鹟、大山雀、黄腹山雀、叉尾太阳鸟、暗绿绣眼鸟、山麻雀、金翅雀、酒红朱雀、灰头灰雀、黑尾蜡嘴雀、黑冠鹃隼、凤头鹃、隼鸢、蜂鹰、凤头鹰、赤腹鹰、松雀、鹰雀、鹰鹃等。

2.兽类

小熊猫、鬣羚、斑羚、金猫、大灵猫、斑林狸、黑熊、藏酋猴、猕猴、毛冠鹿、峨眉背纹老鼩鼱、峨眉鼩鼹，以及大熊猫、黑熊、赤狐、豺、黄喉貂、香鼬、黄腹鼬、黄鼬、鼬獾、獾、猪獾、大灵猫、小灵猫、斑林狸、果子狸、豹猫、金猫、小麂、斑羚、鬣羚、毛冠鹿等。

3.爬行类

峨眉地蜥、丽纹游蛇等。

4.两栖类

大鲵、山溪鲵、峨眉蟾蜍、峨眉髭蟾、峨眉角蟾、峨山掌突蟾、大齿蟾、无蹼齿蟾、金顶齿突蟾、峨山弹琴蛙、峰斑蛙、峨眉泛树蛙、经甫泛树蛙、峨眉树蛙等。

5.昆虫类

中华枯叶蛱蝶、华丽凤蝶。

6.寡毛类

秉前环毛蚓、峨山杜拉蚓、三点环毛蚓、嗜竹环毛蚓、盘孔环毛蚓、曲管环毛蚓、长茎环毛蚓、高尚环毛蚓、三星环毛蚓、多果环毛蚓、壁缘环毛蚓、小囊环毛蚓、连突环毛蚓、双瓣环毛蚓、峨眉环毛蚓等。

（4）宗教历史源远流长，宗教文化博大精深，被誉为"仙山佛国"。宗教文化是峨眉山的神韵。峨眉山在晋朝以前是道教的天下。东汉末年，中国的道教在四川完成了最关键的组织形式，道众的活动积极地向着建立祭酒教区——"治"发展。由于平民道教的狂热性、反朝廷性，道众一开始活动的基地就是丛林大山。在葛洪尚未改造平民道教以前，道众避居山中与返璞归真并无多大关联，主要是保证聚众造反的隐秘性。两晋以后，道教改头换面，成为士大夫阶层退出政治旋涡的退身之阶，以后又推出了许多类似于修身养性的说法。许多文化人借口追求"天人合一"，实质上是逃避政治祸端。当时一些崇道者在寻找一处清凉之地修身养性，渴望返璞归真，吸取大自然之灵气，从而达到天人合一的境界。而峨眉山秀美清幽带有变幻莫测的云海、灵光（佛光）、圣灯等奇妙景致，以及奇洞、怪石、神水、野花，这就自然成了古代仙家、方士和具有仙道思想的墨客骚人修持取静和追踪访胜的最理想境地，这里便出现了"仙人洞""第七洞天""皇人之山"。但峨眉山道教在后来无声无息地被佛教取代，在道衰佛兴的转折关头，佛教徒们创造了一个令人振聋发聩的峨眉山创世神话，从而在真正意义上诞生了在历史上影响深远的峨眉山。

由此，"仙山"变成了"佛国"——峨眉山从此揭开了佛教圣地的帷幕，然后逐步发展成为中国佛教四大名山之一。

4."秀甲天下"

峨眉山"秀甲天下"的原因源于三方面：

（1）植物带谱的影响：峨眉山是断块带组合而成的层层卓立的峰峦，植物纵横分布极为独特：在纵向的气候带上，从下而上，有亚热带的常绿阔叶林、温带的常绿与阔叶落叶混交林、亚寒带的针叶阔叶混交林、寒带的常绿针叶等。在横向的同一等高线上，有向阳的坡板，有荫庇的溪壑，独立的孤峰，你中有我，我中有你，错落有致，相映争辉。

（2）小气候的作用：峨眉山拥有5000多种植物，高等植物3200多种，约占四川植物总数的1/3，占中国植物总量的1/10，比欧洲大陆所有的种数还多。这些植物从低等到高等，体系完备，构成完整的生物链，表现在外观上，乔木、灌木、草被、藤间植被疏密有度、搭配自然（英、美、法、德、日等10国园艺专家给予峨眉山三个"顶级"评价：世界上最美的国家公园、世界上最难得的植物宝库、世界上植物爱好者的乐园）。

（3）得天独厚、层次饱满的旅游资源：作为植物植被"秀"色的陪衬，峨眉山有金色的晨曦，银色的月光，胭脂般的晚霞，神奇的佛光……还有黑黝黝的玄武岩，朱红色的页岩……以及丛林中深藏的古寺，红墙、绿瓦，以及以峨眉灵猴为代表的3200多种野生动物是峨眉山的灵魂。峨眉山藏酋猴、猕猴、胡子蛙、弹琴蛙等因山而有灵性，形成了峨眉灵猴、仙姑弹琴、彩蝶世界等奇特景观。

峨眉山猴是游人喜爱的珍兽之一。种名藏猴，别名四川短尾猴、大青猴，因生活在佛教名山，故又雅号"猴居士""猿居士"，俗呼"山儿"。峨眉山猴属国家二级保护的兽类。藏酋猴在十几种猕猴属动物中体重最大，这与它的叶食和地栖倾向有关。成年雄猴平均 18.3 千克，最大 21.5 千克；雌猴平均 12.8 千克，最大 15 千克。四肢等长，尾短于后脚，长约 9 厘米；耳较小，有颊囊，成年猴两颊和颏下有一圈须状髭毛；颜面初生时肉色，幼年时白色，成年时鲜红，尤以眼圈最红；头部毛色深棕，背毛棕褐色或黑褐色，腹毛淡黄色，雌猴的毛色浅于雄猴。

中华枯叶蛱蝶是峨眉山蝶类中最名贵的一种。俗称枯叶蝶，属于昆虫纲，鳞翅目，蛱蝶科，姿态奇丽。身长 3 厘米左右，双翅展开宽约 8 厘米。飞舞时，露出翅膀的背面，如同其他的蝴蝶一样华丽，大部为绒缎般的黑蓝色，闪亮出光泽，点缀有几点白色小斑；横在前翅的中部，有一金黄色的曲边宽斜带纹线，如同佩上了一条绶带；前后翅的外缘，均镶有深褐色的波状花边。停息在树枝或草叶上时，两翅收合竖立，隐藏着身躯，展示出翅膀的腹面，全身呈古铜色，色泽和形态均酷似一片枯叶：一条纵贯前后翅中央的黑褐色纹线，极像树叶的中脉；其他的翅脉又似树叶的侧脉；翅上几个小黑点，好似枯叶上的霉斑；后翅的末端，还拖着一条叶柄般的"尾巴"。这种"拟态"，使天敌一时真伪难辨，分不清究竟是蝴蝶还是枯叶，从而保护自己，故此在昆虫学上叫它"枯叶蝶"。枯叶蝶是著名的拟态昆虫，具有重要的科研价值，严禁捕捉。

（三）重、难点提示

1. 重点

通过峨眉山的地质、动植物、气象和其他自然旅游资源讲解，突出其雄、秀、奇、险、幽，反映其世界自然遗产中的地位；通过峨眉山历史、佛教、塑像、建筑、武术等相关背景知识讲解，突出其世界文化遗产的地位。

拓展资料：峨眉武术

简单地说，峨眉武术是"峨眉拳""峨眉剑""峨眉枪法""峨眉扣手""峨眉散手""峨眉练功法"等，具有独特四川拳味的各种技艺的统称。

峨眉派武术之所以广泛流传，与少林、武当派武术有一定的相同之处，在指导思想上受儒、释、道以及地域文化的影响，创造出了许多因人而异、因地而形的功法套路。

它的功法拳术海纳百川，同在蓝天下，故有很大的包容性。比如，在与中原文化融合中所形成的"客架拳"等，这里有必要简介峨眉客架拳中的"形意拳"。形意拳是我国最优秀的内家拳之一，在武林中人们常把形意拳、太极拳、八卦掌与少林拳誉为中国四大名拳。在武当，把形意拳、太极拳、八卦掌称为内家拳。在少林，形意拳又叫作"心意六合拳"或"心意拳"，被少林寺视为秘而不宣的看家拳。形意拳是一种拟态运动的拳术，它既模拟动物的形姿又模拟事件动态现象，既注重外在动态的变化又崇尚内在动态的升华，内外兼修，是人们进行身心锻炼的高尚运动。形意十二形拟态：模拟以"龙、虎、猴、马、鼍、鸡、鹰、鹞、熊、蛇、鹳、燕"十二种动物形姿，成其为十二形拳。形意五行拟态：模拟"斧之劈柴，浪之逐波，箭之离弦，炮之轰击，簧之弹发"五种动态，成其为五形拳或五行拳。十二形拳模拟十二种动物形姿，取其意为用法，自然和谐，千姿百态，因此满足了人们在武术健身中追求乐趣的需要。习练五形拳，可坚固五脏六腑，强筋壮骨，光华皮毛，因此深受人们的厚爱。又由于形意拳主刚，尚破击技术，颇具攻击力，所以成为善搏者的酷爱。形意拟态运动讲求"练精化气，练气化神，练神还虚，修虚归无"，尚道自然的玄奥无穷，是武道修士的追求和至高崇尚。

峨眉拳武术技艺在"刚与柔""快与慢""动与静""虚与实""高与低""轻与重"等方面有独特风格和鲜明的哲理。在研究峨眉武术理论中，峨眉武术以峨眉山得名，有的武术学者认为：从广义上研究武术，以巴蜀地域范围内的武术流派可统称为峨眉武术，为"大峨眉派"；从狭义上分析，以峨眉地域范围传承的武术，为"小峨眉派"。

2. 难点

（1）地质背景知识；

（2）动植物背景知识；

（3）佛教背景知识；

（4）峨眉武术背景知识。

四、乐山大佛景区

（一）景区概述

世界文化与自然双重遗产峨眉山—乐山大佛旅游区是"登震旦第一山·拜天下第一佛"的必到景区，同为国家 5A 级旅游景区。

1. 景区位置

乐山大佛，全名嘉州凌云寺大弥勒石像，位于岷江、青衣江、大渡河三江交汇处一带的凌云山栖鸾峰，处在凌云寺的南侧，距成都约 160 千米。

2. 景区得名及历史沿革

乐山大佛因其所在地在乐山，故而得名，也称嘉州大佛、凌云大佛。乐山大佛开凿于唐玄宗开元元年（713 年），最早是由贵州僧人海通和尚主持修建的，修凿的佛像为弥勒佛，其目的是为了减弱该河流交汇处的水势。佛像开建后收到了人们大量的捐物捐资，当地的官员因此曾向海通和尚索贿，海通和尚予以拒绝，并称"自目可剜，佛财难得"。海通见前来索贿的官员仍然强行索贿，便自挖一只眼睛，并将这只眼睛放在盘子里递给了该官员，该官员此后再无针对大佛的索贿行为。

海通和尚去世后，大佛的修造一度停止。唐开元二十七年（739 年）时，章仇兼琼担任剑南节度使，为重修大佛而捐出了自己 20 万钱的俸禄，大佛得以再次开工。唐天宝五载（746 年）时，章仇兼琼调任户部尚书，大佛的修造再次停滞，这时的大佛仅修凿到膝盖位置，膝盖以下并未凿出。贞元元年（785 年）时，韦皋担任西川节度使，大佛得以第三次开工，其间韦皋专门捐出了自己的 50 万钱俸禄作为修造资金。贞元十九年（803 年）时，乐山大佛正式修造完成，整个工期前后历时约 90 年。为此韦皋专门撰写了《嘉州凌云寺大弥勒石像记》，并将其刻在了大佛龛窟右侧的临江崖壁上。

乐山大佛在历史上曾有过多次维修，在民国时期曾被军阀部队在军事训练中部分击毁，但随后又被当地善士集资修复。

中华人民共和国成立后，乐山大佛得到妥善保护和维修，1956 年 8 月 16 日公布为四川省第一批历史及革命文物保护单位，即嘉定大佛。1980 年 7 月 7 日公布为四川省重新公布的第一批文物保护单位，即乐山大佛。1982 年 2 月 24 日列为第二批全国重点文物保护单位。1996 年，乐山大佛作为世界文化与自然双重遗产被列入世界遗产名录。

3. 景区资源性质

宋代文人邵博曾赞美说，"天下山水之冠在蜀（最好的景致在四川），蜀之胜曰嘉州（四川景致最优美的在乐山），嘉之胜曰凌云（乐山的景致说来说去还是凌云山）"。一座凌云山，三条大江流，这是大自然无意间的一个巧合，是天造地设的一个奇迹：一"睡佛"，天然生就；一"坐佛"，人工凿成。天下山水之冠，名不虚传。

4. 景区品位

乐山大佛现为世界上最高的石刻大佛，同时也是世界上最大的石刻弥勒坐像。

5. 景区特色

乐山大佛美誉为"山是一尊佛，佛是一座山"，其外围的汉代崖墓——麻浩崖墓群反映了汉文化与印度早期佛教文化交融的历史与艺术成就。

（二）讲解要点

1. 景区位置、景点资源构成、品位、特色、名称由来和历史溯源

2. 景区概况及主要景点参考选择范围

乐山大佛景区包括乐山大佛、灵宝塔、凌云禅院、海师洞、九曲—凌云栈道、巨型睡佛、东方佛都、佛国天堂、麻浩崖墓、乌尤山、乌尤寺等。

3. 景区各景点一览

（1）石刻大佛

唐代摩崖造像中的艺术精品之一，是世界上最大的石刻弥勒佛坐像。大佛背靠山崖，面临大江。当游客们观赏大佛时，同时也就游览了凌云山的胜景，被世人誉为"山是一尊佛，佛是一座山"。

佛像高 71 米，是世界最高的古代石刻大佛。大佛头长 14.7 米，头宽 10 米，肩宽 24 米，耳长 7 米，耳内可并立二人，脚背宽 8.5 米，可坐百余人。

乐山大佛具有一套设计巧妙、隐而不见的排水系统，对保护大佛起到了重要的作用。在大佛头部共18层螺髻中，第4层、第9层和第18层各有一条横向排水沟，分别用锤灰垒砌修饰而成，远望看不出。衣领和衣纹皱褶也有排水沟，正胸有向左侧分解水沟与右臂后侧水沟相连。两耳背后靠山崖处，有洞穴左右相通；胸部背侧两端各有一洞，但互未凿通，孔壁湿润，底部积水，洞口不断有水淌出，因而大佛胸部约有2米宽的浸水带。这些水沟和洞穴，组成了科学的排水、隔湿和通风系统，防止了大佛的侵蚀性风化。

　　沿大佛左侧的凌云栈道可直接到达大佛的底部。在此抬头仰望大佛，会有仰之弥高的感觉。坐像右侧有一条九曲古栈道。栈道沿着佛像的右侧绝壁开凿而成，奇陡无比，曲折九转，方能登上栈道的顶端。这里是大佛头部的右侧，也就是凌云山的山顶。此处可观赏到大佛头部的雕刻艺术。大佛右耳耳垂根部内侧，有一深约25厘米的窟窿，通过勘测，后人才发现这长达7米的佛耳，不是原岩凿就，而是用木柱作结构，再抹以锤灰装饰而成。在大佛鼻孔下端亦发现窟窿，露出三截木头，呈品字形。说明隆起的鼻梁，也是以木衬之，外饰锤灰而成。

　　大佛胸部有一封闭的藏脏洞。封门石是宋代重建天宁阁的纪事残碑。洞里面装着废铁、破旧铅皮、砖头等。据说唐代大佛竣工后，曾建有木阁覆盖保护，以免日晒雨淋。从大佛棱、腿臂胸和脚背上残存的许多柱础和桩洞，证明确曾有过大佛阁。宋代重建之，称为"天宁阁"，后遭毁。维修者将此残碑移到海师洞里保存，可惜于后来被毁。

　　（2）凌云禅院

　　凌云寺在凌云山顶，被凌云九峰环抱，寺宇辉煌。因是大佛所在，又名大佛寺。

　　凌云寺创建于唐代，据史料记载早于大佛开凿之前，距今已有1300多年。唐开元元年（713年）开凿佛像时，寺宇又有扩建。唐建凌云寺，毁于元顺帝战乱，明代进行了两次修复，明末又经兵燹，大部分被毁。现存凌云寺是清康熙六年（1667年）重新修建的。以后又经多次修葺，尤其是中华人民共和国成立以后不断维修，保存了现在面貌。

　　凌云寺是由天王殿、大雄殿、藏经楼组成的三重四合院建筑，丹墙碧瓦，绿树掩映。天王殿前是参天古木楠树，殿外两侧分列着四座明清两代重修寺宇的碑记。匾额"凌云寺"为清末著名书法家赵熙所题。殿内正中塑像为金玉弥勒坐像，重33吨，系采自名山之巅汉白玉雕刻而成。两旁分列四大天王塑像，攒眉怒目，威武雄伟。天王殿后为韦驮龛，供奉木雕贴金的护法神韦驮。穿过天王殿，为清代建筑大雄宝殿。殿内正中端坐释迦牟尼三身像（法身、应身、报身），造型优美，神态庄重。两旁分列十八罗汉，神形各异，栩栩如生。

（3）灵宝塔

灵宝塔又名凌云塔，因其耸立在凌云寺后的灵宝峰巅，故以山峰命名。塔建于唐代，塔形呈密檐式四方锥体，砖砌而成，坐东向西，高38米，共13级。塔体中空，内有石级沿塔轴盘旋至顶。塔顶为四角攒尖式。灵宝塔每级都开有窗眼。根据山川形势，修建此塔的目的主要还是作为当时三江合流处的标志。高71米的大佛是为了镇水保平安，灵宝塔则作为航船标志，使船工提高注意力，以便安全渡过急流险滩。灵宝塔是嘉州古城的一座标志，后经四川省人民政府公布为省级文物保护单位。

（4）东坡楼

东坡楼是凌云山著名古迹之一，东坡楼也叫东坡读书楼。位于栖鸾峰巅，是由楼、廊、亭组成的庭院建筑。东坡楼为歇山式单体木质两重楼房。门额横匾"东坡楼"三字是集黄庭坚手书而成，楼堂正中立苏东坡斜倚坐像。东坡楼正对临崖处有一亭，即清音亭。在清音亭凭栏远眺，江天悠远，山清水秀。

（5）麻浩岩墓群

麻浩崖墓位于凌云、乌尤两山之间的溢洪河道东岸，麻浩是其地名。崖墓是汉代流行于乐山的一种仿生人住宅、凿山为墓的墓葬形式，其特征是沿着浅丘、山谷的砂质岩层由人工凿成方形洞穴，然后安葬遗体和殡葬品。从外部看去是一个个深邃神秘的山洞。这种墓葬因流行于1800多年前的东汉至南北朝时期，故称东汉崖墓。麻浩崖墓是乐山墓群中最集中、最具代表性的墓葬群，在长约200米、宽约25米的范围内有崖墓544座，墓门披连，密如蜂房，极为壮观。这处汉代墓群于1988年经国务院公布为全国重点文物保护单位。

（6）九曲栈道

九曲栈道是与修建佛像同时开凿的。栈道最宽处 1.45 米，最窄处 0.6 米，共 217 级石级，沿崖迂回而下，可到大佛脚底。崖壁上留下的石刻佛龛，遗憾的是它们的风化现象非常严重。绕过佛脚是位于大佛左侧的"凌云栈道"。削壁穿洞，隐藏在乐山大佛左侧悬崖绝壁间。栈道开凿于 1983 年年初，1984 年竣工，同年 10 月开放，全长约 500 米，与大佛右侧的九曲栈道一起构成一条回环曲折的旅游线路。

（7）佛国天堂

融古建筑、摩崖造像、雕塑、壁画、彩绘为一体，景色优美，仿唐式古建筑有天桥、天门、天梯、云台、云梯、三大宝殿等。1994 年 5 月建成开放。距乐山大佛仅一里之遥，是乐山大佛旅游景点佛文化的延伸，也是乐山大佛外围景区群的组成部分。在 20 万平方米范围内，集中仿制了国内外佛像3000 多尊，利用自然山体延伸，采用摩崖圆雕、浮雕、雕刻、壁画等表现形式，选用不同材质，有石刻、铜铸、彩塑、墨玉等各类大小佛像雕塑。

（8）乌尤山

即古离堆，相传为秦时蜀郡守李冰开凿，以"避沫水之害"。乌尤山与凌云山并肩立于岷江之滨，四面环水，孤峰兀立，山上林木茂盛。乌尤山因孤卧江中，好似一头乌牛，故又名"乌牛山"，相传宋代诗人黄庭坚至此，嫌其名不雅，而见山上古木繁葰，便更名"乌尤山"。山上有创建于盛唐的乌尤寺，和凌云寺毗邻，两山之间隔一水，有吊桥相通，和凌云山合成一个完整的风景区。山上有乌尤寺，建筑顺山势设计，曲折高低。除了佛殿以外，还有旷怡亭、听涛轩、尔雅阁等精巧建筑。现存庙宇系清以后的建筑，是四川省内保存较完整的古代寺庙。

（9）巨型睡佛

"巨型睡佛"又称"隐形睡佛"，位于乐山城东侧的三江（岷江、青衣江、大渡河）汇流处，佛头、佛身、佛足由乌尤山、凌云山和东岩山联襟而成，形态逼真，南北直线距离 1300 余米，头南足北仰卧在三江之滨。

巨型睡佛的"佛头"最为惟妙惟肖，乌尤山为"佛头"，景云亭如同"睫毛"，山顶树冠各为"额、鼻、唇、颌"，活灵活现，富有神采；佛身由整座凌云山构成，伟岸壮硕，栖鸾、集凤两峰为"佛胸"，灵宝峰是其"腹和大腿"，就日峰是其"小腿"，龟城山南坡则为其"脚"。令人叹为称奇的是，举世闻名的乐山大佛正好端坐在"巨型睡佛"腋部的深坳处，似乎正好应验了唐代雕佛者寓意的"心即是佛"和古代民间"圣人出于腋下"之说，形成了"佛中有佛"的奇观。

4. 弥勒与笃信

1200多年前，建造者的成就感建立在对佛教的狂热追捧，其动机既有纯粹的笃信，也不乏政治和利益的考虑。乐山大佛是一尊弥勒佛，而大佛的在建时间，正是极度崇拜弥勒佛的唐武周时代。武周时期，武则天曾下令编造了一部后代颇具争议的《大云经疏》，证明她是弥勒转世，百姓对弥勒的崇拜帮助她在男尊女卑的封建时代登上帝位。由于武则天的大力提倡，使全国塑凿弥勒之风大行。乐山大佛的修造距武则天时代仅20余年，所以当海通修造乐山大佛时，自然选择了弥勒佛。按佛教教义，弥勒佛是三世佛中的未来佛，象征着未来世界的光明和幸福，在佛祖释迦牟尼死后的56.7亿年以后将接替佛祖的地位，于华林园的龙华树下广传佛法，普度众生。佛经说，弥勒出世就会"天下太平"，弥勒佛即是能带来光明和幸福的未来佛，这同平息水患的镇江之佛要求是一致的。

弥勒佛造像在中国汉地佛教文化中的变化是很大的。现在一提到弥勒佛，大家就想到那个笑眯眯的大肚和尚，这个弥勒实际上是第三个阶段的"布袋弥勒"，他的形象是根据中国五代时期一个名叫契此的和尚原型塑造而成的。契此是浙江奉化县（今奉化市）人，面相丰腴，乐善好施，能预知天气和预测人的吉凶，经常拿着一个布袋四处化缘。他在圆寂前曾留下一个佛偈，偈上说"弥勒真弥勒，化身千百亿，时时示世人，世人自不识"，因而大家都认为他是弥勒佛的化身。自那以后，真正的弥勒是什么样，后来的人不是全忘了，而是根本不知道。弥勒刚从印度过来的时候叫"交脚弥勒"，这是弥勒佛在中国的第一阶段，很有点"洋教"色彩。中国人是历来讲究"中国特色"的，于是"中外结合"，把第二阶段的弥勒形象定型为"古佛弥勒"。如果你想知道"古佛弥勒"是什么样，你看乐山大佛就是了。

据《弥勒下生经》所描述，弥勒佛像具有"三十二相，八十种好"，这就要求他的五官、头、手、脚、身都具有不同于一般人的特征：形体要超凡脱俗，头上要有发髻（显然还带有第一阶段的特征）、阔大的双肩、高而长的眉毛、圆直的鼻孔……而第一阶段"交脚弥勒"的"宽肩细腰"在乐山大佛身上已荡然无存，取而代之的是壮实的双肩和饱满的胸脯，体现了唐代崇尚肥胖美的时尚。另外，乐山大佛的坐姿是双脚自然下垂，这与印度佛像的"结跏趺式"也完全不同。一来，宗教历史上从来不缺改革者和创新人，况且这是洋教进入中国；二来，弥勒佛以一座山的形态出现，他是代表慈悲精神和肩负镇水使命的"神"，姿态自然不能太过悠闲自在。

5. 保护"未来佛"

中华人民共和国成立后，1956年，乐山大佛被四川省人民委员会列为四川省文物保护单位。1982年，乐山大佛被列为全国重点文物保护单位。1996年12月6日，联合国教科文组织世界遗产委员会将"峨眉山—乐山大佛"作为世界文化与自然遗产列入《世界遗产名录》。2008年，峨眉山—乐山大佛风景名胜区管委会正式成立。之前，乐山大佛上的杂草都由中国人民解放军的官兵负责清理。此后乐山大佛景区管理委员会的工人接管了这项工程，并在不久之后已经可以每年给大佛全身除草2~3次。由于受风吹、水渍、江水冲击等影响，加上大佛又建在强度不高的红砂岩上，2002年3月和6月，由世界银行提供贷款，共计耗资2.5亿元人民币的乐山大佛维修一期、二期工程先后实施。后续各年，乐山市政府先后举办了数届大佛节，并借此对外扩大乐山大佛的品牌影响力。

2014年11月，乐山大佛的保护范围被确定为"北至乐山大佛景区北门，西至凌云山临江摩崖造像、乐山大佛沿江山体外延30米边界处，南至下观音寺南侧山脚，东至灵宝塔停车场东缘、凌云寺藏经楼东侧陡坎、下观音寺东侧山脚连线"的区域，而建设控制范围则被确定为"北至城南旅游二号码头南端到岷江对岸观佛楼南侧连线，西至岷江西岸与凤洲岛东侧边界，南至拥翠楼与祝融峰和兑悦峰山脚连线，东至城南干道西侧、乐山大佛景区东门、就日峰西侧山脚连线"的区域。

2019年4月1日，历时近半年的乐山大佛胸腹部开裂残损区域排险加固工程结束，大佛展新颜，景区向游客重新开放九曲栈道。为回馈游客，乐山大佛景区同时推出了大佛出关、新版夜游大佛旅游产品上线两大重磅活动。

（三）重、难点提示

1. 重点

景区位置、概况、景点构成、大佛的修建原因、构建特色、弥勒形象的演变。

2. 难点

（1）佛教及造像形制的相关背景知识；

（2）大佛千年不坏的工巧和措施。

五、成都大熊猫繁育研究基地

（一）景区概述

"三九大"中的"大"，便指代的是"大熊猫"。成都大熊猫繁育研究基地是我国在大熊猫保护领域最早开展大熊猫迁地保护的主要研究机构之一，基地以 20 世纪 80 年代抢救留下的 6 只病、饿大熊猫为基础，从原仅有的 6 只大熊猫开始，在未从野外捕获一只大熊猫的情况下，以技术创新为基础，现已繁育大熊猫 143 胎，214 仔，现存 152 只（截至 2015 年），是全球最大的圈养大熊猫人工繁殖种群，且种群遗传质量、种群内个体健康状况和行为健康状况均良好。

1. 景区位置

成都大熊猫繁育研究基地位于成都市成华区外北熊猫大道 1375 号，距市中心 10 千米，距成都双流国际机场 30 余千米，目前占地面积约 1600 亩。

2. 景区得名及历史沿革

20 世纪七八十年代，邛崃山、岷山山系大熊猫栖息地的冷箭竹部分开花枯死，1974~1983 年期间，据相关资料显示共有 250 只野生大熊猫饿死。成都熊猫基地（原成都动物园）的专业人员积极参加了省林业局组织的调查抢救队伍，深入受灾第一线进行大熊猫救治工作，将病重的国宝送到成都动物园进一步治疗。一方面，与成都军区总医院等单位的专家组成救医小组，及时抢救来自灾区的大熊猫，同时还举办"四川省抢救大熊猫医务人员学习班"，培养大熊猫产区的医护人员，并到大熊猫产区进行指导，普及群防群治基本知识，加强保护宣传。1974~1993 年，成都共抢救野外病、饿大熊猫 63 只，有 75% 经积极救治得以痊愈放归自然栖息地。但是，由于救护个体健康状况以及野外栖息地状况，最终有 6 只在成都熊猫基地（原成都动物园斧头山饲养场）进行人工饲养，这 6 只大熊猫中，3 只雌性熊猫分别是"美美""果果""苏苏"；3 只雄性熊猫分别是"强强""川川"（9 号）、6 号。

3. 景区资源性质

成都大熊猫繁育研究基地于 1983 年建立，是中国乃至世界著名的集大熊猫迁地保护、科研繁育、公众教育和研学旅游为一体的研究机构和旅游目的地，也是一个专门从事濒危野生动物研究、繁育、保护教育和教育旅游的非营利性机构。

4. 景区品位

成都大熊猫繁育研究基地享有国家 4A 级景区、全国科普教育基地、国际科技合作示范基地以及联合国环保最高奖——"全球 500 佳"等荣誉称号。作为"大熊猫迁地保护生态示范工程"，基地以保护和繁育大熊猫、小熊猫等中国特有濒危野生动物而闻名于世。

基地下设有"大熊猫繁育与保护国家重点实验室"。实验室于 1997 年在国家计委、四川省计委、成都大熊猫繁育研究基金会支持下建立。2001 年 12 月，实验室正式获批为"濒危动物繁殖与保护遗传四川省重点实验室"。2003 年，"博士后科研工作站"成立。2007 年，成功获批"四川省濒危野生动物保护生物学重点实验室——省部共建国家重点实验室培育基地"。根据大熊猫就地保护和迁地保护需求以及实验室的优势，"四川省濒危野生动物保护生物学重点实验室"着力开展四个方向研究：大熊猫国家公园保护与管理；饲养与繁育；遗传资源与种群保护；重大疾病预防与控制。

5. 景区特色

作为中外游客来到成都的必打卡之处，基地作为知名旅游目的地的最大特色，在于其对游客绿色生态保护的研学功能。保护教育理念是指导保护教育工作的灵魂，基地长期以来十分重视教育理念的更新与发展，避免因理念的落后导致教育活动流于形式，避免单纯知识讲解的枯燥。根据现代社会大人和孩子少有亲近大自然的机会这一现状，强调接触、互动和实践，帮助建立人与大自然的情感联系，从而达到理解和乐于环保行动的效果。

因此，基地的保护教育团队在丰富多彩的教育项目和活动中，研究从三个层面对公众进行教育。第一，从意识层面传递正确的信息，鼓励关注生物多样性状况；第二在情感层面上激发目标群体更关爱生物多样性和动物福利；第三是在行为层面上传递解决问题的能力和力量，以激励人们改变行为。同时针对儿童和青少年、教师、家长、游客、大学生、社区居民、保护区工作人员等不同的教育对象设计和尝试不同的教育方式。此外，还注重与学校教育相结合，使保护教育成为学校德育教育和社会实践的一部分。

（二）讲解要点

1.景区概况及主要景点参考选择范围

成都大熊猫繁育研究基地山峦含黛，碧水如镜，林涛阵阵，百鸟谐鸣，被誉为"国宝的自然天堂，我们的世外桃源"。其游线主要分为以下两种，建议入园时间选择在当天上午：

1.5小时游程：正门→天鹅湖（玫瑰苑）→亚成年大熊猫别墅→成年大熊猫别墅→幼年大熊猫别墅→大熊猫太阳产房→小熊猫2号活动场→小熊猫产房→小熊猫1号活动场→大熊猫魅力剧场→大熊猫14号兽舍→熊猫科学探秘馆→大熊猫博物馆→正门；

3小时游程：正门→天鹅湖（玫瑰苑）→成年大熊猫别墅→幼年大熊猫别墅→大熊猫太阳产房→大熊猫2号别墅→大熊猫月亮产房→大熊猫1号别墅→熊猫厨房→熊猫医院→熊猫科学探秘馆→大熊猫博物馆→正门。

2.四川的"国宝奇缘"知多少

（1）呆萌"滚滚"ABC

①熊猫与猫熊

人们通常称呼大熊猫为"熊猫"，而中国台湾地区的民众则更愿意用"猫熊"来称呼它。究竟应当怎么称呼？说起"熊猫"的由来，有很多人都认为来自于1940年的重庆博物馆展示，当时展示场上挂的牌子写的是猫熊，在动物学的分类上属于熊科、大猫熊属。但是当时中文使用者传统上通常都是由右向左来读，这样就读成了"熊猫"，并一直熟读至今。

《大不列颠百科全书》英文版里，既有cat bear（猫熊），也有bear cat（熊猫）的叫法，它们统称为panda，这两种说法都是可以的。从语言学来讲，其实猫熊和熊猫的主要区别就在于名称中大类名和小类名的排列上。大类名指的是通称，小类名指的是专称。

无论是熊猫还是猫熊，提起这两个名字，大家脑海中都会不约而同闪现出呆萌"滚滚"的样子。名字是用来叫的，只要大家在理解上不会有歧义，就可以了。至于究竟要叫哪个，那就看大家各自的习惯了。其实，熊猫、猫熊的名称之争，这本身也更加反映出了人们对它们的喜爱。

②大熊猫的生活习性

大熊猫不仅是中国特有物种、国家一级保护动物，同时还是世界生物多样性保护的旗舰物种和世界自然基金会的形象大使。野生的它们多生活在海拔2600~3500米的茂密竹林里，那里常年空气稀薄，云雾缭绕，气温低于20℃，活动的区域多在坳沟、山腹洼地、河谷阶地等。喜湿，不惧寒冷，不冬眠，独栖，昼夜兼行，善于爬树，也爱嬉戏。

它们每天除去一半进食的时间，剩下的一半时间多数便是在睡梦中度过。在野外，大熊猫在每两次进食的中间睡2~4小时，平躺、侧躺、俯卧，伸展或蜷成一团都是它们喜好的睡觉方式。在动物园里，饲养员每天两次定时给它们喂食，所以其他的时间都用来休息。

它们的食谱非常特殊，几乎包括了在高山地区可以找到的各种竹子，大熊猫也偶尔食肉（但通常是动物的尸体）。其实在很早之前，大熊猫是吃肉的，在经过进化之后，现在99%的食物都是竹子了。除了竹子，它们也嗜爱饮水，大多数大熊猫的家园都设在溪涧流水附近，就近便能畅饮清泉。它们每天至少饮水一次，有的地方虽然食物很丰富，缺了水，也难以找到它们的身影。

它们的性情偶尔也有温顺的一面，初次见人，常用前掌蒙面，或把头低下，不露真容。它们较少主动地攻击其他动物或人，在野外偶然相遇时，总是采用回避的方式，只有在发情期和为了保护小宝宝的时候才会发怒。它们大多数的交流都是通过留在栖息地的气味标记来实现的。当它们想见面的时候，通常是发情季节，就会通过气味标记找到彼此。一旦它们见面以后，就转为声音交流。大熊猫依靠它们丰富的"语言"来表达从多情到生气的情绪。

它们的繁殖期为4月，一般于当年9月初在古树洞巢内产仔，每胎多产1仔，偶尔也产2仔。刚出生的大熊猫幼崽只有25克，一个月左右的幼仔长出黑白相间的毛，体重约有1千克，但仍不能行走，眼不能感光。三个月的幼仔开始学走步，视力达到正常。半岁后的幼仔体重已达 13 千克左右，它可以跟着母亲，学吃竹子，还要吃些奶补充营养，同时开始学习野外生存的本领。满 1 岁时幼仔已长到 40 千克左右，到 1 岁半时体重可达 50 千克以上，这时大熊猫幼仔才开始独自生活。

③熊猫外交："外交明旦，义不容辞"——"滚滚"们萌化你没商量！

"熊猫外交"有着久远的历史，最早可以上溯到唐朝武则天时期。据日本《皇家年鉴》记载，早在武后垂拱元年（685 年），临朝称制的太后武则天就曾送给日本天武天皇两只"白罴"活体和 70 张"白罴"毛皮（这里的"白罴 pí"就是今天的大熊猫）。中华人民共和国成立 70 年以来，国宝大熊猫从最初的"外交大使"，到后来对外展出，再到如今为"传宗接代"旅居海外，一路辉煌的背后也伴随着无数奔波。

1982 年以前，出于"熊猫外交"的需要，中国大熊猫曾被当作国礼赠送，"国籍"会变更。1982 年以后，中国正式停止大熊猫无偿的赠送，"国籍"不再变更。目前，全球 44 只海外大熊猫中，除了 2 只墨西哥的大熊猫属于之前赠送大熊猫的后代，其他均归中国所有。它们的毛发、血液样本属于中国，生下的大熊猫幼崽需要在 3 岁左右回国，如果不幸出现意外，身体也要被运回中国。

拓展知识：大熊猫国家公园

2018 年 6 月 19 日，大熊猫国家公园重点实验室在位于四川中国大熊猫保护研究中心都江堰基地正式挂牌，这是在大熊猫保护研究方面的首个国家级重点实验室，它的挂牌成立将为有效保护国宝大熊猫提供强大的技术支撑。

大熊猫国家公园涉及四川、陕西、甘肃 3 个省，总面积达 27134 平方千米，其中四川一个省就占到总面积的 ¾ 左右。大熊猫国家公园所在的区域，是全球地形地貌最为复杂、野生动物资源最为丰富的地区之一，这里面有脊椎动物近 1300 种，居全国第 2 位。在大熊猫国家公园内，有国家一级保护野生动物 32 种、国家二级保护野生动物 113 种，拥有包括大熊猫、川金丝猴、雪豹、扭角羚、林麝、绿尾虹雉、四川雉鹑等特有珍稀野生动物，具有极高的保护价值。成立重点实验室，不仅会对大熊猫展开深入的研究，对保护区内的其他珍稀动物也会开展科学研究。

大熊猫国家公园重点实验室的挂牌成立，不仅对包括大熊猫在内的珍稀野生动物进行全方位的保护研究，同时还将成为一个开放合作的平台，促进实验室与国内其他科研单位乃至世界各国科研人才的交流学习。中国大熊猫保护研究中心具有众多的合作单位，与浙江大学、四川大学、东北林业大学、同济大学、国际竹藤中心等签订了战略合作协议，与国内35家动物园和30个保护区进行了合作，合作的动物园可以为大熊猫国家公园重点实验室提供珍稀野生动物的种源。

（2）6个"全国第一"与来之不易的"87.8%"

大熊猫已在地球生活近800万年，被称为"活化石""中国国宝"。现在，全世界野生和人工驯养的大熊猫共有2412只（截至2018年11月），其中近八成生活在四川。四川作为大熊猫的故乡和分布中心，通过实施大熊猫野外保护、人工繁育"双轮驱动"战略，取得了野生大熊猫种群数量、大熊猫栖息地面积、人工圈养大熊猫种群数量、大熊猫自然保护区数量和面积、国内外交流合作大熊猫数量、野化培训和放归自然大熊猫数量6个方面均居全国第一的辉煌成就。

从1963年开始，四川已建立大熊猫自然保护区46个，全省61.5%的野生大熊猫和49.5%的大熊猫栖息地在自然保护区内得到有效保护。据全国第四次大熊猫调查成果显示，四川有野生大熊猫1300余只，栖息地面积2万余平方千米，分别占全国总数的75%和78%，较第三次大熊猫调查结果分别增长15%和14%。截至2018年年底，四川省范围内大熊猫繁育研究机构的人工圈养大熊猫总数已上升至481只，占全国总数的87.8%；已先后将13只人工圈养大熊猫成功放归自然，并持续开展追踪监测。

成都大熊猫繁育研究基地都江堰繁育野放研究中心——"熊猫谷"，占地2004亩，坐落于都江堰市玉堂镇马家沟，毗邻都江堰水利工程和道家圣地青城山，距成都市50千米，离都江堰市区约3千米。从成灌高速、轻轨，赵公山至青城山环山大道均可到达，交通便利。这里竹木成荫，溪流潺潺，鸟语花香，自然气候条件得天独厚，拥有 700 余种动植物，是天然的大熊猫野化放归基地。"熊猫谷"于 2014 年 10 月 1 日对外试开放，2015 年 4 月 20 日正式对外开放。目前，"熊猫谷"已拥有三栋大熊猫野化过渡训练兽舍和一个半野化训练场，常年有 10 余只大熊猫在这里开展野放适应性训练研究。

（三）重、难点提示

1. 重点

（1）成都大熊猫繁育研究基地的景区品位、特色；

（2）景区内各点位的具体讲解；

（3）大熊猫的生活习性和文化属性；

（4）熊猫外交的相关背景知识。

2. 难点

（1）大熊猫的生活习性和文化属性；

（2）熊猫外交的相关背景知识。

六、都江堰景区

（一）景区概述

都江堰景区是世界文化遗产"拜水都江堰·问道青城山"之旅的必到景区，为国家 5A 级旅游景区。

1. 景区位置

都江堰位于四川省都江堰市城西，岷江上游约 340 千米处。

2. 景区得名及历史沿革

（1）得名

都江堰，在古代称为湔堰、湔堋、金堤、都安堰、灌口堰，到了宋代始名都江堰。都江堰是由战国时秦国蜀郡太守李冰率民众于公元前 256 年～前 251 年主持始建的。经过历代整修，近 2300 年来都江堰依然发挥着巨大的作用，成都平原遂成了中央王朝的主要粮食供给基地和赋税的主要来源，再加上盆地在冷兵器时代具有易守难攻的特殊战略地位，因而避免了历史上很多次战争的破坏，得到了一个相对安定的社会环境，表现在经济繁荣（"蓄积饶多"）、农业发达（"沃野千里"）、军事强盛（"战车百乘，奋击千里"）等。

这一切，都仰仗于秦太守李冰在成都建成了举世闻名、万代受益的都江堰，使成都"水旱从人，不知饥馑"。

（2）建堰与伐楚

秦灭巴蜀后，公元前256~前251年前后，蜀郡守李冰即着手修建都江堰水利工程。都江堰建成后带来了直接经济效益，据《华阳国志·蜀志》载，主要有两个方面：一是"岷山多梓柏大竹，颓随水流，坐致材木，功省用饶"。就是说，岷山里面盛产的木材，砍伐以后不需要人工搬运，可随水漂流直至成都，这丰富的建筑和生活材料不需要费很大工夫就可以得到。二是"又灌溉三郡，开稻田，于是蜀沃野千里，号为陆海"。"水旱从人，不知饥馑，时无荒年，天下谓之天府。"也就是说，从此，川西平原成了秦国的一大粮仓。除发展农业生产外，李冰还在蜀地凿盐井（凿广都盐井，今双流、彭山一带）、开矿山、发展冶铁业（今乐山、雅安一带）、发展丝织业（今成都），使巴蜀地区的经济得到全面发展。

可以说，都江堰的兴建促进了巴蜀地区经济的全面繁荣，而蜀地"天府之土"的形成就为秦国伐楚，并进而统一中国奠定了雄厚的物质基础。借用秦国大将张仪的话说是，"秦西有巴蜀，大船积粟，起于汶山，浮江以下"，"舫船载卒"，可直捣楚国（《史记·张仪列传》）。就连远在数千里之外的燕国政治活动家苏代（苏秦之弟）也说，秦国经营都江堰水利工程逐步奏效，是对楚国的一个严重威胁。据史书记载，此后秦军从蜀地出发，攻楚黔中，大败楚军。《史记·秦本纪》载，当时攻打楚国的秦军主要是"巴蜀众十万，大舶船万艘，米六百万斗"。这一记载说明，当时的巴蜀地区确实非常富足，都江堰水利工程的建成对巴蜀地区的开发起了至关重要的作用，所以史学界有人得出结论，从某种意义上说，秦国修建都江堰水利工程就是为了伐楚也是有一定道理的。

3. 景区资源性质

都江堰是中国古代建设并使用至今的大型灌溉、水利工程，它泽被后世，功利千秋。

4. 景区品位

都江堰景区是全国重点文物保护单位、国家级风景名胜区、国家5A级旅游景区。此外，2000年，都江堰水利工程和青城山景区联手申遗，当年被联合国教科文组织列入《世界遗产名录》；2006 年 7 月，作为"四川大熊猫栖息地"的一部分，都江堰—青城山风景名胜区又被列为世界自然遗产的组成单元。

2018 年 8 月 13 日，在加拿大萨斯卡通举行的第 69 届国际灌排执行委员会议及国际会议上，都江堰水利工程成功通过 2018 年度世界灌溉工程遗产评选，正式列入世界灌溉工程遗产名录。至此，已拥有世界文化、自然遗产项目的都江堰市，如今正式成为"三遗"城市。

5. 景区特色

当今世界年代久远、唯一留存、以无坝引水为特征的宏大水利工程。四川号称"天府之国"，"天府"主要指成都平原。"天府美誉古堰来"，不了解都江堰，在某种程度上就没有真正读懂成都，也就不可能了解都江堰之一发可以牵动四川之全身，它是成都和四川的"水脉"所在。

（二）讲解要点

1. 景区概况及主要景点参考选择范围

整个都江堰枢纽可分为堰首和灌溉水网两大系统，其中堰首主要包括鱼嘴（分水工程）、飞沙堰（溢洪排沙工程）、宝瓶口（引水工程）三大主体工程，此外还有内外金刚堤、人字堤及其他附属建筑。

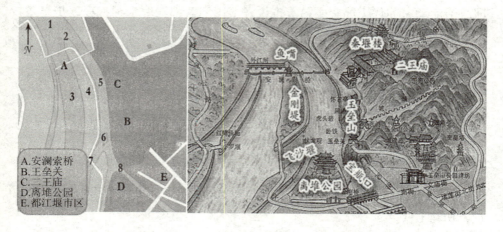

该工程的主要作用是引水灌溉和防洪，另外也兼具水运和城市供水的功能。它将岷江水一分为二，引一部分流向玉垒山的东侧，让成都平原的南半

壁不再受水患的困扰，而北半壁又免于干旱之苦。几千年来，岷江在这里变害为利，造福农桑，将成都平原变成"水旱从人，不知饥馑，时无荒年"的"天府之国"，并进而促进了整个四川地区的政治、经济和文化发展。

都江堰周边的古迹甚多，主要有二王庙、伏龙观、安澜桥、玉垒关、凤栖窝等。

2. 三大工程运作的科学原理

（1）"鱼嘴"是都江堰的分水工程，因其形如鱼嘴而得名。它位于江心，把岷江分成内外二江。外江位在西，又称"金马河"，是岷江正流，主要用于行洪；内江位在东，是人工引水总干渠，主要用于灌溉，又称"灌江"。鱼嘴决定了内外江的分流比例，是整个都江堰工程的关键。内江取水口宽150 米，外江取水口宽130 米，利用地形、地势使江水在鱼嘴处按比例分流。春季水量小时，四成流入外江，六成流入内江以保证春耕用水；春夏洪水季节时，水位抬高漫过鱼嘴，六成水流直奔外江，四成流入内江，使灌区免受水淹——这就是所谓"分四六，平潦旱"。此外，在古代还使用杩槎来人工改变内外两江的分流比例。杩槎是一种以数根圆木为骨架，外覆竹席，内灌泥沙的截流物体。当需要时，只要在一侧的江面放置若干座杩槎，便能减少该侧的水量。一般在春季来水较少时使用这种方法截流外江，增大内江的水流供给，待春耕结束水位上涨后，再砍去杩槎，使水流恢复正常。1974 年以后，在外江口建造了永久性水闸，从而取代了杩槎来实现围堰和泄洪。

（2）飞沙堰主要起溢洪排沙的作用。它原名"侍郎堰"，唐高宗龙朔年间（661~663 年）筑成，是内江的溢洪排沙通道，故名。飞沙堰将超过灌区需要的江水自行排到外江，使成都平原免受洪涝；又能将水中裹挟的大量沙石利用离心力从这里排到外江，避免淤塞内江、宝瓶口和灌区。飞沙堰遵循"低作堰"的原则，即堤顶低作与对岸标准台顶等高，使超过宝瓶口流量上限的内江水漫过堰顶流入外江。如果遇到特大洪水，堰体会自行溃堤，让江水回归岷江正流。

（3）宝瓶口是都江堰的引水工程，是在玉垒山延伸向岷江的山崖上人工凿开的缺口，上宽下窄，口内即内江流入的进水口宽，口外出水口窄，形如"瓶颈"，宝瓶口也因此得名。宝瓶口同飞沙堰配合具有节制水流大小的功用，是控制内江进水量的关键。内江水流经过宝瓶口流入，灌溉成都平原的大片农田；在洪水期间，内江水位提升高过飞沙堰，洪水就进入外江流走，再加上宝瓶口对水流的约束，达到了防洪的作用。

3. 岁修制度

都江堰有效的管理保证了整个工程历经2300年依然能够发挥重要作用。

汉灵帝时设置"都水掾"和"都水长"负责维护堰首工程；蜀汉时，诸葛亮设堰官，并"征丁千二百人主护"（《水经注·江水》）。此后各朝，以堰首所在地的县令为主管。到宋朝时，制定了施行至今的岁修制度。古代竹笼结构的堰体在岷江急流冲击之下并不稳固，而且内江河道尽管有排沙机制但仍不能避免淤积，因此需要定期对都江堰进行整修，以使其有效运作。宋朝时，订立了在每年冬春枯水、农闲时断流岁修的制度，称为"穿淘"。岁修时修整堰体，深淘河道。淘滩深度以挖到埋设在滩底的石马为准，堰体高度以与对岸岩壁上的水则相齐为准。明代以来使用卧铁代替石马作为淘滩深度的标志，现存四根一丈长的卧铁，位于宝瓶口的左岸和玉垒山脚下的凤栖窝河床下，分别铸造于明万历年间、清同治年间、1927年民国年间和20世纪90年代。在离堆公园的堰功大道入口处，有这四根卧铁的仿制件供游客参观。

4. 李冰精神

中华民族自远古以来，就崇敬为民族的兴旺发达做出贡献的杰出人物。春秋时，鲁国大夫展禽曾概述我们民族的优良传统说："夫圣王之制祀也，法施于民则祀之，以死勤事则祀之，以劳定国则祀之，能御大灾则礼之，能捍大患则礼之，非是族也，不在祀典。"这一光辉的思想，被儒家载入《礼记》的祭法篇。

李冰的一生，勤于政事，能御大灾，科学治水，造福民生。他的业绩，闪耀着理性主义的光辉，体现了中华民族自强不息、艰苦创业的务实精神和爱国主义精神。

《中华文化史》的作者们提出："民族心理的务实精神……以求得人生的'三不朽'（立德、立功、立言），这正是中国传统文化的主潮。"学者们指出："中华民族对历史人物的崇敬，也是历史上并世界各民族对其本国的不朽人物的崇拜礼节所不及的。中国人对圣哲及民族英雄的崇拜，都认他们为聪明正直的神而拜祭他们，纪念他们，但不承认他们是一种宗教性的天神上帝，而确认他们为'逝而不朽'的人物，借此表示永久崇敬之意。他们之所以不朽，是对于德、言、事、功有所建立。"

我国在秦汉时代就形成崇敬为民族立德、立言、立功的杰出人物的文化传统，并直接体现在对李冰的崇敬上。

据东汉应劭《风俗通义》载："秦昭王听田贵之议，以李冰为蜀守，开成都两江，造兴溉田，万顷以上，始皇得其利，以并天下，立其祠也。"在中国第一个建立皇帝制度的秦始皇下令为李冰立祠祭祀，纪念他的功绩，在客观上反映了当时人民的愿望。又如，在汉武帝时，"文翁终于蜀，吏民为立祠堂，岁时祭祀不绝"。汉武时，东海郡的于公，为郡司法官吏，判案公正，老百姓为他立生祠，"号曰于公祠"。汉成帝时，东郡太守王尊，为民治水有功，逝后，"吏民纪之"。东汉初年，水利专家许扬在汝南郡治水有功，逝后，太守邓晨"为许扬起庙，图画形象，百姓思其功绩，皆祭祀之"。东汉汉和帝时（106~125年），许荆为桂阳太守，治郡有功，逝后，"桂阳人为其立庙树碑"。同时代，王堂为巴郡太守，治郡有功，"吏民生为立祠"。

1974年在都江堰渠首外江出土的李冰石像，建造于汉灵帝建宁元年（168年），正是汉代蜀中人民世世代代崇敬李冰的宝贵文物。南朝齐建武时期修建了崇德之庙，纪念李冰。到了唐代，都江堰工程在扩大。"扬一益二"的共识，说明蜀地在全国的地位上升，人们对李冰的崇敬也与日俱增。李冰逝后，安眠在今什邡市的章山上。在唐代汉州德阳郡什邡县有李冰祠山。

唐代灌县一带叫导江县，"导江县，李冰祠在县西三十二里"。"唐玄宗幸蜀，以冰功及于人，命饰祠宇，追加司空、相国"。唐文宗时，西川节度使李德裕重建"崇德庙"（位于导江县），祭祀李冰，并命段金韦作《崇德庙记》，立碑以记其事。李德裕还在成都府西三里为李冰重建祠宇。

在五代前蜀和后蜀时期，曾封李冰为"大安王"，又封为"广圣灵应王"。

人民崇敬李冰兴修水利的功德，都江水利使蜀中大安，有德于民，民祀之。正如明代文学家杨慎所说："为喜灌坛河润远，恩波德水又更新。"

5. 水文化

都江堰工程在近2300年的运行中，充分发挥了工程的可持续潜能，人们在长期实践中积累了独具特色的宝贵经验。其中文化内涵丰富，反映了治水先驱和广大劳动人民的智慧，都江堰水文化的形成和发展，充分反映了"实践是检验真理的唯一标准"的正确性和长期性。都江堰水文化的内涵，反映了工程修建、维修、管理和发展的全过程，是人类社会发展的重要遗产之一。故联合国评定都江堰工程为世界重要文化遗产。

都江堰的文化内涵对水利事业的持续发展有着特殊重要意义。人们在长期实践中创造了都江堰水文化，其内涵深刻，是都江堰工程长盛不衰的重要因素。"乘势利导、因时制宜"的原则，是治理都江堰工程的准则，人们称之为"八字格言"。

1958 年 3 月 18 日，刘少奇同志视察都江堰工程时指出："乘势利导、因时制宜"讲的就是辩证法，足见我国人民的文化素质和进取精神。都江堰的治水三字经，更是人们治理都江堰工程的经验总结和行为准则。"深淘滩，低作堰，六字旨，千秋鉴，挖河沙，堆堤岸，砌鱼嘴，安羊圈，立湃阙，凿漏罐，笼编密，石装健，分四六，平潦旱，水画符，铁椿见，岁勤修，预防患，遵旧制，勿擅变。"治水三字经是千余年来人们治理都江堰经验的概括，有着深刻的文化内涵，是治理都江堰的行为准则。曾经有人批评《治水三字经》中的"遵旧制，勿擅变"是保守思想的反映。实践证明《治水三字经》中的每一项措施，都是人们从长期实践中总结出来的，值得珍视和继承。所谓"遵旧制，勿擅变"，就是在治理都江堰时要按客观规律办事"勿擅变"不是不变，而是要遵循客观规律办事。实践证明《治水三字经》文化内涵，是人们长期实践的结果。随着人们继续实践，《治水三字经》的意义将与时俱进，长期指导着都江堰工程的保护与发展。

都江堰工程按水势和地形特征，以杩槎截流导流、卵石护岸、竹笼盛石筑堤、卧铁展示淘滩标准，以及"遇弯截角，逢正抽心"和"深淘滩，低作堰"等遗迹构成一道道独特的风景线，工艺精湛，造型优美，功能显著，显示出都江堰水文化特征，具有深远的历史和现实意义。至于降伏孽龙的传说，望娘滩的故事，更是家喻户晓，文化内涵深刻，体现了人们对都江堰的爱护和依恋之情。至于宝瓶口的水尺和古水则，更显示出我国劳动人民的智慧，指导着灌区人民正确运用都江堰水资源，使灌区工农业生产能够乘势利导，趋利避害。中华人民共和国成立之初，人民政府每天在党报（《川西日报》）显著位置，公布都江堰宝瓶口水位，让灌区人民及时掌握都江堰水情，安排生产和防洪抗旱等工作。宝瓶口水则，至今仍具有指导灌区工农业生产和生活用水的意义。至于李冰神像的出土，"卧铁"的发现，不仅令考古工作者惊奇，更展示都江堰水文化中的瑰宝，引起人们对建设都江堰先行者的缅怀和崇敬。

中华人民共和国成立以来，都江堰更是青春焕发，先进的科学技术，在都江堰的管理运行中得到有效的使用，如蒲阳河、柏条河、外江及飞沙堰等处现代化闸门的兴建，自动化量水设备、先进的管理手段，已从渠首遍及灌区各重点工程。都江古堰，老而不老，旧貌换新颜。都江堰工程的先进性极具强大的生命力，将长期在我国国民经济建设中发挥着巨大的作用，其文化内涵，将永远是人类社会宝贵遗产之一。因此，保护和发展都江堰水文化，是持续发展国民经济的一项巨大动力，有着深远的历史和现实意义。

（三）重、难点提示

1. 重点

（1）都江堰水利工程的修建原因和历史作用；

（2）都江堰水利工程的整体概貌；

（3）都江堰的水文化内涵；

（4）李冰精神与气质。

2. 难点

（1）都江堰水利工程的整体组成；

（2）都江堰渠首三大主体工程建筑过程和运作的科学原理。

七、阆中古城景区

（一）景区概述

阆中古城景区是"春节之源·风水之都"之旅的必游之地，也是地处四川省南充市的国家 5A 级旅游景区。目前，景区总面积达 4.59 平方千米，古城核心区域约 2 平方千米。截至 2019 年，古城已有 2300 多年的建城历史，是我国古代重要军事重镇。

1. 景区位置

阆中古城主体位于阆中市阆水中路，居嘉陵江中游。阆中东枕大巴山余脉，西倚剑门雄关，浩浩荡荡的嘉陵江水横贯南北。古代巴蜀通往中原的

"米仓道""金牛道"在此交会，全市面积 1878 平方千米，距南充 138 千米，距成都 329 千米，具有十分重要的战略位置。

2. 景区得名及历史沿革

关于地名由来，一解：因山而名。许慎《说文解字》"阆，门高也"；乐史《太平寰宇记》"其山四合于郡，故曰阆中"。二解：因水而名。谯周《巴记》"阆水迂曲，逶其三面"，《旧唐书·地理志》云"阆水迂曲，经郡三面，故曰阆中"。三解：因山水总概和地理形势而名。《阆中县志》（1993 年版）："阆中周围山形似高门，因名阆山；嘉陵江流经阆中段，古称阆水；因城在阆山、阆水之中，故名阆中。"

3. 景区资源性质

阆中已有 2300 多年的建城历史，其建筑风格体现了我国古代的居住风水观，棋盘式的古城格局，融南北风格于一体的建筑群，形成"多"字形、"品"字形等风格迥异的建筑群体，是中国古代建城选址"天人合一"完备的典型范例。

4. 景区品位

作为目前四川省八大国家级历史文化名城之一，阆中被联合国地名研究机构确定为中国地名文化遗产千年古县，也是中国春节文化发源地，与安徽歙县、山西平遥和云南丽江并称为中国"四大古城"。

5. 景区特色

多元文化荟萃的"阆苑仙境"、风水宝地，一座依旧在呼吸的、活的古城。

（二）讲解要点

1. 景点概况及主要景点参考选择范围

阆中古城有古文化街区、古商贸街区、清真风味小吃街区，街区中又有各式各样富有特色的居民古院和众多的名胜古迹，且城址的选择、城市的布局、街道的走向，都是按照我国传统风水学理论设计建造的。此处的著名景点包括张飞庙、永安寺、五龙庙、滕王阁、观音寺、巴巴寺、大佛寺、川北道贡院 8 处全国重点文物保护单位，这 8 处是阆中古城讲解中的首要选点。

此外，阆中还有邵家湾墓群、文笔塔、石室观摩崖造像、雷神洞摩崖造像、牛王洞摩崖造像、红四方面军总政治部旧址、华光楼等 22 处省级文物保护单位。

城北盘龙山下的伊斯兰教圣地——巴巴寺，此寺是穆罕默德第二十九代裔"西来上人"的墓地，300余年来每年穆圣诞辰时，川、陕、甘、青、宁的穆斯林都会到此拜谒，有"国外朝麦加，国内朝巴巴"之说。此外，阆中还有一定数量的基督教教堂。

三国时蜀汉大将张飞，任巴西太守驻阆中，并取得了"保境安民"的胜利。刘备伐吴前夕，他被部下范强、张达所害，身葬于阆中，后人为其建的"桓侯祠"，现为全国重点文物保护单位。

2. 多元文化汇阆中

本源文化　阆中是中华民族本源文化的发祥地之一，早在新石器时期，这里就有人类繁衍生息。"华胥是伏羲的母亲，伏羲的母亲在阆中"，由此阆中与甘肃成纪、河南陈州就构成了伏羲文化的链条。

巴人文化　阆中在古代是巴人活动的中心地区之一，巴国的最后一个国都所在地，秦末，阆中巴人领袖范目率七姓巴人组成汉军前锋，助刘邦"还定三秦"。直到今天，我们还可以从"巴文化活化石"巴人舞以及其他流传于阆中民间的民俗艺术中，看到饶有特色的巴人遗风。

风水文化　阆中"三面江光抱城郭，四围山势锁烟霞"的城市选址是按照中国古代风水学的理论为指导选择的，非常符合"地理四科"即"龙""砂""穴""水"的意象。

三国文化　这里除了曾经是张飞驻地，三国蜀汉名仕周群、谯周、程畿、镇北将军黄权、镇南将军马忠等都是阆中人。

科举文化　据《保宁府志》《阆中县志》列名，阆中出进士116人，举人404人，是四川出状元最多的地方，被誉为四川的"举人之乡"。

天文文化　西汉著名历算天文学家阆中人落下闳创造的《太初历》是中国第一部有文字记载的完整的历法，他还是浑天说的创始人之一，经他改进的赤道式浑天仪，在中国用了近2000年。

民俗文化　阆中有动人心魄的打钱棍，朴实酣畅的花灯戏、太平牛灯，风情万种的剪纸、川北皮影、被誉为戏剧活化石的阆中傩戏，深情优美的山歌调、打夯歌，耐人寻味的川剧座唱，抑扬顿挫的茶馆评书等，构成了民俗文化的瑰丽长廊。

饮食文化　阆中有久负盛名的保宁醋、白糖蒸馍、保宁压酒、松花皮蛋、酸菜豆花面、锭子锅盔、酥锅盔、热凉面（牛肉凉面）、牛羊杂碎面、吊汤扯面、川北凉粉、热凉粉等充满古城民俗民风的饮食小吃，足以使人们一饱口福。

3. "春节老人"——落下闳

到过"中国春节文化之乡"阆中古城的人们，常常会看到身着红色吉庆古装、手持法杖、面容慈祥的白发白须老人，在忙着给人们发红包，恭贺新年快乐、平安吉祥。他们演绎的就是"春节老人"落下闳。

落下闳为什么会被尊为"春节老人"呢？据史料记载，落下闳是西汉时期的民间天文学家，四川阆中人。复姓落下，单名闳，地方文献中多作"洛下闳"，字长公。汉元封元年（前110年），经同乡谯隆推荐，落下闳被汉武帝征召到长安，授官太史待诏，参加改制历法。在这以前，朝廷所采用的颛顼历误差很大，给百姓生产生活带来一定困难。

经过6年测算研究，落下闳等人所制新历被汉武帝采纳，于汉元封七年（公元前104年）颁行，并改元封七年为太初元年，新历因而被称为《太初历》。《太初历》破天荒地将二十四节气纳入中国历法的体系之中，开始把正月定为岁首（这以前是以十月为岁首），冬季十二月底为岁末。也就是说，因为落下闳，中国才有了统一的春节。《太初历》不仅是我国现存的第一部较为完整系统的科学历法，而且具备了后世历法的主要要素。如二十四节气、朔晦、闰法、五量、交食周期等。

其主要特点是：

（1）采用夏正（以寅月为岁首），与春种秋收、夏忙冬闲的农业节奏合拍；

（2）规定以无中气（二十四节气中位于奇数者，即冬至、大寒、雨水、春分、谷雨、小满、夏至、大暑、秋分、霜降、小雪）之月为闰月，比以前的年终置闰法更为合理；

（3）使用的交食周期、五星会合周期都比较准确，其二十八宿赤道距道（赤径差）值，一直沿用了800多年，到唐开元十三年（725年），才被世界首位算出子午线长度的人僧一行重新测定的值所取代。

为制历的需要，落下闳还改制了浑仪，制作天文显示仪（即浑象）等，为推动中国天文学的发展起到了举足轻重的作用。有关记载、评述散见于《史记》《汉书》《华阳国志》《太平御览》《中国科学技术史》（英李约瑟）、《中国古代历法的科学方法》（查有梁，载人民出版社《天文学哲学问题论集》)、《中国大百科全书》等。

正如世界著名科学史学家李约瑟在其《中国科学技术史》上对落下闳的贡献所作出的高度评价：

（1）中国"颁行历法一百种的第一种（太初历）"；

（2）发明"浑天仪"，为后来张衡的工作奠定了基础；

（3）提出"浑天说"；

（4）落下闳发明了赤道式浑天仪在中国使用了2000多年；

（5）他测定的二十八宿赤道距离（赤道差）一直用到唐开元十三年（725年）；

（6）他第一次提出了交食周期，认为11年产生23次日食。

特别值得一提的是，正因为受到杰出天文学家落下闳的影响，阆中这个西南偏僻之地竟先后诞生了西汉末年的任氏父子、三国时期周氏三代天文学家；吸引了唐代天文历数家袁天罡、李淳风定居阆中，并从事天象观测和天文研究。同时，由于落下闳"通其率"算法的科学性和先进性，对古代历法和现代数学都具有普遍的意义，非常难能可贵。

也许是由于落下闳本人的草根身份，也许是由于他天性拒绝"显赫"而习惯隐于市，也许是由于司马迁先生的"疏忽"（参见《文史知识》2008年第四期）等种种原因，这位本该彪炳千古的人物却只在他的家乡——四川省阆中市被人知晓。所幸的是，当时光进入1991年，阆中正式提出申请"国家历史文化名城"时，在北京的一次讨论会上，专家们将申报材料中最后一条理由"诞生了以落下闳为代表的古代天文学家群"，提到了第一条，从而使这位被埋没了近2000年的落翁才拂去尘埃、重显异彩。

同时，落下闳也成了国际天文学联合会用小行星命名的第16位中国著名科学家，也是继"巴金星"之后第二位享受这种崇高的国际性永久性殊荣的四川人——"落下闳"星（第16757号小行星）将在星空永耀。

（三）重、难点提示

1. 重点

（1）阆中古城多元文化的表现；

（2）张飞庙、永安寺、五龙庙、滕王阁、观音寺、巴巴寺、大佛寺、川北道贡院8处全国重点文物保护单位。

2. 难点

阆中古城的布局特点。

八、邓小平故里景区

（一）景区概述

邓小平故里景区是"和谐广安·伟人故里"之旅的核心景区，也是地处四川省广安市的国家5A级旅游景区。

邓小平（1904~1997年），四川广安人，1904年8月22日生，原名邓先圣，学名邓希贤。邓小平是中国共产党第二代中央领导集体核心，伟大的马克思主义者，无产阶级革命家、政治家、军事家、外交家，中国共产党、中国人民解放军、中华人民共和国的卓越领导人，中国特色社会主义道路的开创者，中国社会主义改革开放和现代化建设的总设计师，邓小平理论的主要创立者。

1. 景区位置

位于四川东部广安市区北郊协兴镇牌坊村，距广安市区7千米，距省会成都424千米。

2. 景区得名及历史沿革

（1）邓小平故里

核心区域是我国改革开放总设计师邓小平的祖居。2001年6月，为了表达对邓小平同志的无限怀念之情，四川省委、省政府批准设立了邓小平故居保护区，其核心区已建成邓小平故里旅游景区。

邓小平故里旅游景区是集红色旅游、生态旅游、古镇文化与乡村休闲度假于一体的国家5A级旅游景区，总面积3.19平方千米，主要包括邓小平故里核心区、佛手山景区、翰林院子和协兴老街、牌坊新村等景区（景点），有全国重点文物保护单位4处，川东民俗民风和自然景观多处。邓小平故里核心区占地面积 830 亩，经中共中央批准，修建了邓小平铜像广场、邓小平故居陈列馆和邓小平缅怀馆等纪念设施。恢复了清水塘、神道碑、德政坊、放牛坪等近 20 处邓小平青少年时期的重要活动场所。形成了郁郁葱葱、井然有序、自然亲切、令人仰慕的"天然纪念馆"风貌。

邓小平故里旅游景区被命名为全国爱国主义教育示范基地、全国廉政教育基地、全国青少年教育基地、国家国防教育示范基地、国家一级博物馆、全国青年文明号、全国文明单位，先后荣获中国十大经典红色旅游景区、中国旅游品牌魅力景区、中国红色旅游十大影响力品牌、中国红色旅游市场游客满意十佳景区，两度荣获四川旅游最高奖——金熊猫奖等荣誉。习近平、李克强、胡锦涛等党和国家领导人先后莅临邓小平故里参观。

按照"保护、发展、美化、繁荣"的方针，景区内绿化率达到 80% 以上，整个园区郁郁葱葱、井然有序、自然亲切，形成了一座令人仰慕的"天然纪念馆"。景区以"我是中国人民的儿子"为主题，形象生动地展现了邓小平同志为中国革命、建设和改革开放事业不懈奋斗的光辉一生。

（2）邓小平故居陈列馆

邓小平故居陈列馆坐落在"邓小平故里"园区内，江泽民同志亲笔题写的馆名遒劲有力、熠熠生辉。它距邓小平同志故居约 500 米，占地约 10 亩，建筑面积 3800 平方米，由 1 个序厅、3 个展厅、1 个电影放映厅及相关附属设施组成。现为国家一级博物馆。

陈列馆由上海现代集团邢同和大师担纲设计，建筑采用钢筋混凝土框架结构，建筑面积 3800 平方米。它以精练简朴的建筑语言，在现代建筑设计理念中融入川东民居的建筑风格，交融中国改革开放历史性变化的深刻内涵。陈列馆坐西向东，一字排开，三个青瓦坡形屋面，三叠三起，一起比一起高，最后耸立起一座丰碑，寓意邓小平"三落三起"的传奇人生和丰功伟绩。

陈列馆共收集了有关邓小平同志的 408 幅图片、170 件文物、200 多件档案文献资料，通过声、光、电等高科技手段，生动形象地展现了邓小平同志为中国革命、建设和改革事业不懈奋斗的光辉一生。其中，邓小平留法勤工俭学时的工卡、邓小平 20 世纪 50 年代使用过的印章、毛泽东评价邓小平的手稿、邓小平 1979 年访美时美国朋友赠送的牛仔帽、国庆 35 周年的检阅车、邓小平参加国务活动和视察南方时穿过的服装等许多见证重要历史时刻的文物多是第一次公开发表和展出。展览共分五个单元，分别为"走出广安""戎马生涯""艰辛探索""非常岁月"和"开创伟业"，每一单元起始处均精选了邓小平的原话来概括他这一时期的经历，既朴实简洁，又生动贴切。展览集历史性与现实性、思想性与艺术性、时代性与互动性于一身，极具视觉冲击力和精神震撼力。

（3）思源广场

思源广场是广安经济技术开发区一座具有现代气息的综合性建筑，它突出致富思源主题，是邓小平百年诞辰的标志性工程。思源广场是纪念邓小平同志百年诞辰的重点工程之一，是 2004 年 8 月 22 日邓小平同志百年诞辰大型纪念集会表演的主会场。广场夜景亮化工程用地 560 亩，气势恢宏，建筑风格别具特色。

广安市是邓小平同志的家乡。思源广场一期工程占地 120 亩，位于广安市开发区中轴路思源大道端点处，向下可俯瞰渠江及老城区，地势与周围环境适于建造此广场。整个广场由迎宾广场、中心广场、水景广场、宝鼎广场和四季花海五部分组成。

宝鼎广场总占地面积 3000 平方米，地面用花岗岩铺装。其标志性建筑是宝鼎，上面镌刻着邓小平理论的精髓"实事求是，解放思想"，命名为"实事求是"宝鼎。宝鼎选用青铜铸造，高 10 米，重 41.8 吨。其中鼎高 8 米，重 28.34 吨；坛高 2 米，重约 13.46 吨，是目前世界上最大的青铜宝鼎。宝鼎基座正面刻有邓小平同志的著名论断："发展才是硬道理。"背面刻着邓小平同志"南方谈话"的全文。

水景广场"饮水思源"。水体是广场设计中心思想的主要承载物，如何淋漓尽致地表现水景和水景周边环境成为夜景设计的重要一环。土建设计利用地形的坡度，在宝鼎广场的宝鼎基座设置涌泉状泉源，构成思源的"源头"，经由水道通过水景广场的跌水流入"饮水思源"长方形水池，最终与中心广场的大型水景区相呼应；并以此来表现主题思想。广安市位于成都市与重庆市之间，四季气温较高，因而在灯光的色相选择上，夜景工程的设计者对于水体部分主要以蓝色光为主要渲染方式，以期达到清爽晶莹剔透的感觉；同时，与广场暖色的功能性庭院灯形成互补。中心广场占地面积 21000

平方米，是整个广场的构图中心，外圆半径达 100 米，中部由方形广场将内圆分为四个水景区。方形广场与圆形广场之间用四条流光溢彩的步道相连，使水与陆交相辉映，隐含天圆地方、生生不息之意。水景广场穿插于中心广场之中，面积 6700 平方米，是"饮水思源"构思中水体的中间环节，由喷水高达 60 米的擎天柱、喷水高度达 15 米展宽达 30 米的水幕、拱形最高喷水达 8 米的彩虹飞渡、喷水高度达 10 米的高频水柱阵及蛟龙戏水、涌泉、水火雾、跑泉、冰柱等水景组成。水景设置还包含了象征 56 个民族大团结、二十四节气等内容。

迎宾广场作为进入广场的门户区域，也是照明亮化的序曲，是圆形中心广场与建安路的缓冲地带，也是城市交通与广场内部交通交会疏导区域。其占地面积 6200 平方米，由 6 根 9 米高大型灯柱、树池、竹阵和思源石组成。

大型灯柱左侧是占地 400 余平方米的树池，右侧有一株直径达 2 米的小叶榕。竹阵分立中心广场左右两侧，占地 1000 平方米，营造亲切宜人的良好环境。思源石高 2.4 米、宽 20 米，镌刻着"广安思源广场"6 个大字。四季花海占地面积约 9000 平方米，由鲜花和常青植物组成。在对绿化的照明手段上采用了常见的几种方式：草坪设置草坪灯，绿篱用点状灯带勾勒轮廓。对于一些高大的常绿阔叶乔木采用绿色金卤灯、黄色光源灯从底部向树冠投光。整个广场还设置了建筑面积约 200 平方米的风情竹楼三座。

思源广场的建成，一草一木都包含着对小平的思念，一砖一石都凝聚了广安人民的心血和全国人民的热切关注。

3.景区资源性质

旅游区集川东民居风格和现代风格的建筑文化、园林文化、红色旅游文化等元素于一体，融汇着中国改革开放历史性变化的深刻内涵，体现了邓小平同志独有的人格魅力和波澜壮阔的人生经历。

4.景区品位

全国重点文物保护单位、全国红色旅游经典景区、全国爱国主义教育示范基地和革命传统教育基地、国家一级园林、国家 5A 级旅游景区等。

5.景区特色

国内唯一一个以纪念邓小平同志为专题的旅游区。

（二）讲解要点

景点概况及主要景点参考选择范围：包括邓小平同志故居、邓小平故居陈列馆、邓小平缅怀馆、邓小平铜像广场、德政坊、翰林院子、蚕房院子、邓绍昌墓、邓家老井、放牛坪、清水塘、洗砚池、神道碑等景点。外围景区还包括思源广场（含音乐喷泉、实事求是鼎）。

（三）重、难点提示

1. 重点

邓小平同志的生平事迹，突出个人情怀和风格。

2. 难点

邓小平同志人生经历与所处时代背景的交融，尤其是对中国革命事业、社会主义改革开放和现代化建设事业的巨大影响。

九、剑门蜀道剑门关景区

（一）景区概述

剑门蜀道剑门关景区地处四川省广元市剑阁县北部，由剑门关、翠云廊两个紧邻的国家 5A 级旅游景区组成，总规划面积约 84 平方千米，核心区面积约 6 平方千米。

景区交通极其便捷，京（北京）昆（昆明）高速公路、宝（宝鸡）成（成都）铁路、西（西安）成（成都）高铁穿境而过，兰（兰州）海（海南）高速公路和兰（兰州）渝（重庆）铁路擦肩而过，是四川大九寨环线的重要节点和蜀道三国文化精品旅游线路的支撑中心，区位优势得天独厚。

剑门蜀道剑门关旅游景区是首批国家级风景名胜区，第六批全国重点文物保护单位，国家级森林公园、国家自然与文化双遗产，全国红色经典旅游景区，四川省自然保护区，四川省地质公园，并列入《中国世界文化遗产预备名单》《国家大遗址保护十二五专项规划》《中国国家地理》四川最美100个拍摄点。

剑门蜀道历史悠久，肇始于西周，使用至民国，民间至今仍在使用，它是先秦古蜀道——金牛道的核心价值地段，历史跨越3000余年。至今仍遗存有众多的古桥梁、古建筑、古碑刻、古寺庙、古城址、行道树等大量珍贵文物，是迄今为止古代中国交通道路史上开辟最早、使用时间最长、保存最完整的人工古驿道，中国著名土木工程学家、桥梁专家茅以升先生称其为"古代著名的土木工程"，它比古罗马大道的产生还要早，被誉为"世界陆路交通史上的活化石"。2012 年金牛道被列入《中国世界文化遗产预备名单》。

"不到剑门关，不懂蜀道难。"剑门关砾岩是白垩纪早期地层的标志层，是中国最险峻的砾岩丹霞地貌，是世界罕见的城墙式砾岩断崖丹霞景观，东西绵延 100 余千米，在大剑山中断处，形成了垂直高度近 300 米，底部最窄处仅 50 米的天然隘口，称为自然天成的天下第一关隘，是历代兵家必争之地。

1. 景区位置

剑门关景区位于广元市剑阁县城北 30 千米处，北距广元 45 千米，距广元飞机场仅 21 千米。向北距古都西安约 480 千米，向南距重庆约 400 千米，西南至成都约 250 千米。

2. 景区得名及历史沿革

景区所在的剑门山古称梁山，由大小剑山组成，为剑门山脉西南段。主峰大剑山，峰如剑插，石壁横亘，森若城郭，峭壁中断，两崖对峙，一线中通，形似大门，故称"剑门"。剑门地势险峻，为秦蜀交通咽喉，是古代出秦入蜀——金牛道的必经之地。蜀汉丞相诸葛亮在此修筑栈道，设关戍守，始称"剑阁"，唐代诗人李白《蜀道难》赞叹其"剑阁峥嵘而崔嵬，一夫当关，万夫莫开"，享有"剑门天下雄，剑门天下险""天下第一关""西蜀门户"等美誉，更使得剑门关誉满华夏，名扬海内，其一度与雁门关、函谷关、仙霞关并称"中国四大古关隘"。

3. 景区资源性质

景区将古关、古城、古道、森林、水体、地质、乡村田园、溶洞等景观有机地组合在一起，构成"雄关、漫道、古树、古城"的恢宏景观特征，其资源具有大容量、高品质、原真性、唯一性和可游性。

4. 景区品位

剑门蜀道和川陕三国文化旅游线路的核心景区，也是剑门关国家风景名胜区、国家森林公园的核心区，同时还拥有全国重点文物保护单位、国家历史文化名镇和国家 5A 级旅游景区等国家级资源品牌。

5. 景区特色

融三国文化、蜀道文化、关隘文化、红色文化为一体，集雄、险、奇、幽于一身，有"天下第一雄关"的美誉。众多史记与传说都与现代交通建设十分吻合，很可能是当时修建的一条连接长江文明与黄河文明之间的古代"高速公路"。

剑门关非去不可的八大理由：

（1）当今世界有两条最为著名的历史大道，一条是"条条大道通罗马"的古"罗马大道"；另一条就是"蜀道难，难于上青天"的古"剑门蜀道"。而据史记载，古"剑门蜀道"早在战国以前就已基本形成，比古"罗马大道"早上百年。

（2）剑门蜀道就像一条承载着千万年历史演变和时代沧桑的文化巨龙。以剑门关为龙头，以"三百里程十万树"的翠云廊为龙身，蕴藏着丰富多彩的历史朝代和名人文化。

（3）剑门蜀道地区北起陕西定军山，南止四川成都市，全长 420 多千米，横贯四川北部边缘百余里，自然生态雄壮而瑰丽。以翠云廊为代表的绿色长廊尤为突出，是当今世界极其珍贵的生态奇观。

（4）据史料记载，蜀汉丞相诸葛亮在金牛道上最险要的剑山下立石为门，修筑关楼，成为重要的军事要塞。蜀汉末年，蜀军姜维以三万人拒曹军钟会十万大军于关下。剑门关从此名扬天下，成为剑门蜀道的代表性景观。

（5）《太平御览·蜀王本纪》中曾有关于石牛与五丁开山的记载。

（6）"噫吁嚱！危乎高哉！蜀道之难，难于上青天！蚕丛及鱼凫，开国何茫然……"李白《蜀道难》中所描述的奇异景象，可能不是人们通常理解的负面印象，而是潜藏着对有着远古文明基因的古蜀文明能够修建"难于上青天"的"通天大道"的伟大礼赞。

（7）以神秘的古代道路文化、丰富的历史名人文化、壮丽的自然生态文化为内涵，以翠云廊与"剑门天下雄"为核心，以"百里长廊—百里文化长卷"为标志，整合四川、陕西两地相关景区、景点资源，成为一条世界级的"剑门蜀道自然文化大走廊"。

（8）剑门蜀道以分布在广元市境内的核心景区"翠云廊"与"剑门关"为主体，串联觉苑寺、鹤鸣山、人头山、牛头山、昭化古城、皇泽寺、千佛崖、明月峡、七盘关以及梓潼的七曲山等重要景点，开发剑门蜀道国际徒步旅游区，举办国际徒步旅游节，可谓当代国际徒步旅游胜地新宠。

（二）讲解要点

1. 剑门关关楼

据史料记载，现关楼所在位置就是诸葛亮相蜀，在大剑山中断处垒石为关之处。眼前这座气势宏伟的建筑，就是著名的剑门关关楼。

当年蜀相诸葛亮见大小剑山之间有阁道三十里，又见大剑山中断处壁高千仞，天开一线，便在此垒石为关，以为屏障。后来诸葛亮五出祁山，姜维11次北伐中原，都曾经过此地。然而这里毕竟是入蜀咽喉、军事重镇，历史上烽火狼烟、江山易主的事情经常发生。1700多年以来剑门关楼屡建屡毁，又屡建屡毁。现今的关楼于2009年9月至2010年4月地震灾后恢复重建，方案由上海同济大学设计。楼高19.34米，基座长19.16米，宽13.6米。依据冷兵器时代作战特点，以青石座基，石拱券门，兽吞衔环，金钉固门。关楼采取二层歇山式屋顶构造，四面轩窗、环廊通透、檐下使用斗拱、檐柱、角柱采用侧脚，角柱采用"生起"等明代传统手法营造成"敌楼高踞、堞垛森严"的明代建筑风格。充分展示古关楼"一石临空天府状，两山如壁剑门雄"和"一夫当关，万夫莫开"的雄浑本色。

2. 孔明立关像

据史料记载，剑门关最早是蜀汉丞相诸葛亮而设立。诸葛亮设立了剑门关，架设了飞梁阁道，以后又多次经过剑门关，在出岐山伐魏时，也多次往来于剑门。

3. 刘备过关像

刘备在成都定都以后，于东汉建安二十二年（217年）设立了剑阁县，隶属于剑门关，加强了对剑阁的防守，不仅如此，还以剑阁为中心，将汉中到成都的地域连成了一个整体，保证了从成都至梓潼，穿剑阁过葭萌、白水，到陕西勉县阳安关、汉中这条剑阁道的安全和畅通，为以后诸葛亮出祁山、姜维伐中原打下了战略基础。

4. 姜维神像

时间从不会淡忘英雄，剑阁老百姓对姜维有着一种特殊的感情。虽然他镇守剑阁仅有三个月时间，守住了剑门天险，最终却未能守住蜀汉江山。也许姜维的铁血丹心感动了上苍，大自然的造化也仿佛要留下姜维的身影。在关楼西侧的峭壁上矗立着一块巨型崖壁，从侧面看，层层叠叠的岩石自然形成了一位武将的头部轮廓，当地人称为姜维神像。神像戴着头盔，高耸的鼻子，大大的眼睛，浓浓的眉毛，气度非凡。老百姓说，这就是姜维的化身，是姜维化为神的象征。山水有情，英雄无悔，这份怀念千百年来有增无减。

5. 平襄侯祠

平襄侯祠又称姜维祠、伯约庙、姜公祠、钵盂寺，始建于明正德年间，分前后两院：前院塑刘、关、张坐像，名武圣宫；后院正殿塑姜维坐像，名忠勤祠。如今的姜维祠是 2009 年在原址上重建的，重建的姜维祠基本保持了原有的建筑风貌，包括姜维殿、孔明授书殿和姜维墓。

6. 红星广场

红星广场是红军血战剑门关遗址所在地，是全国爱国主义教育基地和100 个红色旅游景点景区之一。2009 年 12 月 22 日，红星广场落成，包括红军攻克剑门关纪念碑、红军攻克剑门关纪念馆、将帅雕塑和石刻标语。1935年 4 月 2，英勇的红军战士前赴后继，用鲜血和生命将鲜红的军旗插上了雄伟的剑门关。

7. 剑门栈道

据记载，三国时期蜀汉丞相诸葛亮率军伐魏，路经大剑山，见山势险峻，便令军士凿山岩，架飞梁，搭栈道，助其六出祁山，北伐曹魏。如今重建的剑门栈道依山傍势，凌空架木。长长的栈道在青翠的山间盘旋延伸，就像一条白色的长龙翻滚游戏在峭壁悬崖之间。同时，景区还开辟有鸟道和猿猱道等盘山石栈，在险峻陡峭的剑山石壁上，刻出一道道惊心动魄的曲线。尤其是猿猱道，全长 440 米，离地高差有 500 余米，呈"之"字形沿悬崖而上，路宽处仅 30 厘米，窄处不到 15 厘米，将登山、攀岩和极限运动特点融为一体。在专业教练的指导下，游客可以佩戴装备，沿悬崖上凿出的通道攀缘而上，当年蜀道难的感叹会在一路的大呼小叫中淋漓尽致。

8. 石笋峰

在剑门关绝壁中部，有一块巨大的石头，金鸡独立于悬崖峭壁边，紧偎绝壁拔地而立，上尖下大，层层环纹，形似竹笋，所以取名为"石笋峰"，它是剑门奇石中最大、最壮观、也最引人注目的一处。石笋峰高达百米，陡峭屹立，在它的头顶有两株树。西边那株倒垂下来像一朵绿色的花，终年碧绿，生机勃勃，当地山民叫它"九把斧树"，高约 2 米；它又好像一位热情好客的绿衣少女，正俯身欢迎游客直上顶峰，可却从未有勇者光顾过。而东端的那株好像被火烧灼过一般，光秃秃的主干顶端有几根枯枝直刺苍穹，当地人传说是一棵被"天火焚烧"的檀香树。

9. 梁山寺

位于大剑山绝顶的舍身崖上。梁山传为梁武帝修真之地，因此山上建有古刹梁山寺和梁武帝祠。

10. 剑门悬空玻璃观景台

世界第二、亚洲第一的悬空玻璃观景台位于剑门关景区大剑山主峰上，于 2014 年 6 月 25 日向游客开放，游客可立在观景平台，高空俯瞰整个剑门关。剑门关悬空玻璃景观平台悬挑长度仅次于美国科罗拉多大峡谷国家公园悬空玻璃观景廊桥。有关资料显示，这处平台建成面高程为 1163.8 米，悬挑部分采用钢结构，其钢结构的钢梁采用两种"工"字叠加组成。主景观平台悬挑半径为 15.9 米，平台面层采用高强多层叠合玻璃铺面，玻璃厚度约 6 厘米，建成后的平台距崖底高约 150 米。古树、古木石雕等景观与景观玻璃平台相呼应。

11. 姊妹景区——翠云廊

翠云廊是古蜀道的一段，同时也是以险著称的剑门蜀道的一段。翠云廊古称剑州路柏，民间又称"皇柏"，也称"张飞柏"。从地理位置上说，翠云廊以剑阁为中心，西至梓潼，北到昭化，南下阆中，三条路蜿蜒三百里，全是林荫道，号称"三百里程十万树"。树为柏树，经过历朝历代无数劫难，留存至今的古柏仍有 8000 多株。最大的须 8 人合围，小的也要 3~4 人方可抱拢。这道绿色长廊，传说是当年三国名将张飞驻守蜀国阆中时号召人民所植，据史料及民间传说，古柏是历代栽成的群体，其栽植时间，上起秦汉，下至明朝中叶，历时 2000 余年。随着古蜀道的开拓和驿道整修，路旁留有自然生长的树木，也有大量人工栽植的行道树，逐渐形成数百里的林荫大道。在翠云廊各段抽样调查的 1900 多株古柏中，胸径 2 米以上的有 7 株；1.8 至 2 米的 86 株；1.5 至 1.7 米的 363 株；1 米至 1.4 米的 854 株；1 米以下的 669 株。这更加说明翠云廊古柏不是一次栽植而成，而是历代不断栽植而形成的历史产物。

翠云廊得名于清初剑州知州乔钵的诗："剑门路，崎岖凹凸石头中。两旁古柏植何人，三百里程十万树。翠云廊，苍烟护，苔花阴雨湿衣裳，回柯垂叶凉风度。无石不可眠，处处堪留句。龙蛇蜿蜒山缠互。休称蜀道难，莫错剑门路。"从此，"翠云廊"这个充满诗情画意的名字便成了"剑门路柏"的雅名。

剑阁翠云廊古柏始于秦汉，完备于明清，是镶嵌在巴蜀山水间的活化石，它的形成是历代官家为了军事、政务的需要，所谓"逢山而凿，穿林建修驿道，为夹道林荫"。根据有关历史资料记载，历史上较大规模地整治驿道交通和培育、补植、移栽行道柏有以下八次：

（1）前221~210年，秦始皇修宫殿，大伐蜀中之木，"蜀山兀，阿房出"，百姓怨声载道，秦始皇为平息民怨，诏令蜀中百姓，道旁植树以补其损，故称"皇柏"。

（2）东汉后期，三国鼎立，蜀将张飞镇守巴西郡（今阆中一带），军政羽书繁多，为了不误羽书传递，张飞在任太守期间（214~221年）率领军士建修驿道、补植柏树，故称"张飞柏"。

（3）东晋时期（317~322年），剑阁县人民曾在驿道两旁补植松柏（风脉树），尚书郎郭璞为此写了《种松记》刻于石碑，故称"晋柏"。

（4）唐朝天宝年间（742~756年）唐玄宗幸蜀诏令蜀中百姓在蜀道两旁植树。

（5）宋仁宗天圣三年（1025年）诏令"入蜀道路，自凤州至利州，剑门驿道，沿官道两旁，栽植地土所宜林木"。

（6）宋宁宗庆年间（1195~1200年），武功县（今剑阁县武连镇），县令何琰，在此治路种松，并于庆元丁巳年（1197年）刻碑记文，名曰：种松碑。

（7）元朝元世祖忽必烈诏令地方官开凿驿道，补植柏树。

（8）明正德年间（1506~1521年），剑州知州李璧倡导以石砌路、两旁植树10万株，人称"李公柏"。

为切实保护驿道古柏，中华人民共和国成立后至1998年，县林业部门曾对驿道两旁2000余株古柏进行扎砌条石堡坎和垒土，连年防治病虫，并进行过五次清点，两次编号挂牌，两次测定年龄，两次估测材积。为考证驿道古柏形成历史，决策古柏保护措施，合理利用森林资源提供了科学依据。2002年，为系统保护古柏又建立了翠云廊古柏（省级）自然保护区。

从旅游的角度讲，目前的翠云廊景点位于剑门关镇青树村与汉阳镇交界处的大柏树弯。2015年，在剑阁县境内，以翠云廊、剑门关国家森林公园、剑门关风景名胜区为主体创建成为国家5A级旅游景区。

翠云廊是举世无双的古老行道树系统，是蜀道最耀眼的一颗明珠。它规模宏大、历史悠久、保护完好，无愧于"森林化石""蜀道灵魂""绿色长城""古代陆上交通的活化石"等美誉。

（三）重、难点提示

1. 重点

（1）剑门关的形成及历史演变；

（2）关楼及蜀道；

（3）剑门地质背景知识。

2. 难点

对"剑门天下险"的理解及其三国历史遗迹的熟悉。

十、海螺沟景区

（一）景区概述

由海螺沟、燕子沟、磨子沟、南门关沟、雅家埂、磨西台地六个景区组成。

1. 景区位置

海螺沟景区位于青藏高原东南缘，贡嘎山东坡，景区主体位于四川省甘孜藏族自治州泸定县磨西镇。它同时处于甘孜藏族自治州的泸定、康定、九龙和雅安市的石棉4县交界区，辖区面积906.13平方千米。距省会成都286千米，距州府康定76千米，距红色名城泸定县城50千米，是古代通往藏区茶马古道的必经之地。

2. 景区得名及历史沿革

（1）得名

海螺沟名称的由来，一种说法是因为古时在沟内有一座雪山，山上有一巨石的形状酷似海螺而得名海螺沟。另一种说法是藏传佛教的唐东杰布法王曾在泸定帮助工匠完成泸定桥 13 根铁锁链的架设，后取道这条沟翻越雪山，夜宿沟内冰川巨石岩穴下，早晚在石穴前念经，面向贡嘎雪山跪拜，一吹海螺便引来禽鸟动物听他念经，并在石穴顶部长出棵棵树木，花草一派芸芸众生景象。唐东杰布法王有一天给他弟子托梦，说他在冰川下住过岩穴巨石，已被贡嘎山神册封为"海螺灵石"。遂以他随身宝物海螺封他跋涉过的那条深谷为"海螺沟"。海螺沟由此而得名。

（2）历史沿革

海螺沟景区于 1984 年 10 月开发建设，1987 年 10 月正式对外运营。2003 年 6 月，甘孜藏族自治州州委、州政府根据景区加快发展的需要，成立了海螺沟景区党委和管理局，负责统筹景区经济建设和社会事业各项工作，在授权范围内行使县委、县政府的相关职权。

3. 景区资源性质

海螺沟景区融自然风光、历史文化、茶马文化、红色文化和民俗文化为一体，集观光、休闲、疗养、避暑、生态、科考、探险、登山、摄影等旅游于一身，共同构筑成了四川旅游西环线上最具魅力的旅游目的地。

海螺沟是亚洲最东低海拔现代冰川发现地，冰川海拔最低处延伸到 2850 米。沟内蕴藏有大流量碳酸氢钠型中性优质医疗热矿泉和其他类型沸、热、温、冷矿泉，大面积原始森林和高的冰蚀山峰，大量的珍稀动植物资源。

4. 景区品位

拥有"国家级重点风景名胜区""国家级自然保护区""国家地质公园""国家 5A 级旅游景区"、中国唯一的"冰川森林公园"和国家生态旅游示范区等多项桂冠，是"蜀山之王"贡嘎山的问鼎画卷和令人神往的"香巴拉门户"。

5. 景区特色

一半在天上，一半在人间，冰雪与温泉交融，冰川与森林共生。以低海拔现代冰川著称于世。晶莹的现代冰川从高峻的山谷铺泻而下；巨大的冰洞、险峻的冰桥，使人如入神话中的水晶宫。特别是举世无双的大冰瀑布，高达 1000 多米，宽约 1100 米，比著名的贵州黄果树瀑布大出十余倍，瑰丽非凡。

（二）讲解要点

1. 景区概况

海螺沟景区处于青藏高原向四川盆地的过渡地带，气候温和，自然环境、气候条件和旅游资源独具特色：神圣的贡嘎山（海拔7556米）雄视东方，是世界上相对高度最高（6656米）的名山；壮丽的冰川与森林共生，奇绝无比；雄伟的大冰瀑宛如从蓝天直泻而下的一道银河，蔚为壮观；原始森林大树参天，林木苍翠；甘甜的山泉水或自地下涌出或成清澈的溪流或为石上飞瀑，玉珠挂帘；明镜般的温泉群点、众多可浴可饮的优质冷热矿泉，堪称"世界一绝"；最大规模的红石滩群，让人感叹大自然的造化神奇；高山、低海拔现代冰川、高山湖泊、温泉、原始森林、珍稀动植物种类丰富，形成了世界上完整的生物气候带，让游客体验"一沟有四季，十里不同天"的自然变化。

在这片广袤、古老、充满神奇色彩的大地上，留下了先辈们勤劳与探索的足迹。这里居住着汉、彝、藏、白、蒙古等多个民族，是康巴地区多元文化的走廊，汉、彝、藏等民族文化、东西方文化、红色文化在这里汇聚融合。

2. 主要景点参考选择范围

（1）海螺沟六绝

红石　红石是大自然赠送给贡嘎山地区最珍稀的物种之一。在海螺沟、燕子沟、南门关沟、雅家埂等景区里分布着大面积的红石滩，每一块石头都被红色苔藓披上了一件美丽的红色外衣，红石在河流两旁堆积，成群的红石变成一种流动的红色，与清冽的流水相伴顺流而下，让人感叹大自然的神奇造化。

冰川　贡嘎山是我国现代海洋性冰川最发达的地区，有数百条冰川，面积达300余平方千米。其中海螺沟一号冰川长13.1千米，面积16平方千米，其末端伸入原始森林达6千米，是世界上同纬度海拔最低、最大的现代冰川。

温泉　与雪山、冰川相对，海螺沟温泉将四季带入永恒的温暖。沐浴在海螺沟温泉里，身体宛如天上飘浮的暖云，能深切感受到来自海螺沟冰川地底的热力。

原始森林　海螺沟地区海拔高差达6000余米，形成了明显的多层次气候带、植被带。将 4880 余种从亚热带至寒带的植物集中于一个区域之内。沿着环状山路徐徐向前，可以清楚地感受到身旁植物景观的无穷变幻。

雪山　海螺沟地处横断山系的核心地带，境内延绵着众多终年积雪、冰清玉洁的雪山。贡嘎山以雄浑的身躯屹立于香格里拉腹地，海拔 7556 米，被誉为"蜀山之王"。

云雾　云雾是海螺沟景区最具特色的自然景观，它或是高悬于山峰峭壁，显得峡谷深幽；或是云雾漫山，变幻莫测；或是亲吻冰川，恍如仙境。

（2）海螺沟冰川

海螺沟冰川属典型的海洋性低海拔冰川，面积达 16 平方千米，最高海拔6750 米，最低海拔 2850 米，落差达 3900 米。冰川如同一条银色的长龙，从贡嘎雪山上飞奔而下，浩浩荡荡，气势磅礴。在"U"形峡谷里伸入绿色林海达 6 千米，形成冰川与森林共生的奇绝景观。

海螺沟冰川上的大冰瀑布高 1080 米、宽 1100 米，它是由许多级冰坎组成的规模巨大的冰川陡坡，人称为"陡冰窑"。冰川在这里是一种超级伸长张流，处于崩溃状态，终年都有频繁的冰崩、雪崩发生，是我国至今发现的最高、最大冰瀑布，也是世界上最壮丽的冰川瀑布。

在我国境内，海螺沟冰川以其距大城市最近（距成都 286 千米）、最易进入的低海拔海洋性现代山谷冰川而成为 21 世纪欣赏大自然奇观、探索大自然奥秘、了解冰川知识的理想场所，成为我国旅游风景区中的一颗璀璨明珠。

海螺沟冰川发源于贡嘎山东坡，20 世纪 80 年代末的长度为 14.7 千米，经过将近 30 多年的变化，目前的长度退缩到了 13.1 千米。高悬云际的冰川积雪区延展在贡嘎山东坡的陡壁之下，形成了一个圈椅状的积雪盆地，在盆地的边缘，坡度突然变陡，一泻千米的冰流以气势磅礴的冰川瀑布将源源不断的冰雪物质带入冰川的消融区，几经曲折，形成了海螺沟冰川宽大、平缓的冰川舌。

在两边浓密的杜鹃林、云杉林和冷杉林的簇拥中，海螺沟冰川舌流向了海拔为 2850 多米的地带，并在那里静静地停了下来，千年雪、万年冰融化成水，汇成了溪，形成了河，再用这河流中源源不断的水去浇灌海螺沟沿岸的森林，为海螺沟和海螺沟下游更远地区的生命万物输送着不断的源泉。

（3）冰河、冰湖、冰溶洞——冰川消融景观

从远处望去，每条冰川似乎都只是一种冰体的简单堆积。像海螺沟冰川的中、下游地段，由于上面覆盖了许多大大小小的石碛沙砾（我们称之为冰川表碛），便以为这是一个并无生气的地方，其实不然，沿着冰川"城门洞"北侧的一条"小道"便能进入海螺沟冰川的表面。一阵哗哗的流水声会出现在耳旁，怎么在这"荒漠"一般的冰川上还有水流声呢？而且似乎不止一处，侧耳细听，前后左右似乎都有水流声。不远处，一条时隐时现的冰面河流从上游的一个冰洞中涌出，经过一段冰河后，又突然钻进下游的又一个冰洞潜入冰下。原来这就是冰川上的河流。冰川的消融水在冰面、冰内汇集后形成了时而冰面、时而冰内、时而冰下的冰川河流，最后从"城门洞"流出形成一条江河的源头。

在冰面上还有不少湖泊，冰川湖泊也是冰川消融水汇集在相对比较洼平坦的冰面形成的冰川地貌景观。除了冰面湖，和冰川河一样，也有冰内湖、冰下湖。它们在冰内或冰下的一些空洞穹隆处储水为湖。由于冰川是一条"运动着的冰流"，冰川上的一切景观都处于随时变动之中，几乎一天一个模样。

当今天看到一条还是如龙游走的冰面河，也许过几天再来时，已经变成一条干涸的冰沟了；当昨天还是一汪清明如镜的冰面湖，一夜之间却水漏湖干，只剩下一处徒有四壁的冰盆了。因为无论冰湖还是冰河，水体随时都对冰体进行溶蚀、冲蚀和"热融"，一旦湖堤或河床某处的冰层被溶蚀、洞穿，河流便随即改道，冰湖水也会在很短的时间内漏泄一空。无论是冰川河还是冰面湖，规模有大有小，小到涓涓细流，大到雪浪排空。海螺沟冰川最大的冰面河宽不过2米，深不过1米，长可达500米左右，最大的冰面湖有近百平方米。

由于海螺沟冰川属于季风型海洋性冰川，这里空气湿度大，太阳光的短波直接辐射绝大部分被空气中的水汽吸收后变成长波形成散射辐射。太阳光的短波辐射具有明显的方向性，中国西部像珠穆朗玛峰北坡地区空气十分干燥，当短波的太阳光辐射以高角度投入到冰川表面时，便容易形成千姿百态的冰塔林冰川地貌景观。珠穆朗玛峰北坡地区的冰川属于大陆性冰川，冰塔林也因此属于大陆性冰川地貌景观。可是在海螺沟这样的海洋性冰川上，即

使是高角度的太阳光辐射，经过空气中水汽的散射，变成长波辐射后便可以从不同的方位对冰川进行"雕饰"，因此海螺沟冰川是不可能形成冰塔林景观的。不过这里却更容易生长、发育大大小小的冰溶洞，这正是太阳光经过散射辐射和水流热溶的综合"成果"。

冰溶洞可以在季风型海洋性冰川上更多地生长和分布，"长波辐射"又叫作热辐射，经过太阳光加热的湿热空气在近地面热交换中，可以进入冰川的裂隙中、冰湖的湖壁处、冰水河道中对冰体进行融蚀，在一定的原始构造地形配合下，如湖水侵蚀、流水冲蚀、裂隙的扩张等形成一些原始洞穴，一旦经过携带大量热辐射的湿热空气拓展，随着时日渐长，于是一些冰溶洞终成规模。洞内暗河涌动，积水成潭，洞顶悬挂着晶莹的冰钟乳，洞底矗立着冰笋、冰础，简直就像一座水晶龙宫。

海螺沟的"城门洞"也属于冰溶洞的一种，不过由于在出水水流的冲蚀下，人无法进入，同时它的形态也因水动力的影响受到极大的改变。

（4）磨西台地

据地质考证，磨西台地是泥石流堆积的产物。地质史早期，磨西是大山中一处开阔洼地，水草丰茂，大树遮天，洼地四周高山覆盖着古冰川并终年积雪。随后，一个暖冰期出现，地表温度逐渐升高，冰川消融，积雪融化，洪水卷下大量泥沙壅塞大坂岩一带山谷，后来经过多次决堤，洼地积水溢出，露出由泥石流堆积的洼地，洼地两侧被冰雪消融和山洪年复一年的冲刷，河谷深切洼地形成了今天的磨西台地。

台地地势北高南低，两侧山脚边缘发育形成"U"形雅家埂、燕子沟两条河流。磨西台地高出两条河谷80~100米，台地长11千米，均宽2千米，上部新兴乡以高家坪土包分上下两部分，上部分伸进燕子沟沟口，下部分伸进堡子坝，居高俯视，像龙的上下口腔，山包如"龙宝"，台地从磨西杉树村至磨西与新兴分界点梨树坎，两侧深切河坝呈现自然弯曲状，活像卷曲的龙体。台地自上而下，由宽变窄，尾端呈脊背状，看上去活像龙尾。上、中、下三部分连起来看，磨西台地更像卧在大山中的一条巨龙。

（5）磨西会议

1935年5月28日，毛泽东同志带领红一方面军从石棉安顺场到达磨西，夜宿磨西天主教堂，在此召开了著名的"磨西会议"，会议内容一是放弃到康定的计划；二是议定红军抢夺泸定桥的方案；三是决定陈云出川抗日，谱写了一页辉煌的历史篇章。

为铭记历史，激励后人，缅怀和追思革命先烈的丰功伟绩，在中央、省州有关领导和企业大力关心、支持下，海螺沟景区管理局筹建了磨西红军长征纪念馆，该纪念馆以史实为依据，分上、中、下三层展厅共计四个单元，以丰富的图片、展板、实物及仿真雕塑再现的故事场景为主体，真实地重现了红军长征的艰苦岁月和英勇顽强的革命精神。

（三）重、难点提示

1. 重点

（1）冰川地貌的形成和演变；

（2）温泉和动植物知识；

（3）民族民俗知识。

2. 难点

（1）海螺沟景区地质背景知识；

（2）红色旅游背景知识。

十一、成都武侯祠博物馆

（一）景区概述

成都武侯祠博物馆是"品三国·览诗史·游蜀都"成都市内精品一日游的必到景区，目前为国家一级博物馆、国家 4A 级旅游景区。

1. 景区位置

成都武侯祠位于四川省成都市中心城区南面的武侯祠大街，是中国唯一的君臣合祀祠庙，由武侯祠、汉昭烈庙及惠陵组成，人们习惯将三者统称为武侯祠。

2. 景区得名及历史沿革

成都武侯祠始建于 223 年修建惠陵（刘备的陵寝）之时，其中，武侯祠（诸葛亮的专祠）建于唐以前，最初与祭祀刘备（汉昭烈帝）的汉昭烈庙相邻，明朝初年重建时将武侯祠并入，形成了君臣合祀，祠堂与陵园合一的格局，除惠陵以外现存祠庙主体建筑为 1672 年清康熙年间复建。

3. 景区资源性质

武侯祠是为了纪念三国蜀汉丞相诸葛亮而兴建的祭祀建筑，全国纪念诸葛亮的同类建筑有宜宾丞相祠、白帝城武侯祠、五丈原武侯祠、南阳武侯祠、宝山武侯祠、兰溪武侯祠、勉县武侯祠等 10 多处，其中陕西汉中勉县武侯祠为刘禅所立的官祠，始建年代最早；南阳武侯祠由诸葛亮故将黄权建立，始于魏晋年间；成都武侯祠始建于成汉年间，君臣合祭，最为知名。

4. 景区品位

2006 年被评为国家 4A 级旅游景区，2008 年被评为首批国家一级博物馆，享有"三国圣地"之美誉，是全世界影响最大的三国遗迹博物馆。

5. 景区特色

武侯祠博物馆现分文物区、西区和锦里三部分，面积约 230 亩。根据武侯祠新的规划内容，武侯祠将对这三个区域进行更加合理的功能区划分，分为三国历史遗迹区、锦里民俗区、三国文化体验区三大板块，同时向周围扩展用地，形成以三国文化为主题的特色体验区。

文物区 主要由惠陵、汉昭烈庙、武侯祠、三义庙等组成，历经风雨，现存主体建筑为清康熙十一年（1672 年）修复。早在唐代，武侯祠已经成为著名的游览胜地。唐代大诗人杜甫诗曰："丞相祠堂何处寻，锦官城外柏森森。"它曾与先主庙、惠陵相毗连。现在的武侯祠主体建筑分大门、二门、刘备殿、过厅、诸葛亮殿、三义庙六重，严格排列在从南到北的一条中轴线上。馆内收藏有钟、鼓、鼎古文物及字画数千件，三国文化的典籍数万册。此外，还有"三国文化陈列""孔明苑""群贤堂""结义楼""香叶轩""桃园""游客中心"等融参观、娱乐、休闲为一体的景点和服务设施，环境优美，内容丰富。锦里古街和园林区分别在古建筑群的东侧和西侧。

西区 原南郊公园。2003 年 12 月，为做强、做大三国文化，合并为武侯祠西区。南郊公园原系抗日将领刘湘陵园，该建筑群为中国传统官式建筑，是西南地区少有的北方式样陵园建筑群。

锦里 武侯祠博物馆打造的一条清末民初建筑风格的古街。它依托武侯祠，扩展了三国文化的外延，并融入川西民风、民俗，集食、住、行、游、购、娱于一身，成为成都文化旅游的新亮点。锦里延伸段——水岸锦里于 2009 年春节开街迎客，水岸锦里大胆将水景引入锦里循环，形成水润锦里的新景观。

（二）讲解要点

1. 景点概况

整个武侯祠博物馆文物区主要由惠陵、汉昭烈庙和武侯祠三部分组成，祠庙现存主体建筑（除惠陵）坐北朝南，排列在一条中轴线上，依次为大门、二门、汉昭烈庙、过厅、武侯祠以及迁建的三义庙和新建的结义楼，共七重。祠内供奉刘备、诸葛亮等蜀汉英雄塑像 50 尊，馆内文物荟萃，唐及后代关于诸葛亮和三国文化的碑刻 50 余通，清代以来的匾额、楹联 70 多块，尤以唐"三绝碑"、清"攻心"联最为著名。

2. 主要景点参考选择范围

武侯祠各景点分布一览表

景点	概述
祠堂正门	匾额为"汉昭烈庙"，此处可引"门额大书昭烈庙，世人都道武侯祠。由来名位输勋业，丞相功高百代思"的名句引发话题。
三绝碑	本名"蜀丞相诸葛武侯祠堂碑"，位于武侯祠大门至二门之间的东侧碑亭中。碑高 367 厘米，宽 95 厘米，厚 25 厘米、唐宪宗元和四年（809 年）刻建，有很高的文物价值，为国家一级文物。由唐代宰相裴度撰文，书法家柳公绰（柳公权之兄）书写，石工鲁建镌刻。裴文、柳书、鲁刻，三者俱佳，所以后世誉为"三绝碑"（一说三绝指诸葛亮的功绩、裴度的文章、柳公绰的书法）。碑文对诸葛亮的一生做了重点褒评。碑阳、碑阴、碑侧遍刻唐、宋、明、清时代的题诗、题名、跋语。
刘备殿	二门之后是刘备殿，又名昭烈庙。昭烈庙为单檐歇山式建筑。正中有刘备贴金塑像，高 3 米，仪容丰满庄重，耳大垂肩。左侧陪祀的是他的孙子北地王刘谌像。刘备像侧原有其子蜀汉后主刘禅像，因刘禅昏庸无能，不能守基业，丧权辱国，宋真宗时被四川地方官撤除，后来就没有再塑。在蜀汉后主刘禅降魏时其子刘谌到刘备墓前哭拜，杀掉家人后自杀殉国。两侧偏殿，东有关羽父子和周仓塑像，西有张飞祖孙三代塑像，表现了关、张两人的不同外貌和不同性格，又反映了两人忠义果敢、勇武过人的共同特征。两侧东、西廊房分别塑有蜀汉文臣、武将坐像各 14 尊。东侧文臣廊坊以庞统为首，西侧武将廊房以赵云领衔。昭烈庙正殿西壁挂有据传为岳飞所书《出师表》木刻，东壁为现代书法家沈尹默书《隆中对》木刻。武侯祠的字画、对联甚多，其中的现代书法家沈尹默书写的《隆中对》最引人注目。殿外回廊还有岳飞手书的诸葛亮《出师表》刻石（历来对此的真伪存有争议，有一种说法，此前、后两表实际上是明代士人白麟伪托岳飞之名所书）。

景点	概述
文武廊	武侯祠里，蜀国的重要人物都有塑像。其中，刘备、诸葛亮、关羽和张飞，都有专殿，其余的重要文官与武将，则分别塑在文武廊。东府文官廊以庞统为首，其次为简雍、吕凯、傅肜、费祎、董和、邓芝、陈震、蒋琬、董允、秦宓、杨洪、马良及程畿；西府武将廊则以赵云为首，依次为孙乾、张翼、马超、王平、姜维、黄忠、廖化、向宠、傅佥、马忠、张嶷、张南及冯习。
诸葛亮殿	过刘备殿后，下数级台阶（武侯祠位置低于汉昭烈庙，象征古代君臣尊卑关系）后可见一座过厅，过厅门额挂有"武侯祠"匾额。穿过厅，抬头可见诸葛亮殿。殿门门额悬"名垂宇宙"匾额，两侧为清人赵藩撰书"攻心联"："能攻心则反侧自消，自古知兵非好战；不审势即宽严皆误，后来治蜀要深思"，是颇负盛名的一副对联，借对诸葛亮、蜀汉政权及刘璋政权成败得失的分析总结，提醒后人在治蜀、治国时借鉴前人的经验，要特别注意"攻心"和"审势"。正殿中供奉着诸葛亮祖孙三代的塑像。正中为诸葛亮头戴纶巾、手执羽扇的贴金塑像。塑像前的三面铜鼓相传是诸葛亮带兵南征时制作，人称"诸葛鼓"。鼓上有精致的图案花纹，为珍贵的历史文物。大殿顶梁由乌木制成，上书诸葛亮写给儿子诸葛瞻《诫子书》中"非澹泊无以明志，非宁静无以致远"名句。诸葛瞻及其子诸葛尚在绵竹抗击魏将邓艾的战斗中为国捐躯，满门忠烈。
三义庙	初名三义祠，清康熙初年由四川提督郑蛟麟始建。清乾隆四十九年（1784年）因焚香引起大火烧毁；清乾隆五十二年（1787年）重建；清道光二十二年（1842年）又曾全面修葺。现在所见建筑和楹联主要是道光年间的遗存。其建筑面积569平方米，四进五殿，规模宏大。1981年被公布为成都市市级文物保护单位。1998年，因城建需要，三义庙由提督街迁建到武侯祠内。
惠陵	诸葛亮殿西侧是刘备墓，史称"惠陵"。由诸葛亮亲选宝地，葬刘备于此。《三国志·先主传》记载："八月，葬惠陵。"据《谥法》，"爱民好与，曰'惠'"，故刘备墓称"惠陵"。陵墓中还合葬有刘备的甘、吴二位夫人。刘备墓前有清乾隆年间所立"汉昭烈皇帝之陵"石碑，陵墓建筑由照壁、栅栏门、神道、寝殿等组成。陵前有规模较小的神道，为清代所建。惠陵紧邻汉昭烈庙与诸葛亮殿西侧，与诸葛亮殿之间有红墙夹道相连。

（三）重、难点提示

1. 重点

（1）三绝碑、刘备殿、诸葛亮殿、惠陵；

（2）武侯祠的建筑格局特点和人物塑像介绍。

2. 难点

（1）三国文化背景知识；

（2）君臣合祀格局及著名诗词楹联碑刻的内涵。

十二、三星堆博物馆

（一）景区概述

1. 三星堆的 IP

"三九大"中的"三"，便指的是"三星堆"。

三星堆是宝贵的人类文化遗产，丰富的文化价值包含了多个层面：作为文物遗产的三星堆，是中华文明的重要发源地，具有极高的历史、科学、艺术研究价值，为研究古蜀历史的发展提供了丰富资料；作为文化资源的三星堆，是瞻仰文明的圣地、文化创意的源泉，在文化旅游发展、文化艺术创作、文化产业开发方面具有极其广阔的前景；作为文化品牌的三星堆，是弘扬历史文化、彰显国家形象的名片；作为人文精神的三星堆，蕴含着"天人合一、自然和谐"的思想，开拓创新、锐意进取的精神，仍然值得传承和发扬；作为旅游资源的三星堆，是认识古蜀文化、古城古国的窗口。它以博物馆和"三星堆城墙·祭祀坑"保护展示区为链接，通过各种体验途径，让游客从地下到地上，从古代到现代，从政权到神权，从征伐到祭祀，从生产到工艺，从筑城到居住，完成一次数千年的阅读，为旅游者认识蜀文化，读懂古蜀的来龙去脉提供了最大的便捷。

三星堆文化在具有鲜明的地域特色的同时，也包含了中原夏商文化，长江下游良渚文化，古西亚、古埃及文明等多种文化因素，表现出强烈的包容性，包容的文化个性赋予三星堆与世界文明的联系，展现了中华文明有容乃大的文化内涵。

从文化理解和现场考试备考的角度出发，我们先以三星堆博物馆为窗口，通过博物馆内各种展陈的讲解来初步解析"三星堆"这一厚重主题。

2. 景区位置

三星堆博物馆位于全国重点文物保护单位三星堆遗址东北角，地处历史文化名城四川省广汉市城西鸭子河畔，南距成都约 40 千米，北距德阳 26 千米，是我国一座大型现代化的专题性遗址博物馆。

3. 景区得名及历史沿革

三星堆的得名源于遗址区内发现的三个人工夯筑的土堆，它与北面犹如一弯新月的月亮湾，隔着古老的马牧河南北相望，"三星伴月"由此得名，并在很早以前就成为当地一处著名的人文景观。清嘉庆《汉州志》中就对此有明确记载。

三星堆博物馆于1992年8月奠基，1997年10月正式开放。历经20多年的建设发展，三星堆博物馆馆区现占地面积约33公顷，展陈面积约12000平方米。博物馆于2001年被评为首批国家4A级旅游景区，2008年被评为首批"国家一级博物馆"，2010年被评为首批"国家考古遗址公园"。2017年被教育部授予"首批全国中小学生研学实践基地"。

三星堆遗址位于广汉市城西7千米，距南兴镇4千米的鸭子河畔，主体属青铜时代文化遗址，包括大型城址、大面积居住区和两个祭祀坑等重要文化遗迹。其中，"三星堆城墙·祭祀坑"保护展示区位于三星堆遗址马牧河南岸的高台地上，本着真实性、完整性的保护原则，以考古资料为基础，分别采取建筑基址复原展示、三星堆城墙植被标识展示、祭祀坑模拟展示等形式，全方位展示遗址与环境，多角度揭示其历史信息。

4.景区资源性质

三星堆古遗址分布面积约12平方千米。不同探方表明，遗址各层距今已有3000~5000年的历史，是迄今在西南地区发现的范围最大、延续时间最长、文化内涵最丰富的古城、古国、古蜀文化遗址。

5.景区品位

三星堆的出现可谓是"沉睡数千年，一醒惊天下"，也改变了中国的文明史，中华文明由一元变多元。三星堆古遗址被称为20世纪人类最伟大的考古发现之一，昭示了长江流域与黄河流域一样，同属中华文明的母体，被誉为"长江文明之源"和"世界的第九大奇迹"。

三星堆的文化特质可以用六个字来概括：神秘、包容、创新。

这里现有保存完整的东、西、南城墙和月亮湾内城墙。而出土的文物造型奇特、大气恢宏、神秘怪诞、内涵丰富，充满许多不解之谜。三星堆遗址自发掘以来，出土的文物已陆续走进美国、意大利等50多个国家和地区，让四川独一无二的文旅品牌誉满全球。

目前，三星堆已被列入《中国世界文化遗产预备名单》，其历史、文化、科学价值可与同时期北纬30°上的古希腊、古埃及、古巴比伦等世界古文明媲美。

《中国世界文化遗产预备名单》中涉及四川的项目一览表

名称	地点	评定准则	登录年份	录入编号
中国白酒酿造古遗址	河北、江西、四川（成都、泸州、德阳）、山西	文化遗产（iii）（iv）（vi）	2008 年	5320
藏羌碉楼与村寨	甘孜、阿坝	文化遗产（i）（ii）（iii）（iv）（v）	2013 年	5815
古蜀文明遗址：金沙遗址、古蜀船棺合葬墓、三星堆遗址	成都、广汉	文化遗产（i）（ii）（iii）（v）	2013 年	5816
蜀道	广元、巴中、绵阳、德阳、南充、达州	复合遗产（ii）（iii）（iv）（vi）（vii）（x）	2015 年	5994

　　三星堆博物馆以其文物、建筑、陈列、园林的突出特色，成为享誉中外的文化旅游胜地。博物馆也是世界首家通过"绿色环球 21"旅游业可持续发展标准及 ISO9001：2000 质量管理体系标准认证的博物馆。

　　（二）讲解要点

　　1. 景点概况

　　三星堆文物是宝贵的人类文化遗产，在中国浩如烟海、蔚为壮观的文物群体中，属于最具历史、科学、文化、艺术价值和最富观赏性的文物群体之一。在这批古蜀秘宝中，有许多光怪陆离、奇异诡谲的青铜造型，有高 2.62 米的青铜大立人，有宽 1.38 米的青铜面具，更有高达 3.95 米的青铜神树等，均堪称独一无二的旷世神品。而以流光溢彩的金杖为代表的金器，以满饰图案的边璋为代表的玉石器，亦多属前所未见的稀世之珍。

　　三星堆博物馆现有两个展馆，展陈面积 1.2 万余平方米，分为第一展馆（综合馆，陈列金、铜、玉、石、陶等类文物）和第二展馆（青铜专馆）。两大展馆陈列规模宏大，布局考究，内容与展线节奏动静结合，波澜起伏，以其融知识性、故事性、观赏性、趣味性于一炉的诠释方式，揭示了三星堆文物的深刻内涵，集中反映了三星堆文明的辉煌灿烂，给人以身临其境、故国神游的感觉。

　　三星堆博物馆馆区绿化面积达 80% 以上，馆区内环境优美、布局动静得宜，曲径敞道，垂柳依依、古蜀奇葩、湖光岛影体现了人文与自然的完美结合，呈现出飘逸自然的川西园林特色。博物馆主体建筑外形追求与地貌、史迹及文物造型艺术相结合的神韵，融原始意味和现代气息为一体。第一展馆建筑为半弧形斜坡生态式建筑，张扬人与自然和谐共生的人文精神，第二展馆建筑为三部一体的变形螺旋式建筑，其整体具有"堆列三星"与"人类历史演进历程"的双重象征，馆外还有大型的仿古祭祀台和供现代文体活动的大型表演场与展馆建筑遥相呼应，表达了三星堆文化苍古雄浑、博大精深的历史意蕴。

2. 主要点位参考选择范围

三星堆博物馆基本陈列《古城古国古蜀文化陈列》由《三星伴月——灿烂的古蜀文明》《三星永耀——神秘的青铜王国》两大展馆的分展合构而成。

"综合馆"（第一展馆）陈展金、铜、玉、石、陶等各类文物，以类设题，因题见意，纵向贯通，横向展开，全面系统地介绍了古蜀历史及三星堆古蜀国在各个领域取得的辉煌成就。具体分为序展→第一单元 雄踞西南：古蜀2000年的沧桑史→第二单元 物华天府：三星堆的农业与商贸→第三单元 化土成器：三星堆陶器→第四单元 以玉通神：三星堆玉石器→第五单元 烈火熔金：三星堆冶炼→第六单元 通天神树：古蜀人智慧与精神的象征。

"青铜器馆"（第二展馆）通过连续递进的场景组合，全面系统地展示了三星堆阵势雄浑、威赫森严的青铜雕像群及一批造型神秘诡谲的古蜀青铜神品重器。展馆陈列规模宏大，布局考究，匠心巧运，制作精良。陈列内容与展线节奏动静结合、波澜起伏，以其融知识性、故事性、观赏性、趣味性于一炉的诠释方式，有力地揭示出三星堆文物的深刻内涵，集中反映了三星堆文明的辉煌灿烂，清晰地勾勒出古蜀历史文化的发展脉络，给人以身临其境、故国神游之感。具体分为序展→1展厅 铜铸幻面·寄载魂灵：奇秘面具→2展厅 赫赫诸神·森森群巫：神巫群像→3展厅 皇天后土·人神共舞：祭祀大典→4展厅 蠢立凡间·沟通天地：群巫之长→5展厅 万物有灵·千载蜀魂：奇绝的宗庙神器→6展厅 拨云去雾·心路历程：三星堆考古录。

3. 三星堆文物代表

（1）金杖

全长1.42米，直径2.3厘米，净重约500克，在一号祭祀坑内出土。

金杖是已出土的中国同时期金器中体量最大的一件。金杖系用金条捶打成金皮后，再包卷在木杖上；出土时木杖已炭化，仅存金皮，金皮内还残留有炭化的木渣。在金杖一端，有长约 46 厘米长的一段图案，图案共分三组：靠近端头的一组，合拢看为两个前后对称、头戴五齿巫冠、耳饰三角形耳坠的人头像，笑容可掬。另外两组图案相同，其上下方分别皆是两背相对的鸟与鱼，在鸟的颈部和鱼的头部叠压着一支箭状物。

这图案究竟表现的是什么内容呢？目前，学术界有观点认为表现的是分别以鱼和鸟为祖神标志的两个部族联盟而形成了鱼凫王朝，图案中的"鱼""鸟"就是鱼凫王朝的徽号、标志。另一种说法则认为金杖上的鱼鸟图象征着上天入地的功能，是蜀王借以通神的法器。当然，这尚无定论，其内涵有待更为深入地探讨。关于金杖的性质则有"王杖说""法杖说""祭杖说"及祈求部族或王国兴盛的"法器"说等。多数学者倾向于认为金杖是古蜀国政教合一体制下的"王者之器"，象征着王权与神权。据古文献记载，中国夏、商、周三代王朝均以九鼎作为国家权力的最高象征，而三星堆以杖象征权力，反映出古蜀与中原王朝之间文化内涵的差异，显示出浓厚的神权色彩和地域特色。在地中海沿岸的古希腊文明、古埃及文明、古巴比伦文明及其他的西亚文明中，均有以杖形物作为神权、王权等最高权力象征的文化现象，故一些专家学者推测金杖的文化因素来源于西亚近东文明，是文化交流、文化传播和采借的产物。

（2）青铜大立人像

青铜大立人像出自二号祭祀坑，分人像和底座两部分，通高近 2.62 米，其中底座高 0.9 米，人像高 1.72 米。

在三星堆众多的青铜雕像群中，足以领衔群像的最高统治者非大立人像莫属——不论是从服饰、形象还是体量等各方面看，这尊大立人像都堪称它们的"领袖"人物。以往殷墟出土的玉石铜人像与之相比，真可谓是"小巫"见"大巫"了。就全世界范围来看，三星堆青铜大立人也是同时期体量最大的青铜人物雕像。

雕像系采用分段浇铸法嵌铸而成，身体中空，分人像和底座两部分。人像头戴高冠，身穿窄袖与半臂式共三层衣，衣上纹饰繁复精丽，以龙纹为主，辅配鸟纹、虫纹和目纹等，身佩方格纹带饰。其双手手型环握中空，两臂略呈环抱状构势于胸前。脚戴足镯，赤足站立于方形怪兽座上。其整体形象威武庄严，似乎表现的是一个具有通天异禀、神威赫赫的大人物正在作法。其所站立的方台，即可理解为其作法的道场——神坛或神山。

这尊"纪念碑"式的大立人雕像究竟象征什么身份呢？目前，学术界有几种不同的意见：一种意见认为，青铜大立人是一代蜀王形象，既是政治君王同时又是群巫之长。另一种意见认为是古蜀神权政治领袖形象。还有一种意见认为其形象酷似汉语古文字中"尸"字的字形，应将其解读为"立尸"。这种观点所提到的"尸"，大体来说，具有主持祭神仪式的主祭者和作为神灵象征的受祭者的双重身份。与之相对的观点则认为该人像与古文献中所谓"立尸"或"坐尸"的内涵截然不同。我们倾向于认为，他是三星堆古蜀国集神、巫、王三者身份于一体的最具权威性的领袖人物，是神权与王权最高权力之象征。

人像身佩的方格纹带饰，当具有表征权威的"法带"性质。其衣服上的几组龙纹装饰似有与神灵交感互渗的意义，其所穿之衣很可能是巫师的法衣。他手中是否原本持（抱）有某种法器？有人认为是琮，有人认为是权杖，有人认为是大象牙，还有人认为是类似彝族毕摩（祭司）的神筒或签筒，也有人认为他是在空手挥舞，表现的是祭祀时的一种特定姿态。

（3）Ⅰ号大型铜神树

树干残高359厘米，含底座通高396厘米，在二号祭祀坑内出土。

Ⅰ号大型铜神树由底座、树和龙三部分组成，采用分段铸造法铸造，使用了套铸、铆铸、嵌铸等工艺，通高3.96米，树干顶部及龙身后段略有残缺。在我国迄今为止所见的全部青铜文物中，这株神树也称得上是形体最大的一件。

铜树底座呈穹隆形，其下为圆形座圈，底座由三面弧边三角状镂空虚块面构成，三面间以内擫势的三足相连属，构拟出三山相连的"神山"意象，座上铸饰象征太阳的"⊙"纹与云气纹。树铸于"神山之巅"的正中，卓然挺拔，有直接天宇之势。树分三层，每层三枝，共九枝；每枝上有一仰一垂的两果枝，果枝上立神鸟，全树共二十七枚果实，九只鸟。树侧有一条缘树透迤而下的身似绳索相辫的铜龙，整条龙造型怪异诡谲，莫可名状。

关于这株铜树的内涵，目前在学术界尚存不同看法，但将铜树界定为"神树"则是共识。一种意见认为，这株铜神树的造型与内涵应与《山海经》中记载的"建木"相关，铜树是古蜀人沟通人神、上下天地的天梯，反映了古蜀人交通于天人之际的特殊宗教权力被古蜀国神权政治集团所独占的情况。与此相对的观点则认为青铜神树并非建木，从其构型分析，更多的与《山海经》描述的"若木"相似。另一种意见认为，青铜神树具有"社"的功能，与载籍所记"桑林"一致，应为"社树"。一种意见认为，铜神树为古蜀人的宇宙树，反映了蜀人的世界观。还有一种观点认为，青铜神树起源于古人对日晕现象的认识，代表东西两极的扶桑与若木。

这里，我们对这株铜神树作一简要分析：铜树上铸有九只鸟，有何具体寓意呢？在古代"十日神话"中，太阳的运行是由自在飞翔于天宇的鸟背负而行，这是先民对太阳东西移行现象富有想象力的"解释"。古代很多民族都将鸟的形象作为太阳的象征，这在文化人类学资料中有大量的记述。中西考古资料中也有不少鸟日并见的图像。三星堆铜树上所铸的神鸟当即神话中金乌（即太阳）的写照。三星堆神树三层九枝及其枝头分立九鸟的形象，符合"扶桑"和"若木"的"上有十日"这一最为显著的特征。铜神树铸饰九鸟，或原顶部有一只鸟，也可能制作者表达的构型意图是另有一只鸟在天上值日吧。同时铜神树也具有"建木"的特征和功能，载籍描述建木有树叶、花卉、花果与"黄蛇"，铜神树的形式构成中同样有花果与神龙，而铜神树所在的位置恰好是古史神话传说中所谓"天地之中"的成都平原，"天地之中"意即"世界中心"，表征这是一株挺立于大地中心的神树。

因此，我们倾向于认为三星堆神树应是古代传说中扶桑、建木等神树的一种复合型产物，其主要功能之一即为"通天"。神树连接天地、沟通人神，神灵借此降世，巫师借此登天，树间攀缘之龙，或即巫师之驾乘。

三星堆神树是中国宇宙树伟大的实物标本，当可视作上古先民天地不绝、天人感应、人天合一、人神互通之神话意识的形象化写照。三星堆神树反映了古蜀先民对太阳及太阳神的崇拜，它在古蜀人的神话意识中具有通灵、通神、通天的特殊功能，是中国宇宙树最具典型意义和代表性的实物标本。

（4）鱼形玉璋

三星堆一号祭祀坑出土，通长38.2厘米。器身呈鱼形，两面各线刻有一牙璋图案，在射端张开的"鱼嘴"中，镂刻有一只小鸟。鱼鸟合体的主题寓意深刻，可能与古史传说中古蜀王鱼凫有关。该器制作精美，综合运用了镂刻、线刻、管钻、打磨抛光等多种工艺，在选材上，还充分利用玉料的颜色渐变，随形就势以表现鱼的背部与腹部，可谓匠心独具、巧夺天工。

（5）陶三足炊器

高44厘米，口径19.7厘米，盘径38.5厘米，1986年三星堆遗址出土。

三足成鼎立之势，足下可生火加温。袋状足中空，与口部相通，容水量很大，宽大的盘面类似今天四川地区泡菜坛的坛沿，可盛水或置物。其独特的造型及硕大的形体极为罕见，一般认为这是古蜀人蒸煮食物的炊器，有人猜测这是四川火锅的源头，古人在使用三足炊器时也如今天吃火锅一样边煮边吃。

（6）象牙珠

三星堆二号祭祀坑出土，直径0.4~1.2厘米，长1.1~3.1厘米。有长鼓形和算珠形两种，此为长鼓形珠，大小不等，两端小，中间大，中有一穿绳，两面绘黑色双重圆圈纹。象牙是财富的象征，用象牙制作的装饰品应属上层贵族所有。三星堆遗址中的象牙珠出土时，大多盛放在尊、罍等青铜礼器中，应是奉献给神灵的祭品。

（三）重、难点提示

1. 重点

（1）三星堆遗址的历史价值和文化价值；

（2）三星堆博物馆两个展馆代表展品介绍。

2. 难点

（1）三星堆文化与古蜀文明的关系；

（2）"古蜀文明遗址"申报世界遗产的意义。

第四章
外语类景点讲解范围

一、峨眉山景区（Mt. Emei）

（一）景区概述

峨眉山有"震旦第一山"的美誉。4世纪，印度高僧宝掌和尚游历峨眉山后赞誉"高出五岳，秀甲九州，震旦第一山也"。峨眉山景区总面积623平方千米，最高峰万佛顶海拔3099米。目前，景区开发面积约154平方千米。峨眉山更是中国四大佛教名山之一，有寺庙约30座，重要的有八大寺庙，佛事频繁。因峨眉山海拔较高而坡度较大，气候带垂直分布明显。从整体来看，峨眉山海拔1500~2100米区域属暖温带气候，海拔2100~2500米区域属中温带气候，海拔2500米以上区域属亚寒带气候。

峨眉山地势陡峭，风景秀丽，气候多样，植被丰富，共有3000多种植物，其中包括许多世界上稀有的树种，有"秀甲天下"的美誉。

1996年12月6日，峨眉山—乐山大佛作为文化与自然双重遗产被联合国教科文组织列入世界遗产名录。峨眉山和乐山大佛景区同为国家5A级旅游景区。

I. Mt. Emei was named "the top well—known mountain in China". In 4th century, an Indian monk Bao Zhang regarded Mt. Emei as "the most famous mountain of high altitude and impressive beauty". Mt. Emei covers an area of 623 square kilometers, and the peak Wanfo Summit is at elevation of 3099 meters. 154 square kilometers in the Scenic Spot had been exploited. Mt. Emei is one of the four most sacred Buddhist mountains, there are about 30 temples with 8 of them best known as the holy land for Buddhist activities…

针对外籍游客的佛教名山讲解，考生可以引入西方宗教文化元素加以对比，使得外籍游客在游览时更能换位地掌握其文化精髓，例如下面这一段供参考的讲解手法：

II. Mt. Emei is one of the four famous Buddhist Mountains in China. The rest three famous mountains are Mt. Wutai in Shanxi Province, Mt. Putuo in Zhejiang Province, and Mt. Jiuhua in Anhui.

III. Bodhisattvas are also very important and popular in China. They act different roles and duties. Like in Christian world, besides the God and Jesus people also pray to Jesus's disciples like Saint Peter or Saint Paul etc.

Bodhisattvas are the disciples of the Buddha. Samantabhadra is the No.1 disciple of the Buddha, as important as Saint Peter is the No.1 disciple of Jesus in Christian. His main task is to help those devoted people to fulfill their wishes. Mt. Emei is the place of enlightenment of Cultural and Natural by UNESCO.

（二）讲解要点

峨眉山景区共有寺庙约 30 座，其中著名的有报国寺、伏虎寺、华藏寺、万年寺等八大寺庙。

外语类考生现场考试参考讲解选点包括报国寺、伏虎寺、清音阁、一线天、洪椿坪、仙峰寺、洗象池、华藏寺、万年寺、伏虎寺、雷音寺、善觉寺、纯阳殿、神水阁等及与峨眉山景区相关的寺庙、宗教、建筑、民俗、地质、风光、动植物讲解等。

以下为部分选点的参考讲解：

1. 万年寺

万年寺是峨眉山的主要寺庙之一，始建于东晋隆安五年（401 年）。明万历二十八年（1600 年）建无梁砖殿，第二年竣工，改名为圣寿万年寺。其明代砖殿内宋代铸造的普贤骑象铜像为镇寺之宝。这尊铜像通高 7.85 米，重 62 吨。万年寺是全国重点文物保护单位。现有殿宇五重：山门、弥勒殿、砖殿、巍峨宝殿、大雄宝殿。万年寺砖殿同样也是我国古代建筑一大奇观，400 年来经历了 18 次地震，却安然无恙，被誉为我国古建筑史上的奇迹。

Wannian Temple is one of the main temples of Mt. Emei, with its main hall is made of bricks without beam. It was constructed at the beginning of the 17th century and was remained intact till today. Do you know why is this brick hall quite different from other buildings of temple? In fact, it looks different from the traditional Chinese, because it designed by a Buddhist master who got the inspiration from India. It was constructed in accordance with the architectural style of Rena Temple in India. As you see, the brick hall has a round roof and a square base that expresses the ancient belief of Chinese people—the Heaven is round and the Earth is square.

在接待外国游客时，大多数外国游客的关注点应该会在万年寺的建筑风格上，因为这并不是传统的中国建筑手法。本篇导游词有的放矢，加上问答法的运用，能够引发游客的兴趣。在接下来的讲解中，加以更多元化、更为丰富内涵的中西建筑的文化对比，相信会是一篇游客感兴趣的讲解词。

2. 报国寺

报国寺坐落在峨眉山脚，是峨眉山进山的第一座寺庙，现为峨眉山佛教协会所在地，是峨眉山佛教活动的中心。峨眉山的众多寺庙里，报国寺一直被定义为入山的门户，是游峨眉山的起点。报国寺始建于1615年，明末毁于大火，1654年闻达禅师重建，匾额为康熙帝亲书。报国寺中有三件珍宝，一是1415年建造的高2.4米的巨型瓷佛；二是高7米、四周铸刻有4700余尊佛像和华严经全文的14层"华严塔"（现已迁至伏虎寺）；三是高2.3米、重12.5吨的大铜钟。

As the first and the largest temple in Mt. Emei, Baoguo Temple is located at the foot of the mountain. It's the seat of the Buddhist Association and the Buddhist Activity Center. It's also the starting point for sightseeing of Mt. Emei. Baoguo Temple was rebuilt in 1654 and the handwriting of horizontal inscribed board was by Emperor Kangxi. There are three treasures of Baoguo Temple: the giant porcelain Buddha with the height of 2.4 meters; Huayan Tower's 7 meters high with 14 floors on which 4700 figure of Buddha and full text of Huayan scriptures were carved; and the bronze bell's 2.3 meters high and 12.5 tons heavy.

3. 伏虎寺

伏虎寺，位于峨眉山山麓，与报国寺相距不远，始建于晋代，重建于明万历年间（1573~1620年），规模宏大。寺中最引人注目的是华严铜塔。铜塔高7米，塔身上铸有"严华经"经文及佛像4700余尊。华严铜塔兼具我国古代亭台与佛教建筑的特色，在大型金属建筑物中，堪称首屈一指。它是研究我国古代建筑、佛教、雕刻艺术的珍贵实例。

4. 金顶

金顶与峨眉绝顶的万佛顶相邻，海拔3077米，这里高山层云，景色壮丽，游客可在金顶欣赏"峨眉四大绝景"（日出、云海、佛光、金佛），还可远眺数百里外的贡嘎雪峰。

The Golden Summit is 3077 meters in altitude, it was adjacent to the Wanfo Summit. The Golden Summit was surrounded with cloud and magnificent landscapes. The sunrise, the Cloud sea, the Buddha halo and the Golden Buddha are the four wonders with the view of the Gongga Snowy Mountain in the distance.

5. 金顶四面十方普贤金像

金顶四面十方普贤金像是世界上最高的金佛，也是第一个十方普贤的大型艺术造型。金佛采用铜铸镏金工艺，通高48米代表的是阿弥陀佛的48个愿望。总重量达660吨，由台座和十方普贤像组成。"十方"一是意喻普贤的十大行愿，二是象征佛教中的东、南、西、北、东南、西南、东北、西北、上、下十个方位，意喻普贤无边的行愿能圆满十方三世诸佛和芸芸众生。

6. 景区特点

与众多名山相比，峨眉山有四个与众不同的特点：

（1）地质纪年最古老、最集中、最典型，有"地质博物馆"之称；

（2）有"植物王国"之称，植物和药用植物众多；

（3）珍稀动物、国家保护动物数量大，有"动物王国"的美誉；

（4）宗教历史源远流长，宗教文化博大精深，被称为"仙山佛国"。

（三）讲解方法

讲解有很多种方法，例如：系统讲解法、概括讲解法、重点讲解法、专题讲解法、讲解演示法等。这些不同的讲解方法适用于不同的讲解时间、讲解地点、讲解场景，在撰写定点讲解词的时候，采用合适的讲解方法尤其重要。例如：在介绍景区背景的时候适用于概括讲解法介绍景区地理位置、历史年代、景区特色、重大意义等；在景区内按照游线或延展线介绍适用于系统讲解法。然后，对于考生来说，什么是适用于导游讲解现场考试的讲解词？如何在短时间内体现出景区的重点和特色？在这里，重点讲解法和专题讲解法显得更为有效。

1. 从地质角度概括峨眉山

Overall, Mt. Emei has gone through enormous earthly movements over millenniums as it exemplifies the typical geologic sceneries of southwest China.

Where Mt. Emei is today used to be covered by ocean as early as eight hundred million years ago which then transmuted into a low range of mountains followed by a massive infusion of granite magma hence formed the base for the sedimentary layers of rocks.

However, three hundred million years later, ocean flooded southwest and northwest China, and the well-formed layers of rocks slowly fell to Baiyun rocks made of mainly carbonate which led to the emergence of many inferior plants and unicellular animals.

About four hundred million years ago, Mt. Emei made its reemergence, forming an isolated island standing in the ocean. The earth went through tremendous transformation with new species coming up while Mt. Emei had remained secluded and eroded by the ocean until south China suffered an unprecedented flooding, Mt. Emei sunk again and consequently accumulated substance needed to form what we see today's caves and cliffs.

2. 从宗教角度分析峨眉山

There are a lot of sayings why Mt. Emei is the domain of Puxian Bodhisattva.

Some hold that an elder looking for herbal medicine in the mountain witnessed a deer showing up like a lotus, as he chased after the deer up atop it disappeared. He went up and asked an old monk meditated in the thatched cottage there and learnt that the deer was the incarnation of Puxian Bodhisattva. Hence, he devoted his own residence to building a Buddhist temple. Others believe that Mt. Emei had been a sacred spot where many Bodhisattvas made their presence among which Puxian Bodhisattva, along with his disciples spread Buddhism quite often.

While the most popular goes that Mt. Emei has been recognized as the domain of Puxian Bodhisattva since the fourth century AD as the result of the spread of Huayan Sutra which is one of the major classics of Mahayana. Over time, the temples built on Mt. Emei were all featured Puxian Bodhisattva and contributed to the fame as one of the four Buddhist mountains in China.

3. 从动植物角度突出峨眉山

Temples on Mt. Emei have claimed to have monkeys hang around as early as the Ming and Qing dynasty. A great number of wild monkeys living in the area gathered around temples, getting close and playing with people. Monks resided in the temples used to feed the monkeys with food as advocated in Buddhism to do no harm to living beings which also influenced visitors at the temple who enjoy their company a lot.

Over time, it became rather a local custom to respect and love the monkeys yet the situation was changed during the cultural revolution when monks were driven away and monkeys teased and threatened back to mountains. The lost pleasure was not retrieved until 1979 as a result of opening up and the progress made in public awareness of wild conservation.

In addition, vegetation is also a highlight for visitors. Covered with vegetation all year round, Mt. Emei boasts a variety of climates from foot to top, featuring subtropical, temperate, and sub-frigid. Due to the abundant amount of rain fall, Mt. Emei is home to a large variety of plant and tree species including many rare flowers and herbs, making it a perfect habitat for a variety of animal species. Davidia involucrate, well-known for its resemblance to pears, is the most precious plant enjoyed by people and especially indigenous to China only. In spite that it has been proved a plant with a history of over ten million years, genuinely the living fossil of all vegetation yet it was not until 19th century was it found and later nicknamed Chinese Dove Tree along with its varieties by foreign botanists. Every year around April and May is the time of blossom, Chinese Dove Trees would dance in the wind, dangled with big white petals. In addition to its beauty, Chinese Dove Trees are reportedly abundant in oil which is ideal raw material for many industries. Scientists are also delighted to have learnt the tree is as close a variety to the one from which the anti-cancer drugs were extracted and expectantly to find anti-cancer drugs of higher efficiency.

二、三星堆博物馆（Sanxingdui Museum）

（一）景区概况

三星堆博物馆及遗址区地处成都平原腹心地带的广汉，规划面积约 12 平方千米，景区分为三星堆遗址区和三星堆博物馆区，被誉为"世界第九大奇迹"。三星堆的得名源于遗址区内发现的三个人工夯筑的土堆，它与北面犹如一弯新月的月亮湾，隔着古老的马牧河南北相望，"三星伴月"由此得名，并在很早以前就成为当地一处著名的人文景观。清嘉庆《汉州志》对此就有明确记载。

其中，三星堆遗址区的中心区域是一座约 3.6 平方千米的古城，城内不仅分布有东、西、南三面城墙，还包括三星堆祭祀台、祭祀坑、月亮湾城墙等遗迹。

三星堆博物馆区占地约 33 公顷，由综合馆、青铜馆两个藏馆组成。

1988 年 1 月，三星堆博物馆被评定为全国重点文物保护单位。2001 年，三星堆博物馆被评定为我国首批国家 4A 级旅游景区。2010 年 10 月，三星堆博物馆景区被列入国家首批"国家考古遗址公园"名录。

Sanxingdui museum scenic area is located in the centre of Chengdu plain, covering an area of 12 square km. The scenic area is divided into Sanxingdui ruins area and Sanxingdui museum area. Known as "the ninth wonder of the world", Sanxingdui got its name from the three man-made rammed mounds which has been discovered in the Sanxingdui ruins. It faces the inner city wall which was called Moon Bay. So, "three stars with the moon" is thus named and has been a famous local cultural landscape, and there is a clear record in the Annals of Hanzhou in Qing dynasty.

Among them, the central area of Sanxingdui site is an ancient city with an area of about 3.6 square km. The city not only has three walls in the East, West and South, but also includes relics such as Sanxingdui sacrificial site, worship site and the wall of Moon Bay.

The Sanxingdui museum area covers an area of 33 hectares and consists of two collections, namely the comprehensive exhibition hall and the bronze exhibition hall.

In January 1988, Sanxingdui museum was listed as a National Key Cultural Relic Protection Unit. In 2001, Sanxingdui museum was listed as one of the first National AAAA Scenic Spots in China. In October 2010, Sanxingdui museum scenic spot was listed as one of the first batch of National Archaeological Site Parks.

（二）讲解要点

外语类考生现场考试参考讲解选点包括三星堆遗址、三星堆祭祀坑、三星堆博物馆综合馆、三星堆博物馆青铜馆、三星堆博物馆文物等。

以下为部分选点的参考讲解：

1. 三星堆遗址

三星堆遗址位于四川省广汉市南兴镇三星村，面积12平方千米，是迄今为止西南地区发现的规模最大、延续时间最长、出土文物最丰富的古城、古国、古蜀文化遗址。1986年，三星堆遗址两个大型祭祀坑的发现及其出土的数以千计的珍贵文物，将四川历史向前推进了近2000年，作为长江流域文明的主要代表，三星堆文化有力地证明了中华文化起源的多元化，说明长江流域文明也是中华文明起源的重要组成部分。

Sanxingdui ruins is located in Sanxing village, Nanxing town, Guanghan city, Sichuan province. It is covering an area about 12 square km. As an ancient city, ancient state and ancient Shu cultural ruins with the largest, longest lasting and most abundant cultural relics around Sichuan province. In 1986, the discovery of the two large sacrificial pits and its thousands of precious cultural relics had traced Sichuan history forward to nearly 2000 years. As the main representative of the Yangtze river civilization, the Sanxingdui culture forcefully proved that the origin of the diversity of Chinese culture, the Yangtze river civilization had been taken an important role in the origin of Chinese civilization.

以上这一段讲解将三星堆遗址的大致概况做了简明的介绍，并阐述了三星堆遗址及其出土文物的重要历史意义。

2. 三星堆祭祀坑

三星堆遗址内最早出土的文物是一批玉石器，1929年的春天，当地农民燕道成在挖水沟时偶然发现了400多件具有古蜀地方特色的玉石器。而后，经过了几代考古学人近60年的不懈努力，在1986年7月，三星堆遗址两个大型商代祭祀坑的相继发掘，出土金器、玉石器、青铜器、骨器、陶器等珍贵文物达1200件之多，三星堆从此轰动全球、名扬天下。

Yandaocheng, a local farmer, happened to find more than 400 jade stone tools with local characteristics of ancient Shu culture when digging ditches in the spring of 1929. Then, after several generations of archaeologists with nearly 60 years of efforts, the two large sacrificial pits have been excavated in July 1986. At that time, the archaeologists unearthed more than 1200 pieces of ancient Shu cultural relics, such as gold, jade stone, bronze, bone, pottery and other precious ones. Sanxingdui culture since became famous all over the world.

3. 三星堆博物馆综合馆

三星堆博物馆综合馆占地7000余平方米，其基本陈列是以《三星伴月——灿烂的古蜀文明》为主题的展览馆，馆内分布有六个展厅。展厅陈列着金、铜、玉、石、陶、象牙等各类文物，全面展示了古蜀历史以及三星堆古蜀国在各个领域做出的辉煌成就。

其中，古朴简约的陶器展示了古蜀先民的日常生活，形制各异的玉器反映出古蜀先民绝巧的制玉工艺，流光溢彩的金器更是体现了古蜀先民高超的冶炼技术，加之海贝、象牙的出土，这些实物的例证，让我们不得不想象3000年前，这批勤劳的古蜀人不仅形成了独立的古城、古国体系，而且出现了合理的社会分工。由此看来，古代四川并非不晓文字的蛮荒之地，而是一处高度发达的文明源头。

The comprehensive exhibition hall of Sanxingdui museum covers an area of more than 7000 square km. Combined with 6 exhibition halls, the comprehensive exhibition hall displays various cultural relics, including gold, copper, jade, stone, pottery and ivory. It displaying the history of ancient Shu culture and the brilliant achievements made by the ancient Shu state of Sanxingdui in various fields.

Among them, the simple shapes of pottery shows the ancient Shu people's daily life, the various shapes of jade article reflects the ancient Shu ancestors' delicate handicraft, the gleaming gold object embodies the super smelting technology ancient Shu ancestors. Combined with the unearthed seashells, ivory which are the proofs of this kind of brilliant culture 3000 years ago. We have to image the ancient Shu people not only formed the independent system of city and state, but also formed the institutionalized social division of labor. It seems that ancient Sichuan area was not an uncivilized place, but a high developed civilization source.

4. 三星堆博物馆青铜馆

三星堆博物馆青铜馆占地 4000 余平方米, 其基本陈列是以《三星永耀——神秘的青铜王国》为主题的展览馆, 馆内分布有六个展厅。青铜馆则以三星堆青铜器为主题, 系统全面地展示了神秘莫测的青铜雕像群及一系列神秘诡谲的青铜神品重器。

The bronze exhibition hall of Sanxingdui museum covers an area of more than 4000 square km. Combined with 6 exhibition halls, the bronze exhibition hall displays bronzes objects which discovered from the Sanxingdui ruins. It displaying the mysterious bronze sculptures and a series of mysterious and treacherous bronze artifacts in a systematic and comprehensive way.

补充材料：三星堆青铜器以其鲜明的地域特色和强烈的艺术个性最为代表, 堪称举世无双的旷世神品, 尤其是一大批青铜雕像群最富研究价值。这些雕像无疑是一批受人顶礼膜拜的权威及偶像, 象征着天神、地祇、祖先神等, 他们折射出人间社会的群体结构, 代表着国王及巫师一类世俗领袖或精神领袖, 表现出"政教合一"这种政治体制及社会形态。

5. 三星堆博物馆代表文物

三星堆文物是宝贵的人类文化遗产, 在中华文明史上, 三星堆文物无疑是最具历史、文化、科学、艺术价值的文物群体之一, 同时也是最富观赏性的文物群体之一。在三星堆遗址出土的极具古蜀文化特色的文物中, 有高近 2.62 米的青铜大立人, 有宽 1.38 米的青铜面具, 更有高达 3.95 米的青铜神树, 实属独一无二的旷世神品。除此以外, 以金杖为代表的金器, 以边璋为代表的玉石器, 都堪称难得一见的稀世珍品。

所以，考生在三星堆博物馆文物的讲解选择过程中，可根据文物的自身特点进行筛选。

　　以下为三星堆博物馆部分文物的参考讲解：

　　（1）陶三足炊器

　　三足炊器是三星堆遗址出土众多文物中最具代表性的陶器之一，其三足中空，三足与顶部的台面相接，三足装水，台面盛物，既方便又实用。据专家推测，三足炊器极有可能是三星堆古蜀先民生活中常用的蒸煮食物的炊器。如此看来，无论三足炊器的造型和用途与四川当地的火锅都极为相似，更重要的是，古蜀先民考虑周到，利用了三角最具稳定性的理念。难道早在3000多年前，他们已经掌握了数学原理？这倒是也延展了我们的想象空间。

　　Three-legged cooking vessel is one of the most representative pottery among the numerous cultural relics unearthed in Sanxingdui ruins. Its three-legged hollow, three-legged and the top of the plate are connected, the three-legged for water, the plate container, both convenient and practical. According to the experts conception, it is likely that it was the cooking utensil commonly used in the daily life of the ancient Shu people in Sanxingdui. So, no matter the shape and use of three-legged cookware and Sichuan hot pot are very similar. More importantly, the ancient Shu ancestors thoughtfully used the most stable concept of triangle, as early as 3000 years ago, they have mastered the mathematical principle? Whatever, we can imagine it.

　　补充资料：至今为止，我们在三星堆遗址出土文物中未见系统的文字体系，目前仅发现刻画在陶器上的符号7个，我们称其为"巴蜀图语"，由此可见，三星堆文化中还有很多考古谜团有待考证。就这些符号而言，考古学者认为早期的标记、图文、符号的作用，就是作为方便古蜀人记事的手段，也可以将其看作早期文字的雏形。

　　（2）玉璋

　　三星堆遗址出土的玉石器大多作为祭祀礼器，其中，玉璋的出土数量颇丰。据《周礼》记载："以玉作六器，以礼天地四方，以赤璋礼南方……"加之三星堆玉璋的造型和中原地区出土玉璋形制相似，可见三星堆玉璋的用途也是用于祭祀活动中，专属祭祀南方的礼器。

Most of the jade stone tools unearthed at Sanxingdui ruins are sacrificial vessels, among which the number of jade Zhang unearthed is quite large. According to the Rites of Zhou Dynasty record: to make six articles of jade for ceremony of heaven, earth and four directions, the jade Zhang for worshiping the South…

In addition, the shape of jade Zhang in Sanxingdui ruins is similar to that unearthed from the Central Plain, so it can be seen that the use of jade Zhang in Sanxingdui ruins was also a sacrificial vessel used in sacrificial activities in the South.

（3）金杖

金杖，出自一号祭祀坑，全长 1.42 米，直径 2.3 厘米。采用的是金皮包卷在木头上，出土时，金皮内还有碳化的木渣，金皮重约 500 克，这是目前在我国夏、商、周三代考古中发现形体最大、含金量最高的一件金器。学术界认为金杖代表着神权和王权，是蜀王手中至高无上权力的象征。

Gold stick was discovered from no. 1 sacrificial pit, it is 1.42 meters long and 2.3 cm in diameter. When unearthed, The gold foil was wrapping around a wood stick, and there are carbonized wood residues inside. The gold foil weighs about 500g, which is the largest and highest gold content found in China's three generations of archaeology in Xia, Shang and Zhou dynasties. Academics believe that the golden stick represents theocracy and Royal power, and is the symbol of supreme power in the hands of King Shu.

补充资料：中国早期的金器较多地出现于商代，北方金器大多为装饰品，数量与种类不多，形体较小。南方金器则以三星堆为代表，其制金工艺在中国同期文明中最为杰出。三星堆金器体现出捶拓、模压、粘贴、雕刻、镂空等技术为主的工艺特点，这些金器出自一号、二号祭祀坑。三星堆的金器大多属金银二元合金，但金的成分已经很重，一般达到 85% 左右，这在科技极不发达的 3000 多年前是很难想象的。

（4）青铜大立人

三星堆青铜大立人像出自二号祭祀坑，分人像和底座两部分，通高近 2.62 米，其中底座高 0.9 米，人像高 1.72 米。座基呈梯形，可能是埋在地面下的；他头上戴着高冠，身着长袍，显得气度非凡。最奇怪的是人像的手势，究竟是特定的手势？还是拿着什么东西？目前有着不同的猜测，但由于相关资料甚少，还很难确定。从所处的位置及相关资料，学者估计青铜大立人像应当是一个集神权、王权为一身，最具权威的领袖人物，也就是"群巫之长"。

Sanxingdui bronze standing figure had been excavated from No.2 sacrificial pit, it has been divided into two parts: the figure and the base. The whole figure is 2.62 meters high, of which the base is 0.9 meters high and the figure is 1.72 meters tall. The base is trapezoidal and may be buried under the ground. He looked distinguished in his delicate crown and robe. The strangest of all is his hand gesture, or holding something? At present, there are different speculations, but due to the lack of relevant information, it is difficult to determine. From the location and related materials, scholars estimated that the bronze statue should be the most authoritative leader who was a combination of theocracy and kingship, that is "the head of the wizard group".

6. 其他补充资料

三星堆文化是考生认识古蜀文化、古城、古国的窗口和快捷键。它以博物馆和三星堆遗址保护展示区为链接，通过各种体验途径，让游客从地下到地上，从古代到现代，从政权到神权，从征伐到祭祀，从生产到工艺，从筑城到居住，完成一次数千年的阅读，为旅游者认识蜀文化，读懂古蜀的来龙去脉提供了最大的便捷。

三星堆文化在具有鲜明的地域特色的同时，也蕴含了中原夏商文化，长江下游良渚文化，古西亚、古埃及文明等多种文化因素，表现出强烈的包容性，包容的文化个性赋予三星堆与世界文明的联系，展现了中华文明有容乃大的文化内涵。

从文化理解和现场考试备考的角度出发，我们先以三星堆博物馆为窗口，通过博物馆内各种展陈的讲解来初步解析"三星堆"这一厚重主题。

三、九寨沟景区（Jiuzhai Valley scenic spot）

（一）景区概况

九寨沟景区位于四川省阿坝藏族羌族自治州九寨沟县境内。古称羊峒，又名翠海，因为沟内分布着九个古老的藏族村寨从而得名九寨沟。九寨沟景区的核心保护区面积为 497.8 平方千米，其中旅游开发区面积约 140 平方千米，目前景区由树正沟、日则沟和则查洼沟构成"Y"形分布的三条主沟，总长度达 60 余千米，最高景点长海，海拔 3101 米。九寨沟景区景致宜人，以翠海、叠瀑、彩林、雪峰、藏情、蓝冰"六绝"在不同的时间、季节和机缘下显现出的自然美，被誉为"童话世界""世界水景之王"。

1982 年，九寨沟被评定为全国第一批重点风景名胜区。1984 年 1 月，九寨沟景区正式对外开放。2007 年 5 月 20 日，九寨沟景区被列入首批国家 5A 级旅游景区。此外，九寨沟景区还享有世界自然遗产、联合国人与生物圈保护区、国家地质公园等名片。

Jiuzhai Valley scenic spot is located in Jiuzhaigou county, Aba Tibetan and Qiang autonomous prefecture, Sichuan province. Jiuzhai Valley scenic spot was named Yangdong and known as Cuihai in ancient time, we named it Jiuzhaigou because there are nine ancient Tibetan villages in the valley. The core protection area of Jiuzhai Valley scenic spot covers an area of 497.8 square km, among which the tourism development zone covers an area of 140 square kilometers. At present, the scenic spot consists of three y-shaped valleys including Shu Zheng Village, Ri Ze Village and Ze Cha Wa Village valleys with a total length of more than 60 kilometers. The highest scenic spot is Changhai lake, with an altitude of 3101 meters. Jiuzhai Valley scenic spot has a pleasant scenery, and is known as the "fairy tale world" and the "king of waterscape in the world" for its natural beauty in different times and seasons, such as emerald sea, fold waterfall, colorful forest, snowy mountain, Tibetan custom and blue ice.

In 1982, Jiuzhai Valley scenic spot was evaluated as one of the first batch of Key Scenic Spots in China. In January 1984, Jiuzhai Valley scenic spot was officially opened to the public. On May 20, 2007, Jiuzhai Valley scenic spot was rated as one of the first AAAAA scenic spots in China. In addition, Jiuzhai Valley scenic spot also enjoys world natural heritage, United Nations and Biosphere Reserves, National Geopark and others.

（二）讲解要点

水是九寨沟的灵魂，沟内 108 个高山湖泊以娟秀、灵动闻名遐迩，景区内分布的瀑布却彰显出酣畅、彪悍的特点，二者相互呼应，动静相宜，在春、夏、秋、冬四季变换中呈现出顺应自然的美态，因而素有"黄山归来不看山，九寨归来不看水"的美誉，外语类考生现场考试参考讲解选点包括诺日朗瀑布、五花海、五彩池、树正群海等。

以下为部分选点的参考示范讲解：

1. 诺日朗瀑布

诺日朗瀑布海拔 2365 米，瀑宽 270 米，高 24.5 米，是中国最宽的瀑布，中国大型钙华瀑布之一，被评选为中国最美的六大瀑布之一。诺日朗在藏语中是伟岸高大的意思，诺日朗瀑布就像是一名彪悍的男子，滔滔水流自诺日朗群海而来，经瀑布的顶部流下，如银帘飞泻，声震山谷。南端水势浩大，寒气逼人，腾起蒙蒙水雾，尤其是在晨光的照耀下，常可见到一道道彩虹横挂山谷，使得这一片飞瀑更加丰姿迷人。

Nuo Ri Lang waterfall is located in Jiuzhai Valley scenic spot, Sichuan province, China. It is 2365 meters above sea level, 270 meters wide and 24.5 meters high. It is the widest waterfall and one of the largest calcified waterfalls in China. The Chinese character Nuo Ri Lang is with the meaning of the sturdiness in Tibetan language, it looks like a strong man. Gushing water is from the Nuo Ri Lang group of lake then it's pulling down by the top of the waterfall, it seems like a silver curtain which is shocking valley over and over. The southern part of the falls is vast, cold, and misty, especially in the morning light, the landscape of rainbow and valleys will be more spectacular.

考生在英语讲解过程中，可尝试将诺日朗瀑布与其他瀑布作横向对比，尤其是与世界知名瀑布对比，例如位于加拿大与美国交界处的尼亚加拉瀑布，位于非洲赞比西河中游的维多利亚瀑布，以及位于阿根廷和巴西边界上的伊瓜苏瀑布等，结合各大瀑布的自身特点，使用讲解方法中的类比法，烘托诺日朗瀑布的个性与特色，引导外国游客从不同的角度欣赏风格迥异的景观特色。

2. 五花海

五花海位于九寨沟景区中心，水深约 5 米，面积达 9 万平方米，海拔 2472 米，有"九寨沟一绝"和"九寨精华"的美誉。在五花海海底的艳丽藻类和钙华沉积的相互作用下，使得在同一湖面却形成了红、黄、蓝、绿等色泽。这些鲜明跳跃的色块，就像是各色宝石镶嵌而成的佩饰，显得雍容华贵。尤其是在金秋时节，五花海在四周彩林的倒影映衬下，更显得层次分明、五彩斑斓，从而形成一个异彩纷呈的彩色童话世界。

Located in the center of Jiuzhai Valley scenic spot, Wuhua lake is 5 meters deep, it covers an area of 90,000 square meters with 2,472 meters above sea level. Under the interaction of gorgeous algae and calcareous deposits in the bottom of the Wuhua lake, the red, yellow, blue and green colors are formed in the same lake. These bright bouncing color piece, be like the adornment that all kinds gem insets and becomes, appear elegant and regal. Especially in the autumn season, the sea of five flowers in the surrounding forest reflection set off, but also appears structured, colorful, thus forming a colorful fairy tale world colorful.

补充资料：五花海一带的地质是海底深处拱出的岩层，含钙量高，实际就是岩溶地貌。这地貌在亿万年的时间中，被冰川剥蚀了它脆弱的外层覆盖物，然后躲在深闺娇生惯养了千万年，这才形成今天这副飘飘欲仙的女儿态。她的骨骼就是那些钙华堤埂，肌肤就是眼前这款款流水。这片水素有"九寨精华"之称，是九寨沟各个景点中最受人关注和喜爱的，也是上镜率最高的。

2017 年"8·8"九寨沟 7.0 级地震中，五花海受损比较严重，加之因为山体的泥土进入五花海，海子里的水变得浑浊。但现在再走进五花海，又能看见往日的景象。不仅海子呈现出不同颜色，山和树倒映在海子中，色彩层次分明。而与刚才讲到的诺日朗瀑布不同，五花海的修复更多是靠大自然的力量。因为水有自我净化能力，不需要人工去修复。不仅仅是五花海，通过尊重自然、顺应自然的人工补妆，震后的诺日朗瀑布、镜海、珍珠滩等景点都如往日一般美丽。

3. 盆景滩

盆景滩又称"盆景海"，藏语称"甲珠措"，是进入九寨沟的第一个滩流景观。盆景滩属于钙华流型态，钙华是由流水中一种松散多孔的碳酸盐长年沉积形成的自然景观。可以说钙华是九寨沟自然景观的重要基础。

九寨沟水中的树为何可以摆出千变万化的造型呢？这主要是由于九寨沟的水属于低钠高钙的矿泉水，这些树木的根部被钙华沉积物所覆盖，变成了今天盆景滩上千奇百怪的盆景。

难怪大作家魏巍 20 世纪 80 年代来九寨沟时，就对九寨沟的自然之美做出了最完美的概括，他告诉世人九寨之美为：自然的美，美的自然；人间天上，天上人间。

Bonsai beach, also known as "bonsai lake" or "Jia Zhu Cuo" in Tibetan, is the first beach which is flowing into Jiuzhai Valley scenic spot. Bonsai beach was classified as calcification flow pattern, and calcification is a kind of natural landscape formed by the long-term deposition of a loose porous carbonate in flowing water. It is said that calcification is an important basis for the natural landscape of Jiuzhai Valley scenic spot.

Why can the trees in Jiuzhaigou valley pose various shapes? This is mainly due to the Jiuzhaigou water belongs to low sodium and high calcium mineral water, it has become all kinds of strange bonsai beach.

No wander the great writer Weiwei came to Jiuzhaigou in the 1980s, he made the most perfect summary of the natural beauty of it: Heaven on earth.

4. 补充资料

（1）九寨沟的地质特征

九寨沟流域出露的地层除少量薄层砂岩、板岩、页岩和含煤地层外，绝大部分为一套古生界泥盆系至中生界三叠系的海相碳酸地层。

在地质构造上，九寨沟流域位于四川盆地西部边缘山地向青藏高原过渡地带，处于青藏板块与扬子板块俯冲带的边缘，其构造部位是北沿昆仑—秦岭纬向构造带，在 32~34N 蜿蜒西去，受青藏板块的影响而发生北移，九寨沟流域正处于该北移位置，其西南为康藏歹字形构造体系，一直向东为华夏和新华夏构造体系组成的龙门山褶皱带。

九寨沟地区的地质构造大体上可划分出三个构造单元，即南北向构造、东西向构造和白马弧形构造。九寨沟流域的地质构造主要受白马弧形构造控制，对九寨沟的地貌发育、地质成景作用影响较大。白马弧形构造展布于岷江断裂以东、大雪山断裂以北，其褶皱构造发育较好，断裂构造发育相对较差，轴线总体走向北西，在北西端被岷江断裂断失和拖曳；东南端消失于东西褶皱构造带内。组成该构造体系的主要为古生界中泥盆系至三叠系的可溶性碳酸盐岩地层。

九寨沟地区大范围的新构造运动的特点是西部强的整体抬升，东部沿早期南北向和北东与北西向断裂产生断块的差异运动，并伴随着地震活动。地震活动及其所形成的大规模崩塌，对九寨沟湖泊瀑布风景的形成起了重要的作用。

（2）九寨沟景区的地貌类型

九寨沟流域的地貌主要有以下几种类型：

①岭脊地区海拔在4000米以上的现代季节性冰雪作用及寒冻风化地貌；

②海拔3800米的森林线以上高山灌丛草甸带的冰缘地貌；

③海拔2900米以上的第四纪古冰川作用的残留地貌；

④坡地灾害地貌；

⑤河谷地貌；

⑥喀斯特干谷地貌；

⑦喀斯特钙华堆积地貌等。

四、都江堰景区（Dujiangyan Irrigation System）

（一）景区概况

都江堰风景区位于四川省都江堰市城西，地处成都平原西部的岷江上。都江堰水利工程始建于公元前256年，由鱼嘴、飞沙堰、宝瓶口三大工程组成，是全世界至今为止，年代最久、唯一留存、以无坝引水为特征的宏大水利工程。近2300年来，它一直发挥着防洪灌溉作用，使成都平原成为水旱从人、沃野千里的天府之国。至今灌区已覆盖成都、德阳、绵阳等7个市38个县，面积近1100万亩，是中华民族文明史上，与长城比肩而立的伟大工程。都江堰不仅是举世闻名的中国古代水利工程，也是著名的风景名胜区。都江堰风景区是世界文化遗产、国家5A级旅游景区、国家级风景名胜区。

I. The Dujiangyan Irrigation System was built in 256BC, it is located in the western Dujiangyan city of Sichuan Province in the Western Chengdu Plain. It is an ancient wonderful damless irrigation system with the longest history, and the only one which is still in operation today. The Dujiangyan Irrigation System is consist of the Fish Mouth Functions, the Flying Sand Fence and the Bottle-Neck Channel as the three main projects. The Dujiangyan Irrigation System is so important to Chengdu Plain that more than 30 cities and towns are still irrigated by. It made Chengdu Plain the "Land of Abundance" for 2300 years. That is absolutely an engineering marvel as famous as the Great Wall in China. Nowadays, the Dujiangyan Irrigation System is so well-known that it becomes a World Cultural Heritage, the National AAAAA Class Tourist Attraction, and the National Scenic Area.

以上内容较为平铺直叙的概况描述，在针对外国游客的讲解时，大可引用世界著名水利工程作为横向对比介绍，例如：古巴比伦王国修建于幼发拉底河上的纳尔—汉谟拉比渠，古代也门于公元前 7 世纪修建的马里卜水坝，尼罗河流域的一系列古代水利工程等，给游客以空间概念上的印象冲击，同时，用以佐证都江堰水利工程历时千年，至今仍发挥重要作用的独特之处。

II. Dujiangyan Irrigation System is the earliest man-made project in history of China. It's the pride of our Chinese ancestors. It's a unique and smart design, stable and long-lasting construction, natural and scientific conception. Up till today, Dujiangyan Irrigation System is the great treasure for human being.

The old Ancient Babylon Empire used to be one of the Four Civilization in world. The empire built a famous Nari-Hammurabi Channel. But it's a great pity this channel was scrapped just after 300 years. The same situation happened to the water supply channel of old Empire Rome. They all costed a great amount of money, but not last long.

Dujiangyan Irrigation System was built in 256 BC by Li Bin and his son. This project was not only one of the oldest irrigation system in the world, but also the only one which is still being used, still helpful and functioning to local people nowadays. During the past 2250 years, this irrigation system had always been working.

（二）讲解要点

都江堰景区以都江堰三大枢纽工程为核心，针对外国游客的讲解，考生大多会选择三大枢纽工程作为定点讲解，但注意讲解时一定阐述清楚各工程的实际用途和布局的巧妙之处。

外语类考生现场考试参考讲解选点包括鱼嘴、飞沙堰、宝瓶口、离堆公园、二王庙、安澜索桥等及与都江堰景区相关的寺观、宗教、建筑、水文、地质、风光、工程类讲解。

以下为部分选点的参考讲解：

1. 鱼嘴

鱼嘴分水堤将岷江水流分为了内江水和外江水。约2300年前，秦蜀郡太守李冰为整治水患，带领百姓修建了一条人造水堤。整条水堤顺应自然，形似鱼身，尤其是水堤的端部酷似鱼嘴，由此得名为"鱼嘴"。枯水期，自动将岷江60%的水引入内江，40%的水排入外江；洪水时，又自动将60%的水排入外江，40%的水引入内江。

The Fish mouth's function is to divide the flow of water into an inner river and an outer river. Li Bing, the local governor of the Shu State about 2300 years ago, found the old river canal was too narrow to hold much water which was overflowing the banks and caused disastrous flood. Based on natural geographic conditions, Li Bing had organized the local people to build a fish-shaped man-made dam. The front dam has a circular cone shaped like a fish mouth. It is the dam that channels water into an outer canal and an inner canal. The outer water canal functions as the main stream and holds sixty percent of water in the river. The extra water goes through the inner canal for irrigation in Chengdu Plain.

2. 飞沙堰

飞沙堰为确保成都平原不受水灾起到了至关重要的作用。当内江的水量超过宝瓶口流量上限时，多余的水便从飞沙堰自行溢出；如遇特大洪水，它还会自行溃堤，让大量江水回归岷江正流。另一作用是"飞沙"，岷江从万山丛中急驰而来，挟着大量泥沙，石块，如果让它们顺内江而下，就会淤塞宝瓶口和灌区。飞沙堰真是善解人意、排人所难，将上游带来的泥沙和卵石，甚至重达千斤的巨石，从这里抛入外江（主要是巧妙地利用离心力作

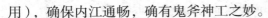

用），确保内江通畅，确有鬼斧神工之妙。

The Flying Sand Fence takes an important role in protecting Chengdu Plain from flood. It joins the inner and outer canals. The fence functions to control the flow of water and discharge the excess into the inner canal from the main stream. The fence doesn't work much during the dry season, but when floods occur, the river rushes forward along the outer canal. As it approaches the fence, the river begins to turn round fast and soon many whirlpools are formed. The volatile whirlpools sweep away sand and throw them into the outer canal. For many years huge bamboo baskets were used as the fence. They were filled with stones and pebbles. However, at present, reinforced concrete weir has replaced the ancient fence.

3. 宝瓶口

宝瓶口作为内江引水咽喉，形如瓶颈，故称"宝瓶口"。宝瓶将玉垒山一分为二，并将分出的内江水直接注入成都平原用以灌溉。在洪水期则迫使内江不致大量涌入狭窄的宝瓶口，只好随着漩流回壅，从飞沙堰排向外江，起节制闸的作用，确保成都平原安全。这三项工程，结构严谨，布局完善，相互依存，互相制约，形成有机整体，发挥"引水以灌田，分洪以减灾"的效果。内江水流通过宝瓶口后，再经大干渠分成千万条灌溉渠道，组成一个纵横交错的扇形灌溉网，使川西平原千里沃野，农产丰饶，成为"天府之国"。

The Bottle-Neck Channel which is a trunk canal was cut through the mountain into two parts which link up the inner canal for irrigation. The small part is later called Li Dui, which means an isolated hill from the mountain. The Chengdu Plain looks like a large bottle and the trunk canal between the mountain and the hill takes a shape of the bottleneck. The trunk canal technically has two functions: Firstly, it leads the water to irrigate the farming land in western Sichuan area; Secondly, the trunk canal works together with the Flying Sand Weir to keep the flow below a certain point in the inner canal during flood season. Actually, for over two thousand years, the Fish Mouth Water-Dividing Dam, the Flying Sand Fence, and the Bottle-Neck Channel automatically work perfectly to control floods and sweep away sand

and stones so that the local people benefit a lot from this outstanding project.

4. 二王庙

二王庙初建于南北朝，是纪念中国都江堰的开凿者、秦蜀郡太守李冰及儿子李二郎的祀庙，位于都江堰岷江东岸的玉垒山麓，现存的建筑是清代重建的。庙内石壁上嵌有李冰以及后人关于治水的格言：深淘滩，低作堰。庙内有李冰和二郎的塑像。园中植满各种名贵花木，古木参天，林荫蔽日，是典型的游览观光胜地。

5. 安澜索桥

安澜索桥坐落在景区西北的岷江干流上。清代何先德夫妇初建桥时，以木板为桥面，两旁设置有扶栏，可以使两岸的行人安渡狂澜，所有名为安澜桥。安澜桥原长 320 米，现长 280 米，以木排为板，石墩为柱，承托桥身。1964 年岷江洪水暴发，全桥被毁，重建时，改木桥桩为钢筋混凝土桥桩。安澜索桥是世界索桥建筑的典范，是古代四川西部与阿坝高原之间的商业要道，是藏、汉、羌族人民的联系纽带。索桥已被列为全国重点文物保护单位。

从这一部分可以看出中、英文导游讲解的差异。很多考生习惯于将中文讲解词直译为英文，这样反而大大增加了考生在翻译过程中的难度。直译中文讲解词，不仅使得译文生硬不堪，而且极不适应外国游客的思维方式。所以，在撰写英文讲解词的时候，考生要换位思考，怎样用最简单的语言表述历史、文化、建筑、文物、景点……

6. 背景资料

（1）世界古代著名水利工程分布

古巴比伦王国修建于幼发拉底河上的纳尔—汉谟拉比渠；

The ancient Babylonian kingdom was built on the Nari-Hammurabi Channel of the Euphrates.

古代也门公元前 7 世纪修建的马里卜水坝；

Built in the 7th Century BC in ancient Yemen Marib dam.

尼罗河流域的一系列古代水利工程，如公元前 2650 年建的"异教徒坝"；

A series of ancient water projects in the Nile basin, such as the pagan dam built in the 2650 BC.

公元前 3 世纪建设的马拉（Mala）水库；

The Mara reservoir, built in the 3rd Century BC.

公元前 920~ 前 350 年，苏丹的大蓄水池；

From 920 BC to 350 years, Sultan's large pool.

罗马帝国时期建设的一系列城市供水系统以及引水渠道；

A series of urban water supply system and water diversion channel in Rome Empire.

793 年开挖，沟通莱茵河和多瑙河，称为"查理曼大壕沟"或者"卡罗莱纳大水沟"的运河。

"Charlemagne ditch" or "Carolina big ditch" canal excavated in 793 which connected the Rhine and the Danube.

考生在撰写英文讲解词时，建议尝试用中西方文化的对比作为讲解词打造的重要元素。其一，中国文化博大精深，源远流长，历史更替错综复杂，西方游客难以第一时间掌握中国历史文化中的历史人物、历史故事、朝代等相关信息。所以，适当、适时地对比西方文化能更直观地使受众游客获取准确信息；其二，运用中西方文化对比能够有效地激发西方游客的游兴，从而产生沟通和交流上的共鸣。

但是，如何把握好语言技巧和讲解尺度，在客观地谈论中西文化所长的同时，将中国文化的特色和精髓更有力地传播，这需要对双方文化特色的深入反思和内涵分析。

When we talk about the ancient human's wisdom on construction, we never forget about the pyramid in ancient Egypt, the ancient Rome Pantheon in western countries. the Great Wall, and the Terra-Cotta Warriors in ancient China. Yes, people talk about them all day long. But today, I want to show you the other outstanding one in Sichuan Province, that is the Dujiangyan Irrigation System which made Chengdu Plain as "the land of abundance".

In fact, there are plentiful ancient irrigation systems around the world, some of them had been destroyed, some of them had been buried by yellow sand during the relentless years. But, since the Dujiangyan Irrigation system was built before 256

BC, it still works until now. Why? Let's pay attention to this project without dam.

Actually, Dujiangyan Irrigation system is a remarkable ancient project which had been built to resist the Flood. The point is it was built without any artificial dam to fight against the heavy flood but as the Water potential project eventually! Don't you think this is the point which is showing the service attitude of ancient Chinese. According to Taoism which is the native religion in China, the most common graphic representation of Taoist theology is the circular Yin and Yang figure. It represents the balance of opposites in the universe. When they are equally presents, all is calm. When one is outweighed by the others, there is confusion and disarray. The Yin and Yang are a model that the faithful follow, an aid that allows each person to contemplate the state of his or her lives.

Taoism asks that each person focuses on the world around his or her in order to understand the inner harmonies of the universe. It is a kind of religious system heavily focused on meditation and contemplation. The Tao surrounds everyone and one must learn to find enlightenment.

（2）为什么要修建都江堰水利工程

都江堰的修建是为了巩固秦国的成都粮仓。秦国征服蜀国后，发现成都平原适合发展农业，于是兴修水利，派李冰父子修成了都江堰。都江堰的建成，既使秦国在蜀地有了一个稳定的粮仓，不但提升了国力，也使成都平原基本远离了水旱灾害，成为天府之国。

The construction of Dujiangyan is to consolidate the Chengdu granary. After the Qin conquest of Sichuan, the Chengdu plain was found to be suitable for the development on agriculture. So, in order to the construction of water conservancy, Li Bing and his son were arranged to be in charge of building the Dujiangyan Irrigation System. Finally, the Dujiangyan Irrigation System not only has made Sichuan Province a granary which was enhancing national strength of Qin, but also has made Chengdu Plain as the "Land of abundance" away from the floods.

（3）为什么都江堰水利工程修在秦国时期

商鞅变法促进了秦国经济的发展；秦国重视水利建设，积累了各种先进的技术；秦统一天下的事业需要充足的粮食作后勤保障。

修建都江堰水利工程后，对秦发展的影响有：使成都平原和关中地区成为著名粮仓，大大提高了秦的经济实力，为秦一统天下奠定了重要的物质基础。

Shang Yang's political reform promoted the development of Qin state economy, and Qin state attached importance to water conservancy construction.

Qin State was located in the west, the territory is rich in water resources.

In order to unify the whole country, Qin needs adequate food for logistical support.

After the construction of water conservancy projects, the impact on the development of the Qin State: It made the Chengdu plain and Guanzhong area became famous granary; It greatly enhance the economic strength of Qin State; It has laid an important material foundation for the unification of the Qin Dynasty.

7. 讲解与思考

从某种程度上说，都江堰讲解词应在注重其功能性的基础上实施内涵提升，为什么世界上大量古代水利工程或被废弃或被掩埋于黄沙？而都江堰水利工程却依然发挥着重要作用？这些是值得考生去思考的问题，同时，也是外国游客所希望获知的信息。

①掌握都江堰水利工程的三大枢纽工程的功能原理和作用，获取更多的信息资料用以丰富讲解内容。

②都江堰水利工程的修建回避了建堤坝、堵塞等传统手法，为什么？

③接待外国游客，更需注重讲解的技巧，平铺直叙的陈述式讲解已不能让游客得到听觉和求知上的满足。如何使文化、背景各异的外国游客产生游兴？如何让一座无声的水利工程说话？

五、成都大熊猫繁育研究基地（Chengdu Research Base of Giant Panda Breeding）

（一）景区概述

成都大熊猫繁育研究基地位于成都市北郊，现占地约106公顷。距成都市中心仅10余千米，是目前距离特大型中心城市最近的大熊猫移地保护中心，拥有最大的人工圈养熊猫种群。

同时，这里更是一个集科学研究、保护教育和教育旅游为一体的非营利性事业单位，常年居住着 80 余只大熊猫以及小熊猫、红腹锦鸡、孔雀、黑天鹅等珍稀动物。大熊猫基地是以造园手法模拟野外生态环境，绿化覆盖率达96%，营建了适宜大熊猫及多种珍稀野生动物生息繁衍的生态环境，联合国环境规划署于 1995 年授予"全球 500 佳"的殊荣，近年更荣获了环保领域最高奖——中华绿色科技金奖。

Covering an area of 105 hectares, Chengdu Research Base of Giant Panda Breeding is located on the northern suburb of Chengdu. It is the largest protection center of giant pandas, and also the nearest one to metropolis with the distance just about 10 kilometers away from the downtown. Above all, it's the largest captive-breeding panda population.

Meanwhile, Panda base is a non-profit institution on scientific research, conservation education and education tourism. There are about 80 pandas and some other rare creatures like red pandas, golden pheasants, peacocks, black swans inside the park. It was modified the natural environment by ensuring 96% green rate, thus, it enjoys the honor of "Global 500"from the UN environmental program in 1995. and was granted China Green Science and Technology Award.

With nearly 30 years' hard work, the population of panda base has increased to 152 till 2016. The base owns the largest gene bank in the world. After the comparison, we set up clear family relations for captive pandas. Our base consistently conducts 2 major measures to diversify genetic choices for captive pandas effectively. First, we communicate and cooperate with other zoos and protection centers consistently by exchanging panda genes or individuals. Second, we stand on the frontline of saving sick wild pandas. However, the ultimate goal of captive-breeding is that we can reintroduce them back into their natural habitats, so that the isolated wild population can be enriched and reunited.

（二）讲解要点

成都大熊猫繁育研究基地目前已建成：省部共建国家重点实验室、博士后科研工作站、大熊猫别墅区、大熊猫医院、大熊猫检疫馆、大熊猫厨房、大熊猫博物馆、大熊猫科技探秘馆、大熊猫功勋馆、天鹅湖等，形成竹木苍翠，鸟语花香，集自然山野风光和优美人工景观为一体，适宜大熊猫及多种珍稀野生动物生息繁衍的生态环境。

外语类考生现场考试参考讲解选点包括大熊猫月亮产房、小熊猫产房、幼年大熊猫别墅、大熊猫医院、大熊猫检疫馆、大熊猫厨房、大熊猫博物馆、大熊猫科技探秘馆、大熊猫功勋馆、天鹅湖等及与成都大熊猫繁育研究基地相关的饲养学、繁殖生物学、兽医学、保护遗传学、胚胎工程学、营养学、生殖内分泌学、生态学类讲解。

以下为部分选点的参考讲解：

1. 大熊猫月亮产房

大熊猫月亮产房位于成都大熊猫繁育研究基地新园区内的月亮产房，建筑功能和太阳产房相同，都是为大熊猫提供恋爱、婚配以及育幼的场所。这里主要由六个区域组成，面积达 3600 平方米，是目前世界上最大的熊猫产房，是繁殖、哺育熊猫宝宝，创造生命奇迹的摇篮。整个月亮产房的建筑外观很特别，既不是现代建筑风格，也不是川西民居的建筑风格，其实，四川作为大熊猫的故乡，它们在这片土地上生活最集中的地方大多在藏羌等少数民族聚居区。因此，这里引入了很多具有藏羌特色的元素。您能看到我们面前带有碉楼、吊桥、白石以及漫山遍野的野花等景观，其实都是为了模拟大熊猫栖息地环境而精心打造的。

Moonlight Nursery House is located in the area of panda base, it has the same function with Sunshine Nursery House. These two nursery houses provide the places for panda mating and baby-rearing. Moonlight Nursery House, the cradle of baby pandas, has 6 districts with an area of 3600 square kilometers, which is the biggest nursery house for giant pandas in the world. The outlook of this building looks very special, which is not a modern style, nor Southwestern regional style. The reason for the character is that here is the hometown of giant pandas. Sichuan Province has gathered different minorities, especially the Tibetan and the Qiang ethnic groups. Various element of these minorities, like these watchtowers, swinging bridges, white stones and colorful flowers as you see. All of the decorations ate used to modify the natural habitat of giant pandas.

2. 小熊猫产房

小熊猫是我国二级保护动物，它们不仅生活在中国，缅甸、老挝、尼泊尔、越南等国也有小熊猫的分布，总数量约 1 万只。生性活泼的小熊猫喜欢上树偷食鸟蛋，采食花朵、野果等。它们有一身棕红色的皮毛，尾部有 9 道金色的环圈，它们擅长爬树，可双脚站立，蓬松的尾巴便于保持身体平衡。大熊猫和小熊猫有着神奇的相似之处，它们都是从食肉动物演化为以竹子为主食的杂食动物，吃竹手法也颇为相似，依靠手掌抓握竹子进食。不过，大熊猫可食用竹叶、竹竿、竹笋，而小熊猫却只选食竹叶。

Red Pandas Nursery Facility is an open area. If you are lucky enough, you can have a close contact with red pandas. Red pandas are enlisted as class 2 protected animals in China. The whole population is estimated at 10 thousand. They are not only distributed in China, but also found in Nepal, Myanmar, Laos, Vietnam and some other countries.

Besides the main food bamboo, the naughty red pandas also like to prey some insects, eat flowers or steal bird eggs. With the reddish-brown fur and 9 golden rings in the shaggy tail. They are excellent tree climbers, and cab stand on their feet. The shaggy tail can work as a balance. Both of them have been evolved from Carnivores to be specialized omnivores mainly feed on bamboo. Both of them have developed a pseudo thumb, which can make them be able to hold bamboo in hand. The difference is that giant pandas can consume bamboo leaves, shoots and stems, while the red ones eat only the leaves.

3. 幼年大熊猫别墅

大熊猫幼年时生性顽皮，喜欢爬树。在成都大熊猫繁育研究基地，幼年大熊猫离开妈妈以后，便可以与其他顽皮的同龄大熊猫一起玩耍、一同成长，所以这里驻足参观的游客也是最多的。幼年阶段是很关键的时刻，基地专家会在这一阶段加入行为训练，并且观察熊猫个体的野性。活动园区有一些造型奇特的物品，如 PVC 管道，这些都是行为训练专家为大熊猫准备的益智玩具，希望能吸引熊猫幼仔们玩耍。饲养员常常将大熊猫喜欢的蜂蜜或者苹果藏入树上的小洞或圆形的 PVC 玩具中，目的是为了让幼年大熊猫学着自己寻找食物，以此增加它们的活动量，开发它们的思维。当然，所有的入园物品都必须经过安全检测，无毒无害。

Giant Panda Cub Enclosure is just like human kindergarten, panda cubs always behave very naughty and active. At this age, they like climbing trees, rolling on the ground, wrestling with moms or friends. In the wild, cubs will become socially independent at an age of one year and a half old. In panda base, cubs can play and grow up together after that. So, here is always the hot-spot of panda base. This age is vital for pandas. Experts need to observe their wild nature, and introduce behavior training for them. Special toys are prepared for them to enrich their lives, such as the PVC pipes. Keepers usually keep honey and apples in the small holes or round-shaped PVCs let them get the food by themselves. All of these can increase their activity and advance their exploration. The toys for them are safe and nontoxic.

（三）大熊猫相关信息

1. 大熊猫分布情况

据全国第四次大熊猫调查显示，野外大熊猫数量为 1864 只，比十年前的数量增加了 271 只。野生大熊猫分布在海拔 1500~3500 米的高山密林之中。75% 以上分布在四川境内，其余分布在陕西、甘肃两省境内。作为中国国宝，大熊猫曾经广布全国，现在全国野生大熊猫被分割为 33 个局域种群，四川大熊猫被分割为 21 个局域种群。

截至 2017 年上半年，人工圈养大熊猫种群数量达到了 471 只，年均增长率高达 10%。成都大熊猫繁育研究基地 2016 年共繁育成活幼崽 28 只，幼崽成活率高达 90%，现已拥有大熊猫 176 只，几乎占全国总圈养数量的 1/4。

The distribution of Giant Panda:

According to the 4th national survey for the giant panda, the wild population is 1864. Compared with the number of ten years ago, it shows an increasing of 271 individuals. Wild pandas live in high mountains, with an elevation from 1500 to 3500 meters. 75% of the giant pandas lives in Sichuan Province, and the others distribute in neighboring provinces, such as Shanxi Province and Gansu province. Treasured by Chinese for thousands of years, giant pandas once ranged in great numbers, and wildly distributed in China. Until now, only a few isolated population remains. At the national level, giant pandas are divided into 33 isolated populations, and they have been divided into 22 isolated ones in Sichuan Province.

Up to 2017, the scale of captive-bred population has reached to 471, with an average annual growth rate of 10%. In the year of 2016, all of the conservation institutions had bred 40 births of 65 cubs, and 55 of them survived.

Chengdu Research Base of Giant Panda Breeding had successfully bred 28 cubs in 2016, which enjoys a survival rate of 90%. Panda base has 176 individuals in total, which takes up nearly one quarter of the national population.

2. 旅居海外大熊猫

作为中国最萌"外交官"，目前，仍有 40 多只大熊猫旅居海外，承担着国际文化交流的重任。2016 年，成都大熊猫繁育研究基地与日本、西班牙和美国动物园合作，成功繁殖了 3 胎 4 崽。赠澳大熊猫"开开"和"心心"成功产下双胞胎，增进了大陆和港澳同胞之间的友谊。通过网络征名活动，这对双胞胎被命名为"健健""康康"，包含了对它们最美好的祝愿。

还有一些海外出生的大熊猫宝宝们，纷纷到了归国的年龄了。年满 3 岁的双胞胎姐妹"美轮""美奂"已于 2016 年 11 月 5 日从美国亚特兰大动物园回到四川成都。"宝宝"也于 2017 年从美国华盛顿回到自己的家乡。

作为野生动物保护的旗舰物种，联合国开发计划署于 2016 年终生认养一对双胞胎大熊猫。并进行全球网络征名，以及全球招募"UNDP 熊猫使者"。

Overseas giant pandas:

As the cutest Chinese diplomacy, there are more than 40 giant pandas living abroad to conducting the international cultural exchanges. In 2016, Chengdu Research Base of Giant Panda Breeding cooperated with zoos in Japan, Spain, USA. These countries successfully bred 3 births of 4 cubs. The gift pandas to Macao, "Kai Kai" and "Xin Xin" had successfully bred a couple of twin cubs, which have enhanced the relation between Macao and the mainland China. Through the online Naming activity, the twins are named "Jian Jian" and "Kang Kang", means healthy, containing the wonderful wishes for their growth.

Some overseas cubs have reached the age level of returning back to China. The twin sisters, "Mei Lun" and "Mei Huan" have returned to Chengdu from Atlanta

Zoo on November 5th, 2016. And "Bao Bao" has returned from Washington Zoo in 2017.

As the flagship species of the cause of wild animal protection, the United Nations Development Program (UNDP) has adopted a pair of giant panda twin cubs. UNDP held the Global Naming of the "UNDP Pambassadors" and the Global Search for "UNDP Panda Envoys".

3. 其他信息

（1）早春时节，雄性大熊猫将旅行很长的旅程去寻找雌性交配。雌性大熊猫怀孕仅 5 个月左右。大熊猫宝宝会在 7 月和 8 月出生。大熊猫刚生下来的时候非常小，它们的粉红色皮肤上几乎没有毛，就像婴儿一样。它们的体重仅 100~150 克，只有母亲体重的 1/900。它们刚生下来的时候几乎什么也看不见，耳朵也听不见声音。随着它们的成长，大熊猫宝宝的视觉和听觉慢慢发展。不同于袋鼠和考拉，大熊猫妈妈的肚子上没有育儿袋。因此，大熊猫宝宝很难生存。这是大熊猫繁殖的难点之一。

When the early spring comes, male pandas will travel long journey to find female ones for mating. The pregnancy of female pandas is only around 5 months. The delivery season always fall in July and August. After their birth, baby pandas are very tiny and tender. There's no fur on their pink skin. Just like baby rats. They are only around 100 to 150 grams, only one nine hundredth of their mother's weight. And they are almost blind and deaf because they are premature. It takes time for baby pandas to fully develop their eyes and ears to gain the sense of sight and hearing. Unlike kangaroos and koala bears, the panda mother don't have pouches. Therefore, the baby pandas are difficult to survive compared with them counterparts. This is one of the difficulties in breeding of giant pandas.

（2）大熊猫是食肉动物或素食主义者吗？大熊猫并不是素食主义者，而是食肉动物的一员。虽然它 99% 的情况下吃竹子，但是当它们饿极了的时候也会捕捉小动物，例如竹鼠。当你惹它生气的时候，它一定会攻击你！

Is giant panda a carnivore or vegetarian? Giant panda is not a vegetarian, but a member of the carnivore order. Though it has a diet of 99% bamboo, it catches little animals such as bamboo rats when they are hungry. When you make it angry, it will certainly attack you!

（3）电影《功夫熊猫》经典台词：昨天是历史了，明天还是未知，但今天是礼物，所以今天才叫礼物。

Yesterday is history. Tomorrow is a mystery. But today is a gift. That is why it's called the present.

4. 景区意义及成果

（1）建立野化中心的目的及意义

成都大熊猫繁育研究基地主要工作为科学系统地进行移地大熊猫野放过渡研究，收集大熊猫野放第一手科研资料，为最终实现大熊猫放归自然提供科学依据奠定基础。建成大熊猫野化放养研究及种群安全基地，开展圈养熊猫的野化饲养和繁殖，可缓解成都大熊猫种群生存空间的不足，同时可避免单一空间安全防疫压力日益增大。救护野外受灾熊猫的野化恢复、提高大熊猫的自然繁殖和野外生存能力，帮助它们逐步回归野外。建成大熊猫救护中心和灾后大熊猫安置基地，承担成都乃至四川地区野外和圈养大熊猫的救护研究和救护任务，包括地震、传染病等各种灾害的应急救护。提供各类灾后大熊猫的转移、庇护、治疗和检疫的安置场所，储备和提供救灾食品、药品等物质。

The objective and significance of the wild training center:

With the advantaged environment and location, we have launched a wild training center in Dujiangyan area, occupies an area of about 200 hectares. According to building function, the whole center can be divided into 6 components such as service area, research and education area, quarantine and rescue area, breeding and feeding area, reintroducing transition area and reintroducing lab. The center can contribute to giant panda conservation course in following facts.

Firstly, it can collect first hand materials of wild pandas that can lay a foundation for panda reintroduce. Secondly, it can also ease the pressure of the limited land in captive—breeding center. Thirdly, it can provide a shelter for sick wild pandas, help to recover their basic survival skills and return to the nature gradually. Fourthly, it provides a shelter for evacuees from earthquake or disasters.

（2）大熊猫在繁育方面存在三大难题：发情难、怀孕难、幼崽成活难。

发情难：春季万物复苏，平素独来独往的大熊猫也随着鲜花的盛开，迎来属于自己的恋爱季节。但这样美好的时期也是转瞬即逝的，大熊猫整个发情周期，包括初期、高潮期和末期在内，平均只有十多天。除此之外，大熊猫在选择伴侣上极其挑剔，一定是要两情相悦、情投意合才行。"包办婚姻"在它们身上并不奏效，甚至还会出现"逃婚"、打架等惨状发生。在野外，通常会出现几只雄性大熊猫为争夺配偶大打出手的情况。最终决出胜负后，雌性大熊猫可能因看不上对方，转身就走。在成都大熊猫繁育研究基地，饲养员会抓紧黄金时期，通过基因比对，排除近亲，安排适合谈恋爱的大熊猫做邻居，让它们传递声音和气味，互相交流，产生感情。

怀孕难：雌性大熊猫每年排卵期平均只有 3 天左右。成都大熊猫繁育研究基地的专家通过行为观察和激素测试判断最佳时期，然后让已经互相爱慕的大熊猫共处一室，享受甜蜜的相处时光。但是由于它们自身生殖器官的特点，大熊猫自然受孕的成功率仍然不高。人工圈养环境下，科研人员会对成功相亲的大熊猫再进行一次人工授精，提高怀孕的概率。人工采精方法也是基地工作人员通过多年的实践创新——使用微电刺激加上人工按摩，让熊猫在放松舒适的环境下，完成整个采精过程，避免伤害到它们。人工辅助是在尊重大熊猫、保护大熊猫的基础上开展优生优育，保证基因的延续。

幼崽成活难：首先，大熊猫幼崽由于免疫系统尚未发育完全，自身没有抗体，如因妈妈没有经验或奶水不足而导致大熊猫宝宝缺少妈妈的初乳，宝宝都不能存活。大熊猫初乳呈淡绿色，里面有宝宝所需要的抗体与丰富营养。成都大熊猫繁育研究基地的饲养人员通过多年和大熊猫积累的感情与信任，通过行为训练，便能在不做任何麻醉的情况下轻松对其进行人工挤奶。通常，由行为训练员率先发出指令，大熊猫妈妈在读懂指令并执行的时候，会将自己的前爪搭在栏杆上与之互动，一旁的饲养员便能在大熊猫妈妈放松以及愉悦的条件下进行人工挤奶。取出的母乳可以均匀分配给其他暂时没有获得母乳的宝宝，富足的部分还可以低温冷冻存储。其次，初生的幼崽没有自身保持恒温的能力。野生熊猫妈妈为了照顾宝宝，几乎一个月不出门，把宝宝抱在怀中，亲它、舔它，只在上厕所的时候离开一下，然后又马上回到宝宝身边，母性十足。圈养条件下，如有双胞胎出生，当妈妈哺育哥哥时，饲养员们充当着奶爸奶妈的角色养育弟弟，无微不至地照顾娇弱的小宝宝，使用育婴箱，每天为宝宝测定体温，设置最适合的温度，让宝宝能够健康成长。当然最重要的是这仅是人工辅助工作，每隔几小时会定时换崽，使每个宝宝都能得到母亲呵护。再次，还有一个关键点，宝宝在三个月前，由于肌肉组织未发育完全，不能自己排便。在宝宝初生的一个月以内，妈妈几乎每天都把宝宝紧紧搂在怀里，人类很难看到妈妈怀抱中宝宝的排便情况。事实上，妈妈经常用舌头舔宝宝，刺激其腹部和肛周肌肉收缩，帮助它排便，而伟大的妈妈为了保持宝宝身体清洁，直接将幼崽的粪便吃掉了。饲养员则采用棉球蘸温水的方法，模拟大熊猫妈妈舌头的力度和温度，帮宝宝排便。

There are 3 difficulties in estrum, pregnancy, and infant survival.

1. Difficulties in estrum:

Spring is the loving season for pandas, but it's precious for solitary pandas. Female pandas' estrum only lasts about 10 days in a year. What's more, female pandas are very particular with their mates, it is very necessary and vital to choose in order to pass the best gene onto their kids. Arranged marriages do not work on pandas. If they do not have feelings with each other, they will fight or even run away. Males always come to blows for just the designated one In the wild. At last, the female may take a complete dislike to the winner. In the prime time, keepers look for the best genetic matches to be neighbors and let them communicate with each other prior to mate.

2. Difficulties in pregnancy:

Female pandas only have a fertile for only 1 to 3 days. Experts use urine text and behavior watch to find the proper time for match. But, due to the long process of evolution, the reproduction organs become vestigial. So the change of conceive from natural mating is very small, researchers also need to artificially inseminate the female pandas to increase the change of conceive. The method of artificial semen collection is the innovation of our experts after the years' experience, which has adopt micro-electrical stimulation system and body massage to comfort pandas. This method can help to conduct Sound Child Rearing without any harm to pandas.

3. Difficulties in infant survival:

Firstly, newborn babies are vulnerable from diseases, their immune system is immature which do not contain any antibodies. So they are hardly to survive without mother's colostrum, also known as the first time milk, which is light green and full of antibodies to keep baby healthy. With the trust gains and after behavior training, the mothers can understand keepers' orders. The panda moms will put their hands on the handrail after received the certain order from the keeper, which provide a safe and comfortable way to get panda milk without anesthesia. The ample panda milk can be used to feed the babies who could not have enough colostrum or refrigerated storage. Wild panda mothers always stay inside holding their babies for a month. In captivity, if the mother has twins, when she is taking care of one baby, the keeper will raise the other one as a panda nanny. Panda base provides incubators for infants. Then, infants will be under round-the-clock supervision, such as checking body temperature, setting proper incubator temperature and swapping the twins in mom's arms.

Beside all of these, another secret lies behind baby-rearing, which is not easy for people to find out that is panda babies can't poop by themselves. Because the stomach and crissum muscles of babies are not strong enough to poop. Mothers gently lick her babies with her tongue to help them. In order to keep the baby clean, mother always eat the poops so that people could not notice it.

Keepers copy the action, massage and gently pat babies' stomach by warm cotton ball to help the tiny panda poop. Researchers solved the difficulties at last.

（3）成都大熊猫繁育研究基地核心工作

科学研究、保护教育、教育旅游。通过成都大熊猫繁育研究基地工作人员的不懈努力与创新，推动科技进步，突破所有育幼难点，终于保证了幼崽的存活率。2015年更是喜获6对双胞胎，幼崽成活率达到100%。这样的成绩是长期经验的总结，技术的飞跃，更使得中国大熊猫移地保护工程取得了举世瞩目的成就。成都大熊猫繁育研究基地致力于科学研究工作的同时，也致力打造国际一流的保护教育中心和教育旅游中心。在长年的工作中，基地的熊猫专家意识到仅仅依靠科研手段救助野生动物远远不够，只有普及教育，才能从根本上保护生物多样性。另外，成都大熊猫繁育研究基地仅2015年全年接待游客量达270余万人次。从开放参观以来，接待过国内外政要和知名人士 11 余万人，包括近年来访的时任美国第一夫人米歇尔·奥巴马、国际奥委会主席巴赫等。

Chengdu research base of giant panda breeding is a non-profit institution which dedicated to build the world's research center, public education on center and education tourism center. With the diligence and creation of the staffs, Panda Base has overcome a session of bottlenecks in hand-rearing and increased the survival rate of panda cubs. In the year of 2015, 6 pairs of twins born here and the survival rate reach to 100%. The accumulated experience and advanced technology enabled the course of giant panda conservation get tremendous achievements. In the meantime, experts realized that just rely on technology can't save the endangered animals, the essential way is to depend on education to protect bio-diversification. So, Panda Base holds international talent program with Atlanta Zoo of the USA, tourism campus of Queensland University, Chester Zoo of the UK. Besides, panda base take advantage of the talent resources to hold public education activities in communities, counties and primary schools around panda habitats.

Introduce the notion of Education into tourism pattern development, panda base starts from scratch and attracted 2.7 million tourists in 2015. Since it has opened to the public, Panda Base has received 110 thousand more many Chinese and foreign officials and famous persons, including the first lady of the USA Michelle Obama, and the president of the Olympic Committee Bach.

第五章
知识问答 200 问

下列知识问答 200 题都列出了参考答案要点。现场考试过程中，在掌握参考答案要点的基础上，考生答题时可进一步补充和完善，但要注意答题时间控制在规定答题时间之内。

一、导游规范知识问答及参考答案（60 问）

1. 按业务范围区分，导游人员可分为哪几类？

（1）出境领队；

（2）全程陪同导游员；

（3）地方陪同导游员；

（4）旅游景区讲解员。

2. 熟悉团队是导游人员带团的第一步，它主要包括哪几方面的内容？

（1）熟悉团员情况；

（2）熟悉团队特点；

（3）熟悉接待计划；

（4）熟悉行程特点。

3. 在旅游团抵达的前一天，导游人员应主要落实哪些接待事宜？

（1）与协作旅行社计调人员联系；

（2）联系旅游车辆，确定接站时间；

（3）核实团队住房及用餐预订情况；

（4）掌握各种联系电话。

4. 导游人员接站服务程序主要分为哪几个步骤？

（1）至少提前半小时抵达接站地点；

（2）手持接站牌在醒目位置迎候客人；

（3）核实团队；

（4）集合登车；

（5）清点行李和人数。

5. 导游人员在团队用餐时应及时巡视团队就餐情况，巡视的主要内容有哪些？

（1）监督餐厅提供的餐食是否符合约定标准；

（2）回答客人关于餐食方面的疑问；

（3）了解客人对菜肴是否满意，以便以后有针对性地进行调整和完善。

6. 欢送词的主要内容包括哪几点？

（1）回顾行程；

（2）表达惜别之情；

（3）感谢游客的配合，征求客人的意见和建议；

（4）就行程中服务不到位的地方向客人致歉，请予包涵和理解；

（5）表达祝愿，期盼重逢。

7. 旅游车行驶途中，地陪应进行途中导游服务，主要包含哪些环节？

（1）讲解当日活动安排；

（2）沿途风情、风光导游；

（3）沿途与团队互动，活跃气氛；

（4）到达景区前介绍景区概况，激发游兴。

8. 地陪导游人员在景区内的服务主要包含哪些环节？

（1）强调集合时间、地点，提醒游览注意事项；

（2）购票或取票入园；

（3）景区内开展导游讲解，并注意清点团队人数；

（4）处理突发事件；

（5）景区游览时，地陪导游人员应全程随团服务。

9. 旅游团完成游览项目并结束当地行程后，地陪应提供送站服务，主要包括哪些环节？

（1）核实交通票据或预订记录；

（2）介绍海关、边检或交通运输部门相关规定；

（3）致欢送词；

（4）提前到达机场、车站或码头；

（5）引领团队到安检区或检票口，办理相关手续；

（6）处理善后事宜。

10. 全陪导游人员在陪同团队过程中，应做好哪些工作？

（1）与地接社和地陪的衔接工作；

（2）团队事务的参与工作；

（3）服务质量监督工作；

（4）途中问题协调工作；

（5）全程安全管理工作。

11. "合理而可能"原则是导游人员处理游客个别要求的出发点，"合理"是指什么？

（1）游客的要求不违法，符合中国人的道德规范，符合导游人员的职业道德；

（2）游客的要求不违反旅游协议合同，不改变既定行程；

（3）虽然造成合同的部分更改或预订的改变，但游客意见统一并愿意支付相应费用。

12. 旅游活动计划和日程的变更主要表现为哪三种结果？

（1）延长在当地的旅游日程；

（2）缩短在当地的游览日程；

（3）被迫改变部分行程计划。

13. 地陪在首站赴饭店途中的导游服务主要包含哪些环节？

（1）致欢迎词；

（2）说明行程相关事项；

（3）介绍本地概况和沿途风光；

（4）介绍饭店概况。

14. 出境旅游导游服务中, 海外紧急情况的预防和处理, 应注意哪些重要事宜?

（1）导游人员应牢固树立安全意识;

（2）引导游客尊重当地居民和民俗;

（3）时刻提醒游客防范旅游风险;

（4）果断处理各种突发情况, 将游客的人身安全放在第一位。

15. 导游人员可以从哪几个主要方面了解游客的心理?

（1）从国籍、职业、年龄、性别和社会地位了解游客心理;

（2）从旅游动机了解游客心理;

（3）从旅游活动不同阶段游客的表现了解游客心理。

16. 团队中领队、全陪、地陪和司机该如何友好合作, 才能更好地完成接待任务?

（1）尊重并支持彼此的工作;

（2）保持有效沟通;

（3）生活上互相照顾;

（4）出现问题时, 以合同为依据, 据理分析, 避免正面冲突。

17. 特殊旅游团队主要包括哪些类型?

（1）政务型团队;

（2）宗教型团队;

（3）青少年团队;

（4）银发团队;

（5）特殊人群团队;

（6）商务考察团队;

（7）其他成员特殊、旅游目的特殊、行程特殊的团队。

18. 作为政务型团队的导游人员, 应在哪些方面多加留意?

（1）熟悉政务礼仪, 重视服务细节;

（2）注意自己的身份, 言行得体;

（3）突出团队的主要领导;

（4）除非合同明确规定, 不得安排定点购物。

19. 导游人员在青少年旅游团队接待中应把握哪些服务要点？

（1）行程、餐食、住宿安排要适合孩子的特点；

（2）每天的行程不宜过于紧密；

（3）要了解青少年关心的知识领域，把握青少年心理特点，讲解生动灵活；

（4）要注重安全防范。

20. 导游人员可以从哪几个方面做好银发旅游团队的服务工作？

（1）服务中的耐心和细心，注重安全防范；

（2）加强讲解、住宿、餐饮等服务的针对性，多提醒注意事项；

（3）行程节奏舒缓；

（4）不折不扣落实相关优惠政策。

21. 散客旅游团队有哪些特点？

（1）服务承诺的差异；

（2）参团价格的差异；

（3）成员社会地位的差异；

（4）成员期望值的差异。

22. 面对纷繁复杂的旅游团队接待纠纷，导游人员应坚持哪些处理原则？

（1）遵循合同，防止矛盾扩大化，处理问题讲求有理、有利、有节；

（2）做好记录，保存证据，以利善后工作；

（3）尽量保障旅游团（者）后续行程的执行，减少企业经济损失。

23. 导游人员应当重视自身美学修养的培养，培养的途径有哪些？

（1）积累美学知识，培养审美意识；

（2）提高文化素质，培养审美能力；

（3）注重总结提炼，提高审美水平。

24. 2018 年 1 月 1 日起施行的《导游管理办法》第二十六条规定，导游在执业过程中，人格尊严受到尊重，人身安全不受侵犯，合法权益受到保障。导游有权拒绝旅行社和旅游者的哪些要求？

（1）侮辱其人格尊严的要求；

（2）违反其职业道德的要求；

（3）不符合我国民族风俗习惯的要求；

（4）可能危害其人身安全的要求；

（5）其他违反法律、法规和规章规定的要求。

25. 导游人员常用资料的搜集方式有哪些？

（1）查阅文献资料；

（2）优秀导游的言传身教；

（3）培训与强化训练；

（4）处处留心皆学问；

（5）加强实践与总结。

26. 2018 年 1 月 1 日起施行的《导游管理办法》第二十四条规定，旅游突发事件发生后，导游应当立即采取哪些必要的处置措施？

（1）向本单位负责人报告，情况紧急或者发生重大、特别重大旅游突发事件时，可以直接向发生地、旅行社所在地县级以上旅游主管部门、安全生产监督管理部门和负有安全生产监督管理职责的其他相关部门报告；

（2）救助或者协助救助受困旅游者；

（3）根据旅行社、旅游主管部门及有关机构的要求，采取调整或者中止行程、停止带团前往风险区域、撤离风险区域等避险措施。

27. 导游讲解是一门说话的艺术，实施中必须遵循哪些原则？

（1）讲解内容的正确；

（2）语言表达的清楚；

（3）讲解效果的生动；

（4）讲解方式的灵活。

28. 导游语言的规范性是导游人员在讲解时必须遵守的基本原则，它主要指什么？

（1）要对讲解的内容进行仔细校对；

（2）要选择恰如其分的词汇进行描述；

（3）要对讲解中逻辑线索准确把握。

29. 导游讲解要做到形象、生动，为游客所接受，应注意哪些细节？

（1）深入浅出，善于归纳；

（2）内容丰富，善于叙事；

（3）表情生动，善于模仿；

（4）方式灵活，善于互动。

30. 导游人员讲解中的手势主要有哪三种？

（1）情感手势；

（2）指示手势；

（3）象形手势。

31. 导游交际语言是导游人员与游客交往时的一种语言形式，它主要包括哪些形式？

（1）称谓语言；

（2）道歉语言；

（3）答问语言；

（4）劝说语言；

（5）拒绝语言等。

32. 在导游工作中，道歉也是一门艺术，它主要包括哪几种？

（1）微笑式道歉；

（2）迂回式道歉；

（3）自责式道歉等。

33. 导游人员向游客道歉的"三原则"是什么？

（1）道歉必须及时、真诚；

（2）道歉要把握好分寸和尺度；

（3）道歉应有一定沟通效果。

34. 导游在回答游客提出的问题时，可有效运用哪几种方法？

（1）是非分明式；

（2）以问为答式；

（3）曲迂回避式；

（4）诱导否定式。

35. 在导游过程中，导游人员常需要对游客进行劝说，有哪几种方式可以运用？

（1）诱导式劝说；

（2）迂回式劝说；

（3）暗示式劝说等。

36. 导游人员在讲解中，要善于运用语言的停顿，主要的方式有哪些？

（1）语义停顿；

（2）暗示省略停顿；

（3）等待游客反应的停顿；

（4）强调语气的停顿。

37. 问答法是导游讲解中较常用的方法，主要应用于哪些环境？

（1）导游人员需要提醒游客注意时；

（2）当游客精神萎靡或注意力分散时；

（3）导游讲解前后景点之间的衔接时；

（4）单一陈述法讲解时间过长需要调整时。

38. 我们通常将导游服务的方式划分为哪两大类？

（1）第一种是图文声像导游；

（2）第二种是实地口语导游；

（3）实际操作中，图文声像导游为辅，实地口语导游为主，前者为后者服务。

39. 2018 年 1 月 1 日起施行的《导游管理办法》第十二条规定，不予核发导游证的情况有哪些？

（1）无民事行为能力或者限制民事行为能力的；

（2）患有甲类、乙类以及其他可能危害旅游者人身健康安全的传染性疾病的；

（3）受过刑事处罚的，过失犯罪的除外；

（4）被吊销导游证之日起未逾 3 年的。

40. 导游服务的实施具有哪些特点？

（1）工作独立性强；

（2）需要很强的责任心；

（3）工作强度大，非常辛苦；

（4）脑力劳动与体力劳动高度结合。

41. 导游服务原则是导游人员从事导游工作的出发点，它包含了哪些原则？

（1）宾客至上、优质服务的原则；

（2）维护游客合法权益的原则；

（3）规范服务与个性化服务相结合的原则；

（4）平等服务的原则。

42. 导游人员的基本工作职责有哪些？

（1）安排、组织和陪同旅游者完成既定的旅游计划；

（2）提供翻译、讲解、向导和旅途生活服务；

（3）协调关系，处理问题；

（4）保护游客的人身和财产安全；

（5）回答问询，反馈信息。

43. 地陪人员的职责有哪些？

（1）安排旅游活动日程；

（2）做好接待工作；

（3）提供导游、讲解服务；

（4）维护安全；

（5）处理问题。

44. 作为一名优秀的导游人员，应当具有哪些品德素养？

（1）热爱祖国；

（2）爱岗敬业；

（3）遵纪守法；

（4）情操高尚。

45. 导游人员应该具备渊博的知识，这些知识主要包括哪些方面？

（1）政治、经济和社会知识；

（2）文化知识；

（3）心理学和美学知识；

（4）旅行常识。

46. 导游人员应当具有较强的工作能力，这些能力主要包括哪些方面？

（1）组织协调能力；

（2）独立应变能力；

（3）语言驾驭能力；

（4）有效沟通能力。

47. 旅游景区讲解员在讲解活动中的安全要求主要有哪些?

（1）提前了解当天的天气和景区道路情况，防患于未然；

（2）讲解活动应避开景区中存在安全隐患的地段；

（3）讲解中随时提醒游客注意安全；

（4）发生安全事故时冷静应对，在帮助游客疏散的同时，及时通知景区有关部门前来救助。

48. 途中导游的特点有哪些?

（1）导游讲解容量大；

（2）导游讲解内容杂；

（3）导游讲解方法活。

49. 途中导游有哪些常用的方法?

（1）专题讲解与一般讲解相结合；

（2）按序讲解与即兴讲解相结合；

（3）主动讲解与回答提问相结合。

50. 导游人员在进行自然景观讲解时，应该如何向游客传达美的信息?

（1）准确抓住形式美；

（2）有效突出文化美；

（3）着力深化象征美。

51. 导游讲解的灵活性原则有哪些具体表现?

（1）依据不同的对象调整讲解内容；

（2）依据场景的变化调整讲解内容；

（3）注意过渡语言的使用。

52. 一般来说，自驾游团队的导游人员应具备哪些职业素质?

（1）具有丰富的安全驾驶经验，了解汽车维修常识；

（2）应当熟悉沿线路况；

（3）熟悉交通规则，具有丰富的应变能力。

53. 导游人员要把古建筑景观讲解好，除了掌握必要的古建筑知识外，还要突出哪些重点?

（1）突出古建筑的功能性；

（2）突出古建筑的风格特色；

（3）突出古建筑的结构原理；

（4）突出古建筑的精工技巧。

54. 导游人员在进行佛教建筑讲解时，要从哪几个方面入手？

（1）讲清佛教建筑的基本格局；

（2）讲清佛教建筑的艺术与工巧特征；

（3）讲清佛教建筑的思想内涵。

55. 导游人员在讲解石窟时，应抓住哪几个要点？

（1）开凿背景；

（2）表现手法与雕刻技法；

（3）结构布局；

（4）重点龛窟或代表塑像。

56. 导游人员在团队餐饮服务中应尽到哪些职责？

（1）协调职责；

（2）监督职责；

（3）保障职责；

（4）讲解职责。

57. 导游人员带领探险旅游团时有哪些注意事项？

（1）要有强健的体质和必需的专业知识；

（2）要做好充分的物资准备；

（3）生活照料要周到；

（4）极强的安全意识和果断处理突发问题的能力。

58. 领队服务中的出入境服务主要包含哪些环节？

（1）发放旅行证件和机票；

（2）协助游客整理行李；

（3）协助游客进行申报；

（4）带领游客依次接受边防检查和安全检查。

59. 景区导游服务工作主要包括哪些环节？

（1）接团、致欢迎词；

（2）提醒注意事项；

（3）开展景区内讲解及相关服务，处理突发事件；

（4）致欢送词及征求意见。

60. 导游员应如何介绍我国的旅游景区质量等级划分常识？

（1）目前，我国旅游景区质量等级划分为五级，分别是 5A 级、4A 级、3A 级、2A 级、1A 级旅游景区。

（2）各级的标志标牌和证书由国家文化和旅游行政主管部门统一规定。

（3）旅游景区质量等级评定工作，遵循自愿申报、分级评定、动态管理、以人为本、持续发展的原则。

二、应变能力知识问答及参考答案（60 问）

1. 地陪导游员应如何防止漏接事故发生？

（1）认真阅读接待计划，对旅游团抵达的日期、时间和接站地点等要亲自核实清楚；

（2）核实交通工具到达的准确时间；

（3）至少提前半小时抵达接站地点，等候团队的到来。

2. 如果发生了错接事故，地陪导游员应如何处理？

（1）应立即向旅行社相关工作人员汇报，设法尽快交换旅游团；

（2）向游客说明情况并诚恳致歉；

（3）在后期行程中以更优质的服务赢得游客的信任。

3. 地陪导游员上午 10 点去机场接团，到达机场后得知团队航班晚点 4 小时，地陪导游员应如何处理？

（1）立即向机场询问处查询该航班晚点的时间、原因，确认后地陪应重新安排接待事宜；

（2）通知旅行社变更餐饮、入住宾馆时间，告诉旅游车司机飞机抵达的时间和接站车辆做准备工作；

（3）由于飞机晚点，必须调整下午和晚上的活动安排，并衔接计调对修改事宜做好落实工作。

4. 地陪如何防止错接事故的发生？

（1）地陪应加强工作责任心，提前半小时到达出站口等待；

（2）地陪应站在明显的位置高举社旗和接站牌，以便领队或旅游者前来联系；

（3）地陪应主动从旅游者的特征、衣着、组团社徽记上分析判断，并上前询问；

（4）接团时应认真核实该团领队、全陪或旅游者姓名，团队代号、人数等。

5. 由于客观原因，旅游团要提前离开某地，导游员应如何处理？

（1）尽量抓紧时间，将计划内的参观游览安排完成。若有困难，地陪应有应变计划，重点游览本地最具代表性、最具特色的旅游景点。

（2）向旅行社报告并与司机衔接，及时办理退房、退餐、退车事宜。

（3）通知计调及时通知下一站，制订变更接待计划安排。

6. 什么是误机？地陪应怎样处理？

（1）由于某种原因或旅行社工作失误造成旅行团没有按原定班次离开本站而导致暂时性的滞留叫误机；

（2）地陪应第一时间报告旅行社，并有效安抚游客；

（3）地陪应随时关注最近的离境航班预订情况；

（4）各方努力，让游客乘最近班次离开本站或乘坐其他交通工具前往下一站；

（5）协助查清事故原因。

7. 导游员如何防止误机事故发生？

（1）导游员应提前做好离站交通票据的落实工作，认真核对并确认票据日期、班次、时间、目的地等；

（2）带团期间要随时与旅行社联系，询问班次有无变化；

（3）临行前，不安排旅游团到地形复杂的景点游览，不安排团队到拥挤的地方购物或自由活动；

（4）安排充裕的时间去机场，保证旅游团提前到达离站地点。

8. 由于天气原因，航班不能按时起飞，推迟到晚上。但晚上10点航空公司宣布取消当日航班。游客情绪低落，大吵大闹十分不满，地陪导游员应如何处理？

（1）地陪及时向游客说明情况，全力稳定游客情绪；

（2）立即落实第二天最早的航班班次，并做好行李安排等事项；

（3）及时解决游客的食宿问题；

（4）通知游客第二天叫早、早餐、出行李及发车时间；

（5）提醒旅行社计调部门及时通知行程下一站。

9. 旅游团抵达机场的时间是上午 8 点，地陪导游员在前往机场途中遇到塞车，抵达机场时已是上午 8 点 40 分，此时地陪导游员应如何处理？

（1）这是一次漏接事故；

（2）导游员应诚恳地向旅游者赔礼道歉；

（3）实事求是地说明交通情况；

（4）热情主动做好后续服务工作，以取得游客的谅解。

10. 由于暴风雪，机场关闭，旅游团需要延长时间在本市继续游览一天，地陪导游员应如何处理？

（1）立即向旅行社汇报，重新安排该旅游团的用餐、住宿、用车等事项；

（2）调整接待计划，酌情增加旅游景点，适当延长主要景点的游览时间，晚上可安排文娱活动，调节游客情绪；

（3）和计调人员保持紧密联系，落实第二天游客的离站航班；

（4）通知下一站旅行社。

11. 由于旅游旺季，机票预订出现问题，旅行社不得不安排旅游团乘加班飞机提前离开本地，此时地陪导游员应如何协调？

（1）争取全陪和领队的配合，说明更改原因，取得游客的谅解和支持；

（2）讲清补救措施；

（3）充分利用有效时间安排客人参观本地主要景点，同时将更改计划通知组团社和下一站接团社；

（4）在旅行社的授权下，开展对游客的补偿工作。

12. 地陪正带领一外籍旅游团在景点游览，一名团员突然发现他的护照丢失，此时地陪导游员应如何处理？

（1）安慰团员，请其仔细回忆可能丢失的地点，积极协助寻找；

（2）确认丢失后，应第一时间报告旅行社，请旅行社出具证明，再由工作人员配合游客到相关部门按流程补办；

（3）费用由该团员自理。

13. 一名外籍游客在我国旅游期间所带贵重财物被盗，地陪导游员应如何处理？

（1）确认被盗后，地陪应立即报告公安机关、旅行社和保险公司，协助查找线索，力争尽快破案；

（2）若找不回被盗物品，地陪应协助失主持旅行社出具的证明到当地公安机关开具失窃证明书，以便游客回国出关查验或找保险公司索赔；

（3）安慰失主，缓解不快情绪。

14. 一位外籍游客在乘坐国际航班来华途中丢失了行李，地陪导游员应该如何处理？

（1）地陪导游员应详细了解情况，协助查找线索，协助游客在所属航空公司备案登记；

（2）帮助游客解决因丢失行李而造成的生活不便；

（3）如找不回行李，应备齐相关资料和手续，协助游客向所属航空公司索赔。

15. 一外籍旅游团即将乘火车离开某市，一名游客突然发现他的相机变焦镜头遗失了，又记不清丢在何处。该团明早抵北京后，当晚就要回国，此时地陪导游员应如何处理？

（1）安慰游客，让游客回忆最后使用该镜头的时间、地点，并积极协助查找；

（2）记录客人的姓名、详细地址和电话，以备找到后返还失主；

（3）客人离站后，如找到，应设法转交游客，产生的费用由游客自理；

（4）如没有找到，旅行社应进行说明、致歉。

16. 地陪导游员陪同团队在大型市场购物时，由于人多拥挤，一位游客突然发现钱包不见了，此时地陪导游员应如何处理？

（1）安慰游客，分析可能丢失的时间、地点，积极协助游客寻找；

（2）如果寻找未果，应让游客回忆可疑人员的特征，向当地公安机关报案，告之事情发生的经过、时间、地点、作案人的特征，并将受害人的姓名、单位、电话及钱包的样式、钱物数量讲清，以便破案时联系；

（3）向旅行社汇报，陈述事故报告；

（4）做好善后工作，安抚受害者及其他旅游者。

17. 一入境旅游团来华旅游，团队乘坐火车抵达边境城市后，有游客发现自己的托运行李丢失，此时地陪导游员应如何处理？

（1）地陪导游员应帮助游客积极寻找；

（2）陪同游客到车站失物招领处办理行李丢失手续，说清行李的件数、大小、特征等，填写失物登记表，并将在当地下榻饭店名称和电话号码告之以便联系；

（3）如果找到行李，导游员应设法将行李交还失主。如果行李确实丢失，失主可持车票、托运行李单向承运人索赔。

18. 一入境 VIP 商务旅游团抵达饭店后，其中一位团员没有拿到他的行李，此时地陪导游员应如何处理？

（1）地陪首先应安慰游客，并积极帮助寻找，询问是否是行李员送错了房间或是本团客人拿错了行李；

（2）如果找不到，应立即与旅行社行李车驾驶员联系；

（3）如确认丢失，地陪应向旅行社汇报，请示处理办法，如果是旅行社的原因，应请失主填写一份丢失行李物品的全部清单，地陪也应写一份情况说明，由旅行社向保险公司申请索赔；

（4）相关说明材料旅行社应存档。

19. 在一处山岳型景区游览时，团队中有一名游客长时间失联，此时地陪导游员应如何处理？

（1）了解情况，看是否能和游客取得联系；

（2）全陪或领队应设法寻找游客，地陪应带领其他游客继续游览；

（3）向景区管理部门请求援助，同时与酒店联系；

（4）向旅行社报告，必要时向公安机关报案；

（5）若是未找到，旅游团可按计划返回酒店，领队或全陪应继续寻找，待找到后可搭乘其他车辆返回酒店；

（6）做好善后工作。找到走失者后，地陪要问清原因，并采取相关措施。

20. 作为一名地陪导游员，应如何防止游客走失？

（1）多做提醒工作；

（2）做好各项安排的预报，地陪要预报一天的行程和游览点，到景点后在示意图前，应讲清游览线路、集合时间及地点；

（3）景区游览中，地陪导游员自始至终与旅游者在一起，并经常清点人数；

（4）地陪、全陪和领队要密切配合开展工作。

21. 在带团游览过程中，如果遇到犯罪分子抢劫游客财物，导游员应如何处理？

（1）应冷静应对，全力保护游客的人身、财产安全；

（2）及时报警；

（3）及时汇报，稳定游客情绪，落实好后续的参观游览；

（4）做好善后工作和后续的防范工作；

（5）落实事故报告。

22. 旅游团中部分游客因食用了海产品出现呕吐腹泻、乏力、昏迷症状，导游员应如何处理？

这是食物中毒引起的急性肠炎症状，如果抢救不及时，会有生命危险。导游员应该：

（1）立即设法催吐，并让患者多喝水以加速排泄，缓解毒性；

（2）立即将患者送往医院抢救治疗，请医生开具诊断证明；

（3）立即报告旅行社，注意收集现场证据以便追究供餐单位的责任。

23. 在团队游览中，如遇到游客中暑，导游员应如何处理？

（1）如团队中有医务人员，导游应协助医务人员就地抢救；

（2）如团队无医生，应在游客的协助下把患者抬到阴凉处，做力所能及的抢救工作：让患者平卧，放松衣物，在家属或同行人员的陪同下服用十滴水、人丹或携带的其他防暑药品；

（3）如患者处于昏迷不醒状态，则应立即联系景区医疗人员或医院前来救治。

24. 行程中，游客患一般疾病，地陪导游员应如何处理？

（1）劝其及早就医，并多休息，必要时陪患者去医院；

（2）关心病情，安排好患者的用餐；

（3）禁止导游擅自给患者用药；

（4）说明治疗费用自理。

25. 行程中，外籍游客突患重病，地陪导游员应如何处理？

（1）应立即请领队或其亲属陪同，送往医院急救；

（2）通知旅行社派人协助，地陪继续带团旅游，其间可抽时间到医院探望；

（3）在抢救过程中，领队或患者亲属应在场；

（4）地陪应协助办理分离签证、延期签证、交通票据分离以及出院、回国手续；

（5）有关治疗的书面材料，地陪应复印带回旅行社存档；

（6）患者住院、治疗费用自理，未享受到的综合服务费按规定退还本人。

26. 旅游团在回程途中遭遇车祸，部分游客受伤，地陪导游员应如何处理？

（1）立即报警，严格保护现场；

（2）协助抢救伤员，由全陪或领队陪同送往就近医院；

（3）报告旅行社，并通知有关单位负责人和保险公司赶赴现场处理；

（4）做好团内其他游客的安抚工作，组织他们继续参观游览；

（5）写出事故书面报告。

27. 旅游团中一位游客在景区内爬山时不慎摔伤，造成小腿骨折，此时地陪导游员应如何处理？

（1）安慰游客，并第一时间请景区工作人员或团队中有急救经验的人员帮助实施紧急救护。如导游人员经过专业培训，可第一时间开展现场紧急救护；

（2）及时送医院救治，保存好诊断书、医疗费用清单，以备向保险公司索赔；

（3）报告旅行社，并写出事故报告。

28. 一外籍传教士在我国旅游期间有散发宗教宣传品的行为，地陪导游员应如何处理？

（1）应立即予以劝阻；

（2）并向他指出不经我国宗教团体邀请和我国相关管理机构允许不得在我国境内散发宣传品；

（3）不听劝阻并有蓄意行为造成不良影响的，导游员应迅速报告公安机关处理。

29. 旅游者要求调换房间，地陪导游员应如何处理？

（1）如果是旅行社提供的房间低于合同标准，导游员应给予调换；确有困难调换不了时，应说明原因，并与宾馆沟通提供补偿性措施；

（2）如果是房间设施、卫生条件有缺陷，应要求宾馆修理和改善，如有空房给予调换，并向游客致歉；

（3）如游客要求入住高于合同标准的客房，可以满足，但游客要交付原订房间损失费和房费差价。

30. 在退房时，宾馆工作人员发现有游客房间的床单被香烟烧了一个小洞，宾馆要求按价赔偿，地陪导游员应如何处理？

（1）首先分清责任，床单是原来就有破洞还是客人所为，如确定是客人所致，应说服其照价赔偿；

（2）为了避免此类情况发生，导游员应在团队入住之前（分房或发放房卡时）叮嘱客人爱护客房内各种用品和设施，否则要承担相应后果；

（3）提醒客人进入房间后应仔细检查房间的配套用品和设施是否齐全、完好，及时发现及时处理，以减少不必要的纠纷。

31. 哪些情况下，导游员应劝阻游客的自由活动？

（1）即将启程离开本地前；

（2）自由活动所处环境对游客的人身、财产安全有隐患时；

（3）自由活动的时间无法保障时；

（4）自由活动有可能会影响团队正常行程时。

32. 邮轮团游客反映有晕船症状，导游员应如何处理？

（1）建议游客可适当到室外呼吸新鲜空气，如甲板、顶层观光台或选择居于船体中部的舱室；

（2）建议游客尽量不要吃过于油腻的食物，多吃蔬菜、适度饮茶；

（3）症状明显时提醒游客多卧床休息，减少站立活动。

33. 因团队人数较多，导致不在同一家宾馆入住，面对游客的抱怨，导游员应如何处理？

（1）因部分协议宾馆接待能力有限，大型团队往往需分住不同酒店；

（2）导游员应从大局出发，维护旅行社形象，向游客做出合理解释，寻求谅解；

（3）分房时要有所兼顾，尽可能满足游客要求，可以根据不同的群体来分房，并且告知各家宾馆的位置和距离，方便游客相互联系和走动。

34. 部分游客提出不想随团按计划去某一景点游览，而想单独购物，导游员应如何处理？

（1）应动员游客按原计划随团参观，并着重推介该景点的特色和沿革；

（2）若游客仍坚持己见，可征得领队或全陪同意，让游客签订书面证明；

（3）如景点门票已预订付费，应告知游客景点门票费不退；

（4）可协助安排游客接送，并告知注意事项。

35. 导游员接待一俄罗斯旅游团，按计划今晚将去大戏院观看舞剧《黑桃皇后》。其间，部分游客要求观看京剧《玉堂春》，导游员应如何处理？

（1）如果时间允许，可请旅行社给予调换；

（2）如果无法安排，导游员要耐心解释，明确告知剧票已订好，不能退换，请他们谅解，若这部分游客坚持看京剧，导游员应协助他们退票，但费用自理。

（3）与司机商量，如果顺路，尽量为少数旅游者提供方便；如果是两个不同方向，则应为他们协调安排车辆，但费用自理。

36. 一外籍游客因家中有急事要求中途退团回国，导游员应如何处理？

（1）经双方旅行社协商后，可以满足其要求；

（2）协助游客办理有关手续，分离签证，重订航班、机座，费用自理；

（3）服务费应按协议有关约定，部分退还或不予退还。

37. 在旅游途中，游客提出要求增加计划外景点，导游员应如何处理？

（1）导游员有拒绝的权利；

（2）在时间充足、条件允许的情况下，导游员可以满足游客的要求，并告知旅行社核算出需增加的相关费用；

（3）增加景点原则上应是全团游客都同意，并签订书面说明和支付相关费用；

（4）导游员私自加点的行为有极大的安全隐患。所以，途中临时增加景点一定要及时向旅行社报备。

38. 一外籍游客明早将离境回国，他委托你将一个密封木匣转交其在华亲友，并愿意支付费用，导游员应如何处理？

（1）导游员首先应婉拒；

（2）如无法拒绝，首先应请示旅行社同意；

（3）在旅行社同意的前提下，应和游客一起开箱检验物品，如是贵重物品或食品，应予拒绝；

（4）请旅游者写委托书说明物品名称、数量，当面点清，签字并留下详细地址和电话，收件人收到后，要出具收条，旅行社应将上述情况通知委托人，委托书和收条要由旅行社一并保存待查。

39. 一外籍游客要求地陪导游员陪他们购买"古玩"，回国好送给亲朋好友，导游员应如何处理？

（1）导游员应带游客到指定的涉外文物、工艺品商店去购买；

（2）买妥物品后要提醒游客保存好发货票；

（3）提醒游客保存好包装盒上的火漆印，以便出关时海关查验。

40. 如果遇到游客对你的导游词提出异议，导游员应如何处理？

（1）耐心听取游客意见，从中汲取合理成分；

（2）不要与游客争辩，应感谢客人的提醒；

（3）将游客的观点作为一个"新的观点"暂时承认，过后再予以确认；

（4）如果游客的观点是错误的，可以单独交换意见。

41. 游客就导游员的服务质量向导游员提出口头投诉，导游员应如何处理？

（1）认真倾听投诉者的意见，让客人把话说完，切不可立即辩解，更不可马上否认；

（2）认真分析，做出正确判断；

（3）核实后向投诉者做实事求是的说明和诚恳道歉，并迅速采取补救措施；

（4）妥善处理后，应向游客表示感谢并继续为游客提供热情周到的服务。

42. 导游员从机场接团后，刚上车准备讲解时，发现车载麦克风坏了，应如何处理？

（1）有经验的导游会在出发前随身携带一个微型话筒，以备急用；

（2）若没佩带话筒，在游客人数不多的情况下，可以适当提高嗓音，如果人数较多，则应在大巴车车厢中部选择合适座位入座开展讲解，尽量让每一位游客都能听见；

（3）对于年纪稍长、听力不好的游客还需重复相关内容。

43. 导游人员在带团过程中遇天气持续高温，应如何应对？

（1）应及时向旅行社汇报，合理调整行程安排，减少高温时段团队的户外活动；

（2）提醒团员多喝水，少吃多餐，适当多吃苦味和酸性食物；

（3）提醒团员避免剧烈运动，可用凉水冲洗手腕或温水冲澡；

（4）提醒团员日间适当小睡，以补充体力；

（5）提醒团员注意防晒，携带遮阳伞、太阳帽等预防中暑。

44. 导游人员在带团过程中突遇持续大雪，应如何应对？

（1）导游员应及时向旅行社汇报，调整行程安排，减少团队户外活动；

（2）不要带领团队进入不结实、不安全的建筑物内躲避；

（3）提醒游客穿防滑型鞋，做好团队冻伤、雪盲症状的防护；

（4）和旅行社保持密切联系，做好后续行程安排。

45. 在讲解过程中，不时有游客打断话题，导游员应如何处理？

（1）如果是游客听得很专心，积极跟着讲解思路且饶有兴趣地探究，导游员应利用这种良好气氛认真解答；

（2）如果是游客没用心听，且不时问一些不着边际的问题，应提醒游客如果有疑问，可在讲解暂告一段落时提出；

（3）如果游客确实对讲解内容兴趣不大，或过于劳累想休息，就应灵活机动先讲核心内容和注意事项，其他等游客充分休息后再展开。

46. 游客在游览中向你打听旅行社运作团队的利润情况，导游员应如何面对？

（1）属于行业商业机密的内容，导游员不得向游客随意透露；

（2）也不要随意向游客分别打听团费的标准；

（3）不管导游员是否知道真实的利润情况，都应给予合理回答，如"我负责的是接待环节，您询问的是公司财务和计调部门的业务范围，我对此不是很清楚，请您包涵"类似表达。

47. 一天的游览结束后，游客邀请导游员去娱乐场所聚会，导游员应如何处理？

（1）在没有特别约定的情况下，去娱乐场所纯属游客的额外消费，不在导游员的工作范围之内，导游员可婉言谢绝；

（2）如果双方关系确实相处融洽，对方再三盛情邀请，导游员可大方参与，但要把握好交往尺度，保持清醒的头脑和得体的交际距离；

（3）当第二天工作开始后，导游员应回到自己的角色和状态中。

48. 行程中的景点因故不能正常参观，地陪导游员应如何处理？

（1）首先应明确不能参观的真实原因，并向游客如实说明；

（2）如果只是暂时不能参观，地陪导游员可以适当调整行程顺序，尽量保障行程的完整性；

（3）如果确实在行程日期中无法实现，应及时安慰游客，并报告旅行社协商补偿措施。

49. 旅游团到达目的地，全陪与地陪核对行程时发现有较大差异，应如何处理？

（1）双方应冷静分析，本着同行之间友好合作的态度开展工作；

（2）各自向所属旅行社计调部核实，然后迅速更正、达成共识，继续后续行程；

（3）处理分歧过程中，应避开团队，以免导致游客产生不安和不信任。

50. 导游人员带团在酒店入住后遇到突发强震，应该如何应对？

（1）导游员应沉着冷静，安慰团员，第一时间组织团员向酒店底楼转移；

（2）如逃生通道阻塞，应让团员选择室内三角形空间或管道多的空间躲避，并保护好头部；

（3）提醒游客切勿跳楼或乘坐电梯逃生；

（4）及时发出相关求救信息，努力开辟逃生通道；

（5）如暂时不能逃生则应保存体力，防止窒息，等待救援。

51. 导游人员带团乘坐内河邮轮遇突发水运事故，船只倾覆，应如何应对？

（1）导游员应沉着冷静，安慰团员，第一时间发出求救信息并组织团员利用救生设备逃生；

（2）如需跳水逃生，应提醒游客穿戴救生衣，多抛撒能漂浮的物品如空木箱、木板、泡沫等，从船舱低层跳水；

（3）跳水后，应让团员尽快游离将沉没的船只，让团队集中漂浮，不要脱掉衣物，保持体力和体温，等待救援；

（4）及时清点团队人数。

52.导游人员带团参加大型盛典晚会，突遇拥挤踩踏事故，应如何应对？

（1）导游员应沉着冷静，召集团员，服从专业人员指挥，有序撤离；

（2）带领团队避开涌来的人流，切记不要逆着人流方向逃生；

（3）陷入人流中时，应注意避开玻璃柜台等危险物，努力抓住身边牢固的物品，避免跌倒；

（4）如果被人群挤倒，应设法靠近墙角，身体蜷成球状，双手护颈保护头部。

53.导游人员带团游览过程中突遇洪水袭来，应如何应对？

（1）导游员应沉着冷静，召集团员向周围高处有序撤离；

（2）应设法尽快发出求救信息，寻求救援；

（3）如有游客落水，应呼叫游客努力抓住漂浮物或树干，不要靠近电线杆或高压线塔；

（4）如是旅游车进入水淹区，应注意水位不应超过驾驶室，要提醒司机迎着水流驶向高地，不能让水流从侧面冲击车体。

54.导游人员带团在山区游览过程中突遇泥石流或山体滑坡，应如何应对？

（1）导游员应沉着冷静，召集团员向两侧稳定区撤离，不要沿着山体向上或向下方撤离；

（2）团队不要躲在有滚石或大量堆积物的山坡下方；

（3）团队不要停留在低洼处，也不要爬到树上躲避；

（4）如所处房屋正好在滑坡带，一定要设法从房屋里快速撤离至开阔地带；

（5）应设法尽快发出求救信息，寻求救援。

55.导游人员带团在山区游览过程中突遇持续大暴雨，应如何应对？

（1）导游员应沉着冷静，召集团员向安全区撤离；

（2）应设法尽快发出求救信息，寻求救援；

（3）团队在积水中行走时，应注意观察，尽量贴近稳固的建筑物；

（4）当上游来水突然混浊、水位上涨较快时，应注意防范山洪或泥石流。

56. 如果游客在自由活动中买到假冒伪劣商品，导游人员应该如何处理？

（1）应积极协助游客退货并索赔，努力维护游客的合法权益；

（2）事后，将经过向旅行社做扼要汇报；

（3）后续行程中多向游客宣讲自由活动时购物的注意事项，多做提醒工作。

57. 游客提出想邀请其亲友随团旅游，导游人员应如何处理？

（1）看旅游车是否有空座；

（2）征得全陪或领队以及其他游客的同意；

（3）核实亲友的身份；

（4）请示旅行社批准，补办参团手续，收取相关费用。

58. 在与旅游车司机的工作协作中，导游员应注意哪些关键细节？

（1）应及时向司机通报旅游活动信息；

（2）应协助司机做好安全行车工作；

（3）结合日程安排，征求司机对行车路线的意见；

（4）应提醒司机及时休息，勿疲劳开车。

59. 酒店火灾事故中，如果团队被大火和浓烟包围，导游人员引导游客自救的主要方法有哪些？

（1）准确判断火情，稳定游客情绪，告诫游客不要乘坐电梯逃生；

（2）根据火情，可用毛巾捂住口鼻，身子尽量贴近地面，沿墙根匍匐爬行；

（3）如大火已封闭房门，可用湿布塞住门缝，往门上浇水降温，等待救援；

（4）可在窗口摇动色彩鲜艳的示意物，为救援人员标识位置。

60. 在旅游过程中，游客利益受损，会向导游人员现场投诉，导游人员应如何处理？

（1）认真倾听，做好记录；

（2）分析原因，及时弥补；

（3）勇于检讨，把握尺度；

（4）不计前嫌，优化服务。

三、综合知识问答及参考答案（80 问）

1. 四川省的世界遗产项目有哪些？

四川省拥有 3 处世界自然遗产——"童话世界"九寨沟、"人间瑶池"黄龙、四川大熊猫栖息地，1 处世界文化和自然双重遗产——"佛教圣地"峨眉山—乐山大佛，1 处世界文化遗产——青城山—都江堰。

2. 截至 2019 年，四川省列入联合国"世界生物圈保护区"的项目有哪些？

截至 2019 年，四川省列入联合国"世界生物圈保护区"的项目有 4 处，分别是九寨沟世界生物圈保护区、卧龙世界生物圈保护区、黄龙世界生物圈保护区和亚丁世界生物圈保护区。

3. "十三五"期间，四川省旅游业全力提升的五大国际旅游品牌分别是哪些？

大熊猫、大九寨、大峨眉、大香格里拉、大蜀道五大国际旅游品牌。

4. "十三五"期间，将全力提升四川省"511"旅游发展新格局，其中的"5"指的是？

四川旅游 5 大区域，分别是成都平原核心旅游区、川西北旅游区（阿坝、甘孜）、川东北旅游区（广元、南充、广安、达州、巴中）、攀西旅游区（攀枝花、凉山）、川南旅游区（自贡、泸州、内江、宜宾）。

5. 2019 年 4 月，四川省文化和旅游产业领导小组办公室公示了首批天府旅游名县名单，它们分别是？

成都市青羊区、都江堰市、剑阁县、峨眉山市、阆中市、长宁县、广安市广安区、汶川县、稻城县和西昌市。

6. 2019 年 4 月 15 日，四川省文化和旅游厅召开新闻发布会，宣布了四川省文化和旅游新版宣传口号，口号的具体内容是？

新口号的内容是"天府三九大，安逸走四川"，同时发布了四川旅游新版 LOGO。新口号包含了四川特色文化和旅游资源。其中，"三"指的是古蜀文明的代表——三星堆，"九"指的是世界罕见的生态旅游资源——九寨沟，"大"指的是大熊猫。

7. 四川旅游资源中，哪些景点与三国历史文化有密切关联？（列举不少于 7 项）

成都武侯祠，德阳诸葛双忠祠、白马关、庞统祠、绵阳富乐山、江油关，广元剑门关、昭化古城，南充西山、阆中古城等景点都是三国历史文化的关联地。

8. 四川现有国家级历史文化名城8座，它们分别是哪些？

成都、都江堰、阆中、乐山、泸州、宜宾、自贡、会理。

9. 2019年4月，中共四川省委、四川省人民政府下发《关于大力发展文旅经济加快建设文化强省旅游强省的意见》。其中，关于四川省"一核五带"文旅发展的布局，具体内容是什么？

"一核"指的是建设成都文旅经济发展核心区。

"五带"指的是建设以大熊猫文化、古蜀文明、天府文化等为主题的环成都文旅经济带；建设以长江文化、民俗文化等为主题的川南文旅经济带；建设以巴文化、三国文化、蜀道文化等为主题的川东北文旅经济带；建设以彝文化、"三线"文化、康养文化等为主题的攀西文旅经济带；建设以高原生态文化、藏羌民族文化、长征文化等为主题的川西北文旅经济带。

10. 从行政区域分，四川的少数民族主要聚居地有哪些？

主要有凉山彝族自治州、甘孜藏族自治州、阿坝藏族羌族自治州及木里藏族自治县、马边彝族自治县、峨边彝族自治县、北川羌族自治县等。

11. 成都是西南地区最大的公路枢纽，有6条国道在此交会，它们分别是哪些？

108国道、213国道、317国道、318国道、319国道、321国道。

12. 四川天主教文化旅游资源丰富，请列举5座以上典型教堂。

成都平安桥天主堂、成都彭州白鹿镇天主堂、金堂舒家湾天主堂、宜宾拱星街天主堂、西昌圣母堂、南充顺庆区主教座堂、乐山天主堂、自贡自流井天主堂、雅安城关天主堂等。

13. 四川清真寺的主要建筑特点有哪些？

多为四合院建筑，大殿坐西朝东，殿内不设偶像，常以花草、几何图案和阿拉伯文字装饰，寺内多牌匾、字画、楹联，文化氛围浓郁。

14. 四川古代园林的特色有哪些？

四川古代园林的特色有：源于生活，布局自然；崇尚自然，建筑简朴；植物配置，适合乡土。四川园林以其特有的风格有别于北方皇家园林、江南私家园林和岭南园林。

15. 在四川的古代建筑中，木质飞天藏的代表作是什么？

飞天藏是存放经书的木质小型阁楼，它可以沿中轴360°转动，转动产生的风可以有效防止存放在里面的经书受潮。江油窦圌山飞天藏是全国仅有的两座宋代木质转轮经藏之一，于南宋淳熙八年（1181年）建造。整个藏身无一颗铁钉，由楠木穿斗而成，是全国重点保护文物。

16. 简述九寨沟得名由来以及九寨沟的"六绝"。

　　九寨沟原名"中羊峒"，由于当地分布着荷叶、树正、则查洼等九个藏族村寨，故改称为九寨沟。九寨沟"六绝"分别是翠湖、彩林、雪峰、叠瀑、藏情、蓝冰。

17. 简述黄龙景区的特色。

　　黄龙景区是世界上规模最宏大、结构最完整、造型最奇特的高原地表喀斯特地貌景观。拥有世界三大最：最壮观的露天钙华彩池群、最大的钙华滩流、最大的钙华塌陷壁。

18. 为什么将峨眉山称为"仙山佛国"？

　　道教认为峨眉山是仙人聚居修身的场所，又是道士修真的地方，所以有"仙山"之称；汉末晋初，峨眉山又逐渐成为佛教四大菩萨之一的普贤菩萨的道场，因而又有"佛国"的美名。现在的峨眉山是中国四大佛教名山之一。

19. 列举诸葛亮治蜀的五大措施。

　　一是重农，发展农业；二是明法，赏罚必信；三是和夷，稳固后方；四是治军，严格训练；五是正身，率先垂范。

20. 为何成都老百姓习惯将"汉昭烈庙"称作"武侯祠"？

　　汉昭烈庙本是蜀汉皇帝刘备的陵园，"武侯"则是诸葛亮的封号。诸葛亮先后被赐封为"武乡侯""忠武侯"。以"武侯"取代"昭烈"，其根本原因是在百姓心中，诸葛亮一生为国为民、鞠躬尽瘁。民国时期，邹鲁有诗曰"由来功名输勋业，丞相功高百代思"，道出了"门额大书昭烈庙，世人都道武侯祠"的缘由。

21. 武侯祠中的"三绝碑"有哪三绝？（列举两种不同说法）

　　武侯祠中的三绝碑有两种说法。一种是指诸葛亮的智绝、裴度的文绝和柳公绰的书绝，另一种是指裴度的文绝、柳公绰的书绝和鲁建的刻绝。

22. 简述成都人"人日游草堂"的习俗。

　　成都人素有浣花郊游的习俗。但将每年郊游开始日选在人日，却是因为清朝时期的四川学政何绍基曾在草堂工部祠留下"草堂人日我归来"这一名句。成都人历来尚文，于是在"人日"这一天，都要去"草堂"抒发一番"我归来"的感慨，同时也是对杜甫、陆游、黄庭坚、何绍基等先贤的一种纪念。自此，成都人将"人日"与踏青画上了等号。

23. 道教宫观内三清殿中供奉的"三清"，有何象征和含义？

三清殿中供奉的是道教至高无上的三位尊神，即上清、玉清、太清。上清称为灵宝天尊，象征洪元世纪；玉清称作元始天尊，象征混元世纪；太清为道德天尊，象征太初世纪。以道教的观念看，"三清"在时间上代表着三个时期，在修行上代表三个境界。

24. 请扼要简介阆中桓侯祠的特点。

阆中桓侯祠是蜀汉"五虎上将"之一张飞的祠庙，俗称张飞庙，迄今有1700多年的历史。张飞镇守阆中 7 年间，保境安民、发展农桑，百姓敬其忠勇，为他修建了墓冢和祠堂，以示纪念。现在的桓侯祠是明清时重建的四合庭院式古建筑群，由山门、敌万楼、左右厢房、大殿、后殿、墓亭、墓冢组成，为全国重点文物保护单位。

25. 请扼要简介阆中贡院的特点。

阆中贡院是全国重点文物保护单位，始建于清顺治九年（1652 年），由大门、考棚、致公堂、名远楼等建筑组成，是目前国内仅存的两座贡院之一，也是研究我国古代科举建筑、科举制度和古代教育制度的重要实物资料和展示场所。

26. 请扼要简介蜀南竹海景区的特点。

蜀南竹海景区集竹景、山水、溶洞、湖泊、瀑布于一身，兼有历史悠久的人文景观，主要景点有忘忧谷、翡翠长廊、七彩飞瀑、夕佳山古民居等。这里成片生长着 400 余种、7 万余亩翠竹，四周丹崖绝壁，四季宜游，是我国空气负离子含量极高的天然大氧吧。

27. 请扼要简介都江堰水利工程的特点。

都江堰是中国水利工程技术的伟大奇迹。它最伟大之处，在于充分利用地理环境和水流规律，实现了分流、排砂、引水、灌溉的高度统一。它是全世界迄今为止仅存的一项无坝引水、自流灌溉的"古代生态水利工程"，建堰 2300 多年仍经久不衰，而且发挥着越来越大的效益。

28. 金牛道在历史上起过什么作用?

"金牛道"又叫石牛道,得名源自战国时期秦王伐蜀"石牛粪金、五丁开道"的故事。它自古是四川通往陕西的一条重要古驿道,属于"古蜀道"的重要组成部分,它促进了四川同中原地区的政治、经济、文化等方面的交流。

29. 请扼要简介剑门蜀道的价值。

剑门蜀道历史悠久,肇始于西周,使用至民国,民间至今仍在使用,它是先秦古蜀道——金牛道的核心地段,历史跨越 3000 余年。至今仍遗存有众多的古桥梁、古建筑、古碑刻、古城址、行道树等珍贵文物,是迄今为止古代中国交通道路史上开辟最早、使用时间最长、保存最完整的人工古驿道。

30. 请扼要简介邓小平故里景区的特点。

邓小平故里景区位于广安市市郊,是集缅怀纪念、爱国主义教育、古镇文化、社会主义新农村展示、休闲度假于一身的复合型旅游景区,主要包括四大景点——邓小平故里纪念园、佛手山景区、协兴古镇、牌坊新村。在这里,人们可以追寻邓小平同志的成长足迹,感受伟人故里的地灵人杰。

31. 如何解释"川陕苏区"?

苏区,就是采用"苏维埃政权"组织形式的地区。"苏维埃"一词源于俄语的"会议"或"代表会议",意指人民政权。鼎盛时的川陕苏区,以巴中、通江、南江为中心,总面积约 4.2 万平方千米,人口 600 余万,建立了23 个县(市)的革命政权,是当时全国的第二大苏区。

32. 列举四川的名联(列举不少于 5 副)。

如成都武侯祠内赵藩"攻心联"、完颜崇实"刘备墓享殿联",杜甫草堂内何绍基"人日对"、顾复初"大廓联",宝光寺内何元普"了犹未了联",文殊院内方旭"见了便做联"等。

33. 简述成都"永陵"的考古价值。

成都"永陵"是五代十国时期前蜀政权皇帝王建的陵寝。据考证,永陵不但是我国目前所知唯一一座将墓室修建于地表之上的皇帝陵墓,还是国内考古界首次采用现代考古方法进行发掘的皇陵。

34. 成都为何有"锦城""蓉城"的别称?

成都早在西汉时期就已开始织锦。锦,在当时是朝廷的重要税负来源。

朝廷专设锦官在成都管理织锦业，管理织锦业的衙署及周边区域被称为"锦官城"，成都因而以"锦城"闻名。五代十国时期的"后蜀"政权皇帝孟昶倡导在成都遍植芙蓉，四十里如锦绣，所以又有"蓉城"之称。

35. "天府"有何寓意？历史上，谁第一次将四川称为"天府"？

"天府"原为周朝时的官职名称，是掌管周天子府库珍宝的官员。后人用来借喻自然条件优越、地势险要、物产丰富的地方。历史上第一次将四川与"天府"一词相提并论的人是三国时期的一代贤相诸葛亮。

36. 列举 5 处四川省内的皇家陵寝，并指出其中最具代表性的一座。

有王建墓（永陵）、孟知祥墓（和陵）、刘备墓（惠陵）、朱友燻墓、朱悦燫墓等，多为砖石砌筑，其中以王建墓（永陵）最具代表性。

37. 如何解读"扬子江心水，蒙山顶上茶"？

古人喝茶，既要讲究水质，更要讲究茶质。这两句话，一是指用来自长江江心的泉水（名中泠泉）泡茶，水质极佳；二是道出了蒙顶茶的茶质优异。说明了当时以蒙顶茶为代表的川茶历史最悠久、产量最大、地位最高。

38. 简述川藏茶马古道的形成原因。

川藏茶马古道的形成是因为"茶马互市"。"茶马互市"是以内地的边茶交换藏区的马匹。因此，茶马古道是一条用以货易货的贸易方式所形成的重要经济、文化交流通道。川藏茶马古道起于雅安经康定到西藏，在明代成为全国边茶的主要贸易通道。

39. 红军长征途经四川境内时发生了哪些重大事件？（列举不少于 7 项）

有四渡赤水、巧渡金沙江、彝海结盟、强渡大渡河、飞夺泸定桥、爬雪山、过草地、两河口会议、卓克基会议、毛儿盖会议等重大事件。

40. 羌族在历史上不同时期有哪些著名人物？

羌族在历史上的名人首推炎帝，治水英雄大禹更是家喻户晓的羌人代表，中国第一个奴隶制王朝夏朝的创建者——夏启、三国时期的姜维、建立西夏王朝的李元昊等都是著名的羌族历史人物。

41. 佛教寺院中的"三方佛""三世佛"有何异同？

三方佛，指药师佛、释迦牟尼佛和阿弥陀佛，它是佛教对空间的一种认识，以东方、现世、西方加以展现；三世佛，指燃灯佛、释迦牟尼佛、弥勒佛，它是佛教对时间的一种认识，以过去、现在、未来加以展现。

42. 简述"四川"得名及"四川省"建制的由来。

北宋真宗咸平四年（1001年），中央在蜀地设益州路、利州路、梓州路、夔州路，统称"川峡四路"，简称"四川路"。元灭宋后，改设"四川行中书省"，简称"四川省"。

43. 简述"泸顺起义"的意义。

"泸顺起义"是川军于1926~1927年在泸州龙透关和南充顺庆区栖乐山发动的两次起义。因其指挥者都是刘伯承，且两地的起义又相互呼应，都是在共产党领导下独立掌握武装力量的尝试，因而并称"泸顺"起义。泸顺起义为1927年"八一南昌起义"积累了宝贵经验。

44. 简述金沙遗址出土的金器数量和种类。

金沙遗址是中国同时期出土金器最多的遗址之一，目前已出土金器200余件，以金箔和金片为主，有金面具、金带、太阳神鸟金箔、蛙形饰、鱼形饰等。

45. 简述《华阳国志》一书的性质。

《华阳国志》是我国一部著名的地方性通史著作，有"方志鼻祖"之誉。作者是东晋时期四川崇州人常璩。书中所记录的地区为今四川、云南、贵州及陕西汉中，因地理位置在华山之阳，故有此名。

46. 简述兴文石海景区的特色。

兴文石海景区是我国喀斯特地貌发育最完善的地区之一，景区以喀斯特（岩溶）地貌为特色，以石林、溶洞为基础构景，地表奇峰林立，地下溶洞交错。2005年2月，被联合国教科文组织评为世界地质公园。景区拥有"三绝"，分别是"中国最大规模的石林景观""世界级的大漏斗""国内空间规模最大、系统最长的游览洞穴"。

47. 四川出土的汉代画像砖包括哪些主要题材？

汉代画像砖反映了当时社会生活的方方面面。主要题材：一是反映汉代各种产业的；二是表现墓主人身份和生活、经历的；三是表现当时的社会生活和政治制度的；四是表现神话传说的。

48. 四川汉区的大型传统节庆活动主要有哪些？

有成都灯会、成都花会、郫县望丛祠歌会、都江堰放水节、彭州牡丹会、广元女儿节、达州元九登高节等。

49. 南充为何被称作"四总之乡"？

这里有中国改革开放的总设计师邓小平（广安县人，曾为南充所辖）、人民解放军总司令朱德（仪陇人）和总参谋长罗瑞卿（南充舞凤镇人）。由于胡耀邦曾在南充主持川北行署工作，因而，作为总书记的胡耀邦也被南充人视为老乡。所以，南充有"四总之乡"的美誉。

50. 南充陈寿纪念馆正门有"并迁双固"匾，这四个字有什么含义？

"迁"是指司马迁，"固"是指班固。前者是纪传体通史《史记》的作者，后者是断代史《汉书》的作者。匾额的意思是陈寿在历史学上取得的成就可以和司马迁、班固相媲美。

51. 简述四川"保路风潮"的意义。

"保路风潮"是指1911年5月，清政府把川汉铁路的承办权转让给西方列强，出卖民族利益，导致了全川范围内的"保路运动"，更导致了武昌起义爆发，辛亥革命成功。孙中山先生后来评价四川"保路风潮"说："倘若没有四川的保路运动，革命的成功尚须推迟一年半载。"

52. "天下文宗"是谁？他的代表作是什么？

"天下文宗"是指被李白、杜甫所推崇的四川射洪人陈子昂。他的代表作是《登幽州台歌》："前不见古人，后不见来者。念天地之悠悠，独怆然而涕下。"诗文采用了长短交错的楚辞体句法，意境雄浑，极具"汉魏风骨"。

53. 梓潼"文昌宫"内所供奉的"帝君"是谁？为何供奉？

文昌宫内供奉的"帝君"指文昌帝君。文昌帝君原系梓潼民间流传的"梓潼神"，因屡显神灵，庇护苍生，唐玄宗曾追封其为"左丞相"，唐僖宗又加封为"文昌帝君"，后成为天庭中专门司职官运、文运的掌管者。

54. 简述崇丽阁得名的由来。

崇丽阁是一座高27.9米的全木结构建筑，其名取于晋人左思《蜀都赋》中对成都的评价——"既丽且崇，实号成都"，因为矗立在锦江岸边，民间称之为"望江楼"，楼内供奉有文曲星造像。这座阁楼是成都传统意义上的标志性建筑之一。

55. 简述成都"满城"的渊源。

清政府虽然号称"不分满汉，一体眷遇"，但具体措施上执行的仍是民族分离政策。为了防止八旗兵与当地居民接触，全国的不少城市修建有城中城，即只供八旗兵及其家属们居住的"满城"。成都的满城始建于 1718 年，这座城中城以将军衙门为中心，面积约 5 平方千米。

56. 成都"交子街"一名有何历史意义？

"交子"是中国最早由政府正式发行的纸币，发行于北宋仁宗天圣元年（1023 年）的成都。在当时，它作为官方法定的货币流通，称作"官交子"。"交子"在四川境内流通近 80 年，被认为是世界上最早使用的纸币，比西方国家发行的纸币要早 600 年。

57. 驷马桥的得名与成都历史上哪位名人有关？有何典故？

一车套四马，是古时贵族身份的象征。驷马桥曾名升仙桥，现在桥名的由来与西汉大才子司马相如有关。相传司马相如赴长安求取功名途经此桥时，在桥廊上大书立誓：大丈夫不乘高车驷马，不复过此桥。后来他功成名就，乘"高车驷马"衣锦还乡，后人于是称此桥为"驷马桥"。

58. 成都在历史上有 5 次大规模的治水，它们分别指哪几次？

第一次治水是古蜀时代的鳖灵治水，第二次是战国末年的李冰治水，第三次是西汉时期的文翁治水，第四次是唐代的高骈治水，第五次是 1992 年开始由成都市政府主持、历时 5 年的"府南河综合整治工程"。

59. 简述巴金小说代表作的名称及其与成都的关系。

巴金原名李尧棠，成都人，是 20 世纪中国杰出的文学大师、中国当代文坛的巨匠。小说的代表作有《家》《春》《秋》，故事发生的背景设定在今成都城北的正通顺街。现百花潭公园内有纪念巴金的"慧园"。

60. "扬一益二"是什么意思？

"扬"指扬州，"益"指成都。"扬一益二"说明，在唐代，扬州、成都以商业繁盛、富庶丰饶成为天下数一数二的名都会。成都作为内陆腹地城市，当时已成为中国仅次于扬州的第二大繁华之地。

61. 成都在历史上有几个偏安一隅的地方政权？（列举不少于 5 个）

成都先后建立过七个偏安一隅的地方性政权。按年代顺序为：公孙述在西汉末年建立的"大成"政权，刘备在东汉末年建立的"蜀汉"政权，李雄在西晋末年建立的"成汉"政权，王建在五代十国时建立的"前蜀"政权，孟知祥在五代十国时建立的"后蜀"政权，王小波、李顺在北宋时建立的"大顺"农民政权，张献忠在明朝末年建立的"大西"政权。

62. 简述"努力餐"一名的来历。

"努力餐"是一所餐馆，由车耀先烈士于 1929 年在成都三桥南街创办，现位于成都金河路。餐厅以经营四川大众风味餐为特色，劳苦大众都可以进去用餐，实际上是当时中共四川省委一个秘密的党组织联络点，车耀先在这里创办救亡刊物，宣传抗日，传播革命。

63. 如何正确看待民谚"少不入川"？

"少不入川"旧指天府之国有好山好水，是富庶温柔之乡。年轻人当胸怀天下，建功立业，若早年入川，意志不坚定者难免流连忘返、乐不思归。事实上，四川人生活、工作两不误，慢中有快，是生命本真状态和豁达闲适的自由表达。

64. 简要介绍成语"乐不思蜀"。

三国时期，刘备占据蜀地，建立蜀汉政权。他逝后，其子刘禅即位。后来蜀汉被魏所灭，刘禅降魏并被掳至洛阳。在一次宴会上，权臣司马昭当着刘禅的面故意安排表演蜀地的歌舞。随从人员想到灭亡的故国，都非常难过，刘禅却对司马昭说："此间乐，不思蜀。"该成语比喻在新环境中得到乐趣，不再想回到原来环境中去，引申为"忘本"之意。

65. 简述中国历史文化名城——会理的特色。

地处川滇交界的会理，是四川目前 8 座中国历史文化名城中唯一的县城，以丰富的历史文化遗存、风貌完整的明代卫城格局、保存较为完好的文物古建筑群落、丰富的民俗资源和传承已久的红色文化而独具特色。

66. 成都"宽巷子"地名由何而来？

清代，因与之相邻的窄巷子奇窄，相比较而言此巷要宽些，故名"宽巷子"。后来一度改称"兴仁胡同"，这里曾驻扎镶红旗的清军，属于当时 42 条兵丁胡同之一。胡同是蒙语的音译，最早是指草原上蒙古包之间的通道。如今，宽窄巷子历史文化片区与大慈寺、文殊坊一起并称为成都三大历史文化名城保护街区。

67. 简要介绍成都新机场的概况。

新机场定名为"成都天府国际机场"，机场邻近四川天府新区、简阳市芦葭镇，初期设计运营能力为年运输旅客 4000 万人次，定位是中国第四大国家级国际航空枢纽，主要负责成都的国际航线。建成后，成都将成为继北京、上海之后，国内第三个拥有双机场的城市。

68. 什么是"川江号子"？

川江号子有"长江文化的活化石"之称，它是川江流域船工为统一动作节奏，由号工领唱，船工帮腔、合唱的一种汉族民间歌唱形式，主要流传于金沙江、长江及其支流等流域。这些地方水急滩多，船工举步维艰，号子应运而生。川东和重庆是川江号子的主要发源地和传承地。2006 年，川江号子被列入第一批国家级非物质文化遗产名录。

69. 平武报恩寺为何被称为"深山王宫"？

报恩寺是我国保存最完整的明代古建筑群之一。该寺全称为"敕修报恩寺"，始建于明正统五年（1440 年）。报恩寺布局结构酷似北京紫禁城，相传为明英宗时，镇守龙州的宣抚司世袭土官佥事——王玺用重金招募曾修建过"紫禁城"的工匠，仿其形制，大兴土木而建，所以又称"深山王宫"。

70. 什么是"太阳神鸟"？

太阳神鸟是商代后期古蜀人制作的精美金箔器，表达了古蜀人对太阳的膜拜，是成都金沙遗址博物馆的镇馆之宝，被确定为"中国文化遗产"的标志。金箔厚度仅为 0.02 厘米，含金量高达 94.2%。其外层 4 鸟代表"四鸟负日"，也代表春夏秋冬四季轮回，内层 12 道象牙状芒纹代表了一年 12 个月周而复始。

71. 稻城的"三怙主神山"分别是哪三座山？有何典故？

稻城三神山分别是北峰仙乃日、南峰央迈勇、东峰夏诺多吉。传说莲花生大师为三座雪峰开光加持，并以佛教中三怙主——观音（仙乃日）、文殊（央迈勇）和金刚手（夏诺多吉）命名加持，因此称为"三怙主神山"。

72. 全国唯一以花名命名的地级市是哪座城市？有哪些著名景点？

全国唯一以花名命名的地级市是四川省的省辖市——攀枝花市，攀枝花市位于中国西南的川、滇交界，于 1965 年设市。攀枝花市的著名景点有攀西大裂谷、格萨拉、二滩水电站及库区、苏铁林、红格温泉、米易颛顼龙洞等。

73. 中国最大的彝族聚居区在哪里？为什么说彝族文化的核心是"毕摩文化"？

四川凉山彝族自治州是中国最大的彝族聚居区。毕摩是彝语音译，"毕"意为"念经"，"摩"意为"有知识的长者"。毕摩是指专门替人礼赞、祈祷、祭祀的人，学术界大多称他们为祭司。毕摩既是彝族民间宗教活动的主持者和组织者，又是彝族宗教和信仰的代表人物，是彝族文化的传承者和传播者。

74. 简要介绍安岳石窟并列举其中3处最具代表性的景观。

安岳石窟的开凿始于南北朝，盛于唐宋，延续至明清直到民国。安岳石窟以佛教石窟为主，也有道教造像及三教合一的造像。安岳石窟有几最：中国最大的唐代左侧石刻卧佛以及21万字石刻佛经、中国最精美的观音经变像——毗卢洞北宋紫竹观音、唐代最大的道教石刻群——玄妙观等。

75. 简要介绍邛崃天台山景区的特点。

天台山景区是"四川大熊猫栖息地"世界自然遗产的组成部分，是国家级风景名胜区和国家级森林公园，目前是国家4A级旅游景区。景区拥有悠远的宗教文化、独特的丹霞地貌和原始的生态环境。众多景物依水幻化，形成"九十里长河八百川，九千颗怪石两千峰"的山水画卷，形成独特的高山玩水和萤火虫观赏旅游品牌。

76. 四川省野生动物资源极其丰富，其中国家一级保护动物有哪些？（列举不少于7种）

有大熊猫、牛羚、川金丝猴、白唇鹿、云豹、林麝、四川梅花鹿、绿尾虹雉、白鹳、黑鹳、金雕等。

77. 海螺沟冰川的成因是什么？

海螺沟冰川形成于大约200万~300万年前，因海拔最低处仅2850米，所以称现代低海拔冰川。冰川主体海拔大都在5000米以上，这些地区积雪越厚，下层积雪接受的压力就越大，变得密实。上层受太阳辐射消融后，雪水向下渗透，过冷时又冻结起来。下层积雪在压力和冻结双重作用下，形成巨大冰体，受地心引力作用，沿山体向下延伸，形成冰川。

78. 简述崇州罨画池的布局特点和历史地位。

崇州罨画池是川西园林的代表作之一，全国重点文物保护单位，始建于唐朝，历代多有修葺。现在的罨画池全园由罨画池、陆游祠和崇州文庙三部分组成，形成独特的园林、祠堂、文庙三位一体的格局。现存建筑群多为清朝重建。全园格局及建筑保存完好，是中国少数几处保存至今的唐宋衙署园林之一。

79.“巴”“蜀”二字有何渊源？

“巴”字起源有多种说法，其中代表性的是指巴山山形蜿蜒如蟒蛇或巴江河道曲折如蛇形。“蜀”字代表的是一只正在作茧的蚕虫，象征着蜀地农桑发达。古代巴蜀以嘉陵江为天然划界，嘉陵江以东的巴山地区为巴地，嘉陵江以西为蜀地。

80. 历史上，四川汉语系佛教发展中最兴盛的宗派是哪一派？代表人物有哪些？

四川汉地佛教各派中，最兴盛的派别是禅宗。代表人物有唐代的马祖道一、宗密，北宋的法演，明末清初的破山等高僧。

第六章
旅游文化专题

一、水文化元素

水,孕育了成都,滋养出锦城具有蜀域特色的水文化。

如何深入浅出地解读水文化,是导游成都的一把钥匙。蜀人因水而生,依水而存,演化发展中与水相生相克,在求发展过程中,蜀人用水、治水、护水、惜水、兴水利、减水患而衍生的全部物质、制度和精神创造物,都可以归入成都的水文化。

成都,同样是一座因水而兴的城市。公元前 256~ 前 250 年,蜀郡太守李冰为治理岷江水患而修建都江堰水利工程,"无坝引水自流灌溉工程"打造了河渠纵横、沃野千里的天府之国。

古名为"升仙水"的沙河,是一条拥有 1500 余年历史的自然河流,其上游从北府河分出,下游又返回南府河,据考证是大禹"岷山导江,东别为沱"治水方法的产物。如今,通过兴建"沙河八景"、四大文化带等景观工程,治理后的沙河像一条跳动的脉搏,串联起成都的水文化、桥文化、茶文化、诗词文化等模块。

水是成都城市的灵魂,也是成都城市的特色所在。从"上善若水、以水为脉、以绿为美、以文化为魂"的城市个性来看,水是成都市生态和文态的结合点。成都,以桥命名的街道有四五十条,与水系有关的街名近 100 个,加上多座古桥和众多码头,成都人对历史上这座家家流水、户户垂柳的"水城"萌发着无尽的留恋。

据统计，目前流经成都中心城区的大、中、小河道有70余条，河流总长度超过400千米，这在国内乃至世界各城市中都极为罕见。府南河整治工程先后获得了联合国"人居奖""国际环境地域设计奖励""国际优秀水岸最高奖"，2000年又获得"地方首创奖"和"迪拜国际改善居住环境最佳范例奖"。随后沙河治理工程又获"人居范例奖"。如今的河道已由昔日的污水横流变成了"一湾清水，两行绿荫"，沙河上空又见白鹭飞。这番景象来之不易，治理过程令人感慨，这不仅在于几十年目标如一的奋斗，更体现了成都人顺应自然、不断创新的精神。

成都地处西部内陆，地方财力并不宽裕。但自20世纪90年代以来，政府先是斥资27亿元实施府南河综合整治工程，再是投资32亿元实施沙河综合整治工程，后又筹资近60亿元实施中心城区水环境综合治理工程。

成都市在府南河、沙河综合整治工程中，采用了配套土地安置拆迁居民、利用整治后沿河土地的增值效应筹措工程建设资金等办法，解决了困扰工程实施的居民拆迁安置和工程建设资金难题。自2003年以来，为了推进中心城区水环境综合整治，市政府以58亿元初始投入为依托，以中心城区30年污水处理收费为杠杆，多渠道融资，汇集了40多亿元建设资金。其中2003年向社会成功发行了总额度为5亿元的集合委托贷款，在成都市首创了吸引民间资金参与水环境治理的新模式。

府南河系源于岷江系四条河中的走马河，流到成都形成府河和南河，府河走北，南河绕南，在合江亭相汇东去。2005年，四川省政府正式批复：将府河洞子口至江口镇约97.3千米的河段更名为锦江。如今，锦江水生态治理如火如荼，"百水润城、水清岸绿"的水生态画卷正在成都大地上渐次呈现。绿色正成为锦绣成都、公园城市的最优质资产。

二、天府之国

秦国时期，蜀国"省长"李冰率民众修建了都江堰水利工程之后，有了成都平原的富庶，"水旱从人，不知饥馑"，成了中央王朝的主要粮食供给基地和赋税的主要来源，再加上盆地在冷兵器时代具有易守难攻的特殊战略地位，因而避免了历史上多次战争的破坏，成都平原得到了一个相对安定的社会环境。

历史上许多有眼光的战略家，如张良、诸葛亮等都把四川当作可以立国的根基之地。唐朝中、晚期，关中发生战乱时，唐玄宗和唐僖宗都选择到四川成都避乱。抗日战争时期，蒋介石更是应了一句谶语"胜不离川，败不离湾"。"益州险塞，沃野千里，天府之土，高祖因之以成帝业"，这是历史上名篇《隆中对》中的论断，作者诸葛亮之所以协助刘备称帝，恐怕也与谶语"胜不离川"相关吧。三国时候，刘备率一支人数并不占多的军队，却能够保全实力，拥有蜀地而三分天下，莫不与四川这个独特的地理位置有关。

"天府"原是一个官职名称，也指京师或天子的府库，后来比喻天然府库，指其是土地肥沃、物产丰富的地方。而"天府之国"多指在被称为"天府"之地建立过政权或设为国都，是一个相对独立的区域，范围较"天府"更大一些。

历史上曾有过"天府"美誉的地区有以下这些：

（1）关中地区（战国至明代）：司马迁在《史记·苏秦列传》中讲，公元前338年，苏秦游说秦惠王时说："秦四塞之国，被山带渭，东有关河，西有汉中，南有巴蜀，北有代马，此天府也。"这是文献中关于"天府"之地的最早记载。关中被正式称为"天府之国"，始于秦汉之际的张良。《汉书》卷四十载张良建议刘邦定都关中时说："夫关中左崤函，右陇蜀，沃野千里……此所谓金城千里，天府之国。"从先秦到元明时期，关中地区都曾被称作"天府"或"天府之国"。但清代以后，很少有人把关中地区称作"天府之国"了。

（2）成都平原（西晋至今）：《华阳国志》卷三《蜀志》：李冰修都江堰后，成都平原"沃野千里，号为陆海，旱则引水浸润，雨则堵塞水门，故记曰水旱从人，不知饥馑，时无荒年，天下谓之天府也。"《三国志》卷三十五《诸葛亮传》记载诸葛亮在《隆中对》中说："益州险塞，沃野千里，天府之土，高祖因之以成帝业。"《陈拾遗集》卷五："夫蜀都天府之国，金城铁冶，而俗以财雄。"虽然成都平原成为"天府"或"天府之国"都比关中要晚，但自从都江堰修成以后，成都平原生态环境保护良好，社会经济得到持续发展。五代以后，关中地区元气大伤，成都平原后来居上。明清时期，湖广地区的不少百姓迁到成都平原，改变了四川地广人稀的状况，对发展当地经济起到了促进作用，故成都平原日益富庶，成为名副其实的"天府"，"天府之国"的美誉一直流传至今。

（3）华北北部（明清时期）：华北北部的燕京一带虽在战国后期亦被称为"天府"，但秦汉以来史志中的记载不多，直到明清时期建都北京，才获得了"天府之国"的美誉。《大明一统志》卷一记载："京师古幽蓟之地，左环沧海，右拥太行，北枕居庸，南襟河济，形胜甲于天下，诚所谓天府之国也。"

（4）江淮以南地区（北宋时期）：其范围略如"江南"。《盱江集》卷二十八《寄上孙安抚书》："嗟乎！江淮而南，天府之国。周世宗之威武，我太祖之神圣，非一朝一夕而得……"

（5）太原附近（五代时期）：《册府元龟》卷四百六十一记载："唐邕天保……十年从幸晋阳，除兼给事黄门侍郎，领中书舍人。帝尝登童子佛寺望并州城曰：'是何等城？'或曰：'此是金城汤池，天府之国。'帝曰：'我谓唐邕是金城，此非金城也。'其见重如此。"

（6）闽中（明代）：闽中即福州及其西南一带。屠本畯《闽中海错疏·原序》记载："禹奠山川，鱼鳖咸若；周登俎豆，鲂鳢是珍……闽故神仙奥区，天府之国也，并海而东，与浙通波，遵海而南，与广接壤。"

（7）盛京（清代）：盛京即沈阳。《钦定满洲源流考》卷十九《国俗·物产·御制盛京土产杂咏十二首》："盛京山川浑厚，土壤沃衍。盖扶舆磅礴，郁积之气所钟，洵乎天府之国，而佑我国家亿万年灵长之王业也。"

在这么多的天府之地中，成都曾七次成为不同政权的都城，在中国历史上逐渐成为最为人熟知的"天府之国"。

三、清明放水节

清明放水节是都江堰市甚至成都平原一年一度最盛大的节事活动。

每年清明这一天，为庆祝都江堰水利工程岁修竣工和进入春耕生产大忙季节，同时也为了纪念李冰在西川创建的"第一奇功"，都江堰都要举行盛大的庆典活动，包括官方祭祀和群众祭祀等。这一活动已经延续了2000多年。

最早，清明和放水节实际上是两个独立节日，两者之间毫无关系。但由于在时间上的巧合，加之节日的内涵都关乎老百姓的日常生活，后来，两个节日便合二为一了。

就两个节日相较而言，清明节在都江堰和成都民间的影响更为深远而深入。清明是农业作息最重要的一个节气，以前与七月十五中元节、十月十五下元节合称"三冥节"，也就是说，它自古以来就与祭祀鬼神有关，所以民间又称"扫坟节"或"冥节"。

中国古人在实际生活中总结出的节气，只有清明既是节气又是节日。它的原意是：大自然已经到了转暖的时候，万物开始复苏，可以春耕播种了。我国古代将清明分为三候："一候桐始华；二候田鼠化为鹌；三候虹始见。"意即在这个时节先是白桐花开放，接着喜阴的田鼠不见了，全回到了地下的洞中，然后是雨后的天空可以见到彩虹了。

从纯粹的节气来说，清明期间是一个"雨纷纷"的时节。由于二十四节气比较客观地反映了一年四季气温、降雨、物候等方面的变化，所以，古代劳动人民都是根据"气"的"关节"来安排全年的农事活动，春播、夏种、秋收，什么事都按部就班。《淮南子·天文训》云："春分后十五日，斗指乙，则清明风至。"按《岁时百问》的说法："万物生长此时，皆清洁而明净。故谓之清明。"清明一到，气温升高，雨量增多，正是春耕春种的大好时节。故先民有"清明前后，点瓜种豆""植树造林，莫过清明"的农谚。可见，这个节气与农业生产有着密切关系，这与都江堰的"水"在根本上有着某种内在关联。

但是，清明作为节日，它与纯粹的节气又有所不同。节气是我国物候变化、时令顺序的标志，而节日则包含着一定的风俗活动和特殊的纪念意义。

都江堰的"放水节"，是在清明节来临之际，人们前往祖坟祭祀求愿，祈盼先祖在天之灵保佑活着的后人而发生的。人们的这种动机，在农业社会不外乎是求春灌有雨水、求出门保平安、有病祈求康复。在这个时间，郫县的望丛祠、都江堰的二王庙要举办隆重的庙会。庙内有戏台演戏，庙外商品货什杂陈。成都及各个县的场镇还要用八抬大轿抬着用藤制的"城隍爷"在城内巡走，各种香会相随，人们载歌载舞跟在"城隍爷"的大轿后面，扭秧歌、踩高跷，边走边演，所经街市观者如潮。都江堰市地处岷江上游和中游接合部的岷江出山口，位于四川省中部成都平原西北边沿。公元前256年，李冰开始治理岷江，修筑都江堰水利工程，根治了岷江水患，使成都平原成为"天府之国"。所以，历史上，每年的清明节，都江堰都要举行隆重的放水大典，以预祝当年农业丰收。届时，凡都江堰灌溉工程覆盖的县市的地方官员，都要亲自参加由成都最高行政长官主持的"放水"仪式。

"放水节"最初起于"祀水"。都江堰修筑以前，沿江两岸水患无常，人们饱受水患之苦。为了祈求"水神"的保护，古时的人们常常沿江"祀水"。都江堰修筑成功后，成都平原从此"水旱从人，不知饥馑"，后人为了纪念伟大的李冰父子，便将以前"祀水"改为了"祀李冰"。当地群众自发组织起来，到二王庙祭祀李冰父子，举办二王庙庙会。由于节会在清明节期间举行，故又称"清明会"。

每到冬天枯水季节，人们在渠首用特制的"杩槎"（一种用原木捆扎的空心三角形体，是将三根木棒的顶端都扎在一起构成的三脚架，它和签子、捶笆、笼篼等一起，填土筑堤，可截断流水），采用"杩槎截流法"，将筑成的杩槎抛入岷江，拦河截流，做成临时围堰。维修内江时，拦水入外江；维修外江时，拦水入内江。

修治岷江一般在头年的冬天，到第二年清明节时，成都平原进入春灌，内江（灌溉成都平原的引水道）便在渠首举行隆重仪式，撤除拦河杩槎，放水进入灌渠。这个仪式叫"开水"。唐朝清明节是在岷江岸边举行的各类社戏活动，这些活动就是最早的"放水节"。978年，北宋王朝正式将清明节这一天定为"放水节"。

旧时，大典通常由四川高级官司员主持。放水前一日，有关人员先到郫县望丛祠祭祀望帝、丛帝。放水之日，仪仗队抬着祭品，鼓乐前导，主祭官率众人出玉垒关至二王庙，祭祀李冰父子。随后，主祭官朗诵《迎神辞》。众人肃立，唱《纪念歌》。歌毕，献花、献锦、献爵、献食。主祭官读完《祝辞》，与全体祭者向李冰塑像三鞠躬，祈愿一年风调雨顺、五谷丰登、六畜兴旺。然后，砍杩槎放水。

放水之时，主持官一声令下，三声礼炮响起，身强力壮的堰工奋力砍断杩槎上的绑索，河滩上的人群用力拉绳，杩槎解体，原来的围堰"决堤"，江水顷刻奔涌而出。此时，年轻人跟着水流奔跑，并不断用石头向水流的最前端打去，称为"打水头"。人们争舀"头水"祭神，认为这样可以消灾祈福，求得神灵庇佑。

随后，在放水节这天，人们或去都江堰放水现场，或在半途"赶水"，或在家门口等着都江堰的水流到自己田里。人们一边过节，一边祭祖，一边忙着农耕。久而久之，清明节与放水节完全融为一体，并且逐渐以放水节取代清明节的一些活动，使"清明"变成一个时间概念，而"放水节"才是活动内容。

总而言之，清明放水节再现了成都平原农耕、民俗文化漫长的历史发展过程，体现了中华民族崇尚先贤、崇德报恩的优秀品质，具有弘扬传统文化的现实意义。

随着时代的进步，都江堰的"岁修"已改为"时修"，但清明节放水作为一种旧制，至今仍旧是川西人民值得纪念的重要节日。作为一种古老的文化传统和富有巴蜀特色的旅游观光项目，放水节砍杩槎活动依然在每年清明节如期举行。2006 年 5 月 20 日，这项民俗经国务院批准，列入第一批国家级非物质文化遗产名录。

四、望丛歌会

歌声是劳动的号角，歌声是生命的礼赞，歌声是爱情的信息，歌声是精神的宣泄。歌而至于成会，是古"鹃城"——郫县（现郫都区）作为四川人文发祥地颂扬远古人文始祖的最强音。

四川的人文始祖，一是望帝，一是丛帝，简称"望丛"二帝。郫县鹃城的歌会以他们而命名，说明了他们对这个歌会的影响力。

李商隐曾经不经意地有感而发，回答了鹃城何以成为歌会之源的问题。

他这样写道："庄生晓梦迷蝴蝶，望帝春心托杜鹃。"

很久以前，成都平原进入农耕时代时，一位叫杜宇的先贤教民务农，使成都平原五谷丰登。他的丰功伟绩赢得人们的尊敬，被推举为王，号为"望帝"。望帝时代是四川人文的一个转折点：先民们不仅居有定所，而且食有可依，望帝带领人们定时播种、定时收割，丰收之后载歌载舞，生活从来无忧无虑。但好景不长。望帝年老之后碰到了新问题：龙王爷因为妒忌他威望过高，年年发大水淹没庄稼，最后甚至冲毁人们的家园。面对龙王爷的滥施淫威，望帝率领百姓用尽了种种办法，但越堵，洪水越肆虐。年迈的望帝无计可施。眼见着成都平原将遭受灭顶之灾，此时此刻，人们终于盼来新的大救星，这便是丛帝。

在古蜀神话中，丛帝的真身是一头鳖，号称"鳖灵"。他一改望帝治水的办法，将"堵"改为"疏"，避开龙王爷的锐气，让蜀国先民又重返自己的家园。失落的望帝将统治权禅让给了鳖灵，鳖灵创建了开明王朝，称"丛帝"。

但丛帝与望帝最大的不同，是望帝专事农业而不懂治水，丛帝是治水英雄却对农业一无所知。望帝禅让以后，丛帝居功自傲，以为蓄积饶多的仓储是上天所赐，因而高枕无忧地躺在治水的功劳簿上吃老本。眼看就快要坐吃山空，已经让贤的杜宇沉不住气了，拄着拐杖，从青城山颤颤巍巍地来到郫都的王宫。消息传到丛帝耳边，鳖灵以为杜宇后悔禅让，是回来要王位来了，于是让人紧闭城门，将先帝拒之门外。望帝只好大声叫门。他的呼号还是没能叫开城门，着急的望帝望着高大的城门幻想：此时要是能变成一只鸟就好了。鸟儿可以飞过城门，飞进丛帝的王宫中，然后告诉这位治水英雄，赶快率领子民下地耕种。

出乎望帝意料的是，他没有想到自己居然心想事成：他的念头刚过，他的身体便"羽化"成鸟了。但变成鸟儿的望帝再也不能说话，只能用"歌声"对丛帝说：布谷，布谷，布谷。丛帝听不懂，只认为是鸟儿吵得慌，让人将它赶走。望帝没办法了，只好走"发动群众"的路线，飞到每一户农人的田间地头，大声地歌唱道：布谷，布谷，布谷。

望帝不间断地用歌声催促大家抓紧农时，告诫他们"一年之计在于春"。望帝唱得嗓子眼儿啼血，血滴到地上，随后便开出红艳艳的花。农人们这时终于恍然大悟，他们从这种鸟儿每天早晨锲而不舍的歌声渐渐听出，这是当年老大王"望帝"的歌声。他老人家是担心秋后颗粒无收，子民们将嗷嗷待哺。大家自觉扛着农具下地耕作，后来，人们把这种催人"布谷"的鸟称为"杜鹃"，因为它是老大王杜宇变的；对红艳艳的山花，人们取名"杜鹃花"，因为它是老大王用血浇灌出来的。所以，李商隐说"望帝春心托杜鹃"，就是指望帝的歌声每到春天就会响彻田间地头，带给人们劳动和丰收的喜悦。自此，人们在每年庆祝收成的时候，在"鹃城"举办"望丛歌会"，纪念两位给后世带来永恒幸福生活的农业始祖和治水英雄。

从文化的角度说，在望丛祠内举行的"望丛赛歌会"，是郫县人民为纪念开发古蜀国功绩卓著的望帝杜宇和丛帝鳖灵的传统民俗活动。每年农民们在薅完稻秧后，端午节这一天，都自发习惯去望丛祠上香，以表达对"望丛"二帝的感激和崇敬。膜拜之余，一些喜欢唱歌的农民常自发会聚于祠内竞唱山歌，久而久之，自然形成一年一度的望丛赛歌盛会。

郫县流行的山歌多属高腔山歌（因多在薅秧时歌唱，故又叫"薅秧山歌"）。薅秧山歌的声音高昂响亮，声闻数里，因此群众多称"吼山歌"。在森森古柏下，丛丛翠竹旁，歌手们借赛歌来解除劳动的疲乏和抒发心中的情感。男女青年们即兴对歌，有时一边唱，一边向意中人抛甩李子，以示定情。它既是最早的以歌传情，也是最早出现的"抛秋波"。

鹃城山歌的内容有颂扬望丛二帝德政的，有祝愿来年丰收的，有倾诉男女恋情的，其歌词质朴而充满真情实感。歌手们往往从红日初升，一直唱到暮云欲合，这才尽兴而归。清末及民国时期，"望丛赛歌会"由地方政府筹办，主持人将扇子、草帽、红喜封等奖品悬挂于歌台，对获奖者当场奖励。

望丛赛歌之风隆盛于清代，流响于民国，至抗日战争初期而歇响。1983年端午节，望丛祠内重搭歌台，全县150多名歌手再度热烈竞歌于古老的祀祠。是日，盛况空前，观赏者达5万多人。参赛者有年届古稀的"老山歌"，有初次登台的小姑娘，有独唱，有对唱，特别是传统山歌，使后生晚辈大开眼界，大饱耳福。自此以后，望丛赛歌连年不辍。

歌会举办的时间一般为1~3天，多则十天。以前人们总说"汉地无歌"，汉族人不如少数民族能歌善舞。"望丛赛歌会"改变了这一误读。它是我国地地道道的汉族地区大型赛歌活动，它的产生、流传、发展具有重要的意义，证明汉族不仅有自己独特的民歌，而且，这些民歌多方面反映了与农耕文化一脉相连的心理活动，是过去2500多年来生产和生活的真实写照。

近年来，"望丛歌会"在保留"赛山歌"这个传统特色的基础上，又渐充实一些新的文化艺术内容，赋予了新的时代风采。比如，举办杜鹃花展，推出名小吃展销，开展对歌、赛歌以及武术比赛、物资交流等活动。因为郫县地处成都和都江堰的正中央，它在历史上不仅是成都平原文明的肇始，在后来的历史演进中也是大型的物资交流中心。"郫县四绝"不仅有望丛祠的赛歌会，还有郫县的夜市、郫筒酒和郫县豆瓣。所有这一切汇聚起来，说明了郫县的历史地位（"金温江、银郫县"）。

就其根本来说，郫县处于成都上游，历史上是成都平原的经济中心，一度是古蜀国的政治中心。它的历史进程本身就是一首歌，就是一个繁盛而热闹的歌会，它的旋律，就是今天成都这座"喧然名都会"。

五、川西平原

成都平原，又名川西平原，四川话称为"川西坝子"。

成都平原位于四川盆地西部，东南侧为龙泉山，西北侧为龙门山，形如"二龙抢宝"。广义的成都平原，介于龙泉山和龙门山、邛崃山之间，北起江油，南到乐山五通桥，包括北部的绵阳、江油、安县间的涪江冲积平原，中部的岷江、沱江冲积平原，南部的青衣江、大渡河冲积平原等。平原之间有丘陵台地分布，行政上包括现成都市所辖的 11 区 5 市 4 县：德阳市旌阳、广汉、什邡、绵竹，绵阳市游仙、涪城、江油、安州，乐山市市中、夹江，眉山市眉山、彭山等县（市、区），总面积近 2.3 万平方千米。

狭义的成都平原，仅指以灌县、绵竹、罗江、金堂、新津、邛崃为边界的岷江、沱江冲积平原，长约 200 千米，宽 40~70 千米，面积约 7500 平方千米，是构成盆西平原的主体部分。因成都市位于平原中央故称成都平原。

成都是四川省省会，四川省的政治、经济和文化中心，位于享有"天府之国"美誉的成都平原中部，岷江中游，东西宽约 166 千米，南北长约 192 千米。地处东经 102°~104°，北纬 30°~31°。仅就其地理位置而言，在我国占有极重要的地位，居于我国的腹心地带，是连接西南、西北和华中的枢纽地区，也是 20 世纪 60 年代中国著名的"三线建设"的核心地区。全国首批国家级历史文化名城之一，首批中国优秀旅游城市之一，首批中国最佳旅游城市之一。国务院确定的中国西南地区"科技、商贸、金融中心和交通、通信枢纽"。2004 年被中央电视台评为"中国十大最具经济活力的城市"之一。

成都具有悠久而独特的历史渊源，文化积淀极其深厚。早在距今 4500~3700 年，成都平原已出现被后世称为"宝墩文化"的一系列古蜀先民的聚落中心。这些聚落中心均已夯筑了城墙，建筑了祭祀和集会的场所。根据"金沙遗址"出土的大量历史遗存，基本可以推定，至迟在殷商晚期至西周初期，今天成都一带已经成为古蜀王国的中心都邑所在；而根据成都商业街战国船棺葬群的发现则进一步证明，至迟在战国早期，今成都市区中心可能已经出现比较规范的古典城市，极有可能就是古籍所说的古蜀最后一个王朝"开明王朝"的国都。公元前316年，秦灭蜀，以其地设置蜀郡，在蜀王旧都一带置成都县，为蜀郡治所。公元前311年，蜀郡守张若在蜀国都城成都的基础上，修筑成都大城和少城，城市规制仿照秦都咸阳，这一重大事件被后世公认为成都建城的标志。此后，蜀郡守李冰在蜀人治水事业的基础上主持修建都江堰水利工程。都江堰把成都平原造就成为富饶的"天府之国"，为成都城市的发展奠定了物质基础，使成都迅速成为西南地区的经济、政治、文化中心。自秦代兴建成都大城2000多年以来，成都城市或毁而重建，或扩而新建，城址从未迁徙，"成都"这一名称也从未改变，在中国众多历史文化名城之中是绝无仅有的。

两汉时期，成都城市经济得到长足发展，到西汉末年已成为仅次于长安的全国第二大手工商业都会。成都不仅是西南地区最大的商品经济活动的中心，也是"南方丝绸之路"的起点和重要口岸。从两汉至三国蜀汉，成都精美的蜀锦一直受到官方和民间高度赞赏和欢迎；这一时期，成都因出现一座专门织造蜀锦的官营作坊"锦官城"而获得"锦官城"和"锦城"两个别称。唐代，以成都为中心的"剑南西川道"是全国最富庶的地区，当时有"扬一益二"之说。

中唐以后，成都又成为唐王朝的"南京"。五代前、后蜀和两宋，成都的繁荣再一次达于鼎盛，后蜀主孟昶曾下令在成都城上遍植芙蓉，成都故此得到"蓉城"的别称。

宋代，四川地区被划分为益州路、梓州路、利州路、夔州路，简称"川峡四路"，"四川"一名即由此而得，成都为益州路治所在。元代，建置四川等行中书省，简称四川省，以成都为治所，这是成都为省治之始。

明代，在四川建置四川承宣布政使司，成都为布政使治所。明末清初，成都地区先后发生张献忠大西军、明军及清军之间的多次战争，城市遭到毁灭性的打击，整个城池成为一片废墟，四川省的治所也一度被迫从成都移往川北的阆中；从康熙到乾隆，清政府推行"湖广填四川"的移民政策，鼓励垦荒占田，使川西平原和成都城市经济再度繁荣。经过康熙、乾隆年间的两次重建和扩建，一座宏伟的成都新城又重新屹立于原来的旧城址之上。

清代，四川承宣布政使司改为四川省，成都为四川省治。民国初年，成都仍为四川省治所在地。1922年，成都、华阳两县合并为市，成立市政公所，县治保留。1928年，成都市政府建立，成都市为省辖市、省会。1949年12月，成都解放，始为川西行政公署驻地。1952年，行署撤销，恢复四川省建制，成都市为四川省省会至今。

成都平原耕地集中连片，土壤肥沃，河渠纵横密布，属典型的水田农业区，农作物一年两熟或三熟，是中国重要的水稻、棉花、油菜籽、小麦、柑橘、柚子、油桐、茶叶、药材、蚕丝、香樟产区，素有天府之国美称。

成都在中国目前的99座国家级历史文化名城中，是唯一一座自建成后城名未改、城址未移的古城，也是全世界现存的特大城市中文明历史最悠久的城市之一。

近年来，随着美丽宜居公园城市建设的进一步深入推进，一幅人与城市、人与自然和谐共生的公园城市画卷正徐徐铺开，成都将再现"绿满蓉城、花重锦官、水润天府"的千年盛景。

六、浣花溪

杜甫草堂、草堂之春、浣花溪公园和百花潭公园连成一片，共同构成了浣花溪美景。浣花溪的背景是悠远的文化，诠释它的是一首首优美的诗句，茅庐、小溪、竹林、楼阁、小桥、卵石，就是当时浣花溪的写照。

传说浣花夫人是唐代浣花溪边一个农家的女儿。她年轻的时候，有一天在溪畔洗衣，遇到一个遍体生疮的过路僧人，跌进沟渠里。这位游方僧人脱下沾满了污泥的袈裟，请求姑娘替他洗净。姑娘欣然应允。当她在溪中洗涤僧袍的时候，水中漂浮起朵朵莲花来。霎时遍溪莲花泛于水面。浣花溪因此闻名。

浣花溪因为诗人杜甫而闻名，杜诗中的浣花溪已成千古绝唱："两个黄鹂鸣翠柳，一行白鹭上青天。窗含西岭千秋雪，门泊东吴万里船。"除了有含蓄婉约的景致之外，《茅屋为秋风所破歌》也成文于此，秋风凄厉的雨夜，杜甫的茅庐被掀起了三重茅，艰辛难熬，娇儿也为此无法安睡，杜甫只能奔波于修复茅庐的工作中，所以"安得广厦千万间，大庇天下寒士俱欢颜"一定是杜甫发自内心的呼喊。

　　梧桐掩映的林荫道两旁是成都有名的园子。左边是纪念杜甫的杜甫草堂，沿红色花墙蜿蜒前行，满园子翠绿竹子不甘寂寞，从花墙的空隙中伸出来，从墙头越出来，清风徐来，枝叶就飒飒摇摆发出沙沙的声音，更衬出这条路的静谧。右边是"草堂之春"别墅区，倚着流水淙淙、碧绿清澈的浣花溪而建，铁花低墙被金银花藤蔓缠绕，墙内的竹林疏疏朗朗。低调古朴的灰色系建筑，被乌木色的房檐、柱子和窗棂勾画出轮廓。

　　溪水从一座廊桥下淌过，河面顿时变得宽阔，南来的溪流也汇聚于此，形成小湖泊。白色鹅卵石布满了斜坡的河堤，三两顽童嬉戏其上，白天鹅依然昂首悠游碧波上。东去的流水陡然从大岩石上跌落，便成了小小的瀑布，为满眼的绿色添了生动和情趣。其实，不知不觉中，已进入了另一个大园子——浣花溪公园。浣花溪公园是浣花溪历史文化风景区的核心区域，位于成都市区西南方的一环路与二环路之间，北接杜甫草堂，东连四川省博物院，占地 32.32 万平方米，建设总投资 1.2 亿元，于 2003 年建成。浣花溪公园以杜甫草堂的历史文化内涵为背景，运用现代园林和建筑设计的前沿理论，将自然景观和城市景观，古典园林和现代建筑艺术，民俗空间和时代氛围有机结合，以自然雅致的景观和建筑凸显川西文化淳厚的历史底蕴，是一座将自然景观和城市景观、古典园林和现代建筑艺术有机结合的城市公园。园内山水交融，花草树木绿荫蔽日，由万树山、沧浪湖和白鹭洲三大景点组成，浣花溪穿园而过，是成都中心城区内迄今为止面积最大、投资最多的开放性城市森林公园。这里的各种设计形象地演绎了杜甫的诗意韵味，被评为成都市五星级公园。市民不出二环路就可享受到"一座青山、一汪绿水、白鹭齐飞"的美景。园内绿化面积达到 21 万平方米，百年古桂、香樟、银杏、芙蓉枝繁叶茂，鲜花竞放，草坪密布。从浣花溪廊桥到杜甫草堂南大门照壁，这段 388 米长的诗歌大道是诗歌文化中心的入口，也是展示中国诗歌发展史的长廊，这里记录了从屈原、司马相如到杜甫、李白，到当代共计 300 多位著名诗人的形象、朝代、生卒年以及著名诗句。在鸟语花香的环境中，晨练、遛鸟、呼吸新鲜空气的市民随处可见。特别是每到周末、节假日，这里更是成都市民相邀亲朋好友休闲聚会的好去处，悠闲自得地品茶，观景赏花慢步游。浣花溪公园现已逐步变成市民免费的"绿色氧吧"，吸引了中外游客慕名前往游览，惬意感受成都的慢生活。

回过头来，我们再简而言之，浣花溪其实就是锦江从杜甫草堂到万里桥的一段。明代竟陵派文学家钟惺，曾有一篇游记叫作《浣花溪记》，他说："出成都南门，西折纤秀长曲，所见皆浣花溪也。然必至草堂，而后浣花有专名，则以少陵浣花居，在焉耳。"用我们今天的白话文来说，钟惺用形象的文字在为我们导游："出成都城南门，向西折行的细而美、长而弯，所见像玉带、像明镜、像碧玉，在城下回旋着的，都是浣花溪水流聚的地方。当然一定要到草堂一带，然后才有'浣花溪'这一专门名称，这是因为杜甫的浣花故居就在那儿。"

其实，脚下浣花溪的来历比杜诗中的记载更早，从历史上看，战国以后到唐代，成都的织锦业一直十分发达。三国时期蜀中历史学家谯周在《益州记》中这样自豪地说："成都织锦既成，濯于江水，其文分明，胜于初成，他水濯之，不如江水也。"此处所说的江水就是现在的锦江，织好的锦缎在潭中和这段河流中经过漂洗更加亮丽。织女们就在此浣锦，五彩缤纷的蜀锦像朵朵盛开的鲜花在潭中和河流中漂动，久而久之，人们就称这一潭水为百花潭，这段河流也就被叫作浣花溪了。

浣花溪滋润着成都的诗歌文化。杜老先生流寓成都，相对安宁的日子就在百花潭和浣花溪附近度过。他广而告之地在此写下"万里桥西宅，百花潭北庄""浣花溪水水西头，主人为卜林塘幽"的佳句，就像现在微信空间的位置信息一样，告知我们当年他生活中的点点滴滴，他就在这儿，至今仍圈粉无数。

南宋时，百花潭、浣花溪一带仍是繁华的游乐区，南宋大诗人陆游乘兴而来，总结道："二十里路香不断，青羊宫到浣花溪。"可见此时浣花溪一带的盛况。

然而花无百日红，历史前行到宋末元初和明末清初，频繁的战乱使这一风景带严重破坏，当时老的风俗依然可见，却没有昔日的喧嚣了。

今天的浣花溪，在见证了历史的繁盛更替后，更显得宠辱不惊。这种历经风雨的从容气质，也许正和当年杜甫在浣花溪边的感受是一样的。

七、府南河综合整治工程

府南河是岷江流经成都市区的两条人工内河——府河和南河的合称，成都老百姓现在更习惯称之为锦江。府河进入市区后绕城北城东而流，南河绕城南而东流，两河在合江亭相汇东去，往南经乐山、宜宾入长江。府南河流经旧城区段总长29千米。

府南河综合整治工程是以治理河流为龙头，带动整个城市基础设施建设、城市小区建设、城市环境建设、城市生态建设的综合性城市建设项目。通过河道整治、污水治理、道路建设、管网建设、安居工程、滨河绿化等多项内容的综合整治，不仅解决城市防洪、城市水污染、城市基础设施落后以及两岸3万户10万居民的安居问题，对扼制岷江流域、长江上游的污染也有着举足轻重的作用，对避免城市环境恶化、促进城市人类居住区的可持续发展也有着深远的影响。

工程总投资27亿元（含污水处理厂二期工程）。城市中心段治理从1993年开始至1997年竣工，历时5年，完成工程量22亿元。

20世纪70年代，都江堰关闸，府南河断流，城市化进程的加快，城市规模扩大，人口膨胀，农业和工业用水急剧增加，河流不堪重负，府南河变成了藏污纳垢的臭水沟。

1985年，龙江路小学的孩子听到了古老的府南河发出的微弱叹息。这封龙江路小学孩子的来信，使"救救锦江"的呼声迅速地在市民中传播开来。府南河的整治，确实已到了迫在眉睫的时候。

1987年，新华社内参报道了当时府南河的情形，在这篇日后影响深远的文章中，府南河被称为国内城区中最大的臭水沟。

1992年，为履行中国政府在世界环境发展大会上的承诺，成都市政府针对两河现状及过去局部河段单项治理效果不大的问题，决心启动以治水为核心、全面带动城市居住环境改善与城市基础设施建设综合整治工程。

1994年，成都市市长王荣轩宣布府南河工程为本届政府的"一号工程"。府南河综合整治工程全面启动。

成都城市史是一部治水的历史。据记载，上古时期的成都平原，前生是海。内海消失以后，便成为水泽密布、水道乱流的潮湿盆地，水患相当严重。初步整治、局部整治自先民们进入成都平原地带起就从未停止。但规模最大、最有成就的治水是古蜀鳖灵治水。开明帝鳖灵的引岷入沱排洪工程使平原跳出泽国，为古蜀先民定居成都创造了基本条件。

第二次大规模治水是先秦李冰。当地的郡守李冰疏浚三十六江,完成了举世瞩目的都江堰水利枢纽工程和穿"两江成都之中",沟通了天府之国直达荆楚和吴越的黄金水道,使秦国凭借这条黄金水道,如愿以偿地实现了"得蜀得楚,得楚得天下"的中国历史上第一次大统一。

第三次大规模治水是西汉文翁。蜀郡守文翁推广水稻种植,扩展灌渠系统,大量增加了农灌面积,引湔水和青白江连接,从此赋予都江堰水利工程以灌溉意义,推进和繁荣了四川盆地的农业经济。

第四次大规模治水是晚唐高骈。西川节度使高骈为拱卫成都,改两江双流为两江抱城,给成都留下了千年不变的独特城市景观。

锦江是成都文化的摇篮,成都城市经济文化和社会发展离不开锦江的滋润和哺育,所以成都人又深情地称它为母亲河。《华阳国志·蜀志》这样记述成都,"蜀沃野千里,号为陆海","水旱从人,不知饥馑,时无荒年,天下谓之天府也"。著名诗人陈子昂在其《谏雅洲讨生羌书》中称"蜀为西南一都会,国家之宝库,天下珍货,具出其中。又人富粟多,顺江而下,可以兼济中国"。诗仙李白的"草树云山如锦绣,秦川得及此间无",诗圣杜甫的"锦江春色来天地,玉垒浮云变古今"等诗句,即是当时成都锦江的真实写照。意大利威尼斯探险家马可·波罗则在他的《马可·波罗行纪·成都府》中如是写道:"有一大川,经此大城,川中多鱼,川流甚深……水上船舶甚众,未闻未见者,必不信其有之也。商人运载商货往来上下游,世界之人无有能想象其甚者。"从此,成都之名顺着丝路随风远扬。

八、成都踏青节

踏青是成都民间自发形成的一个节日。由于踏青是一项"争春"的民间活动,所以成都的踏青总是与"春游锦江"联系在一起,并结合成都的"青羊宫花会",又连接民间的传统清明节,是全国持续时间最长的"春游节"。其时间从农历正月初七开始,一直延续到清明以后。由此可见,成都骨子里的"悠闲"和"休闲"由来已久。

正月初七在历史上被称为"人日",据说跟女娲创世有关。女娲炼五彩石补天,剩下的泥土便捏成了"六畜"和"人"。南北朝《荆楚岁时记》记载:"正月初一为鸡,初二为狗,初三为猪,初四为羊,初五为牛,初六为马，初七为人。"所以，农历正月初七被称为"人日"。

成都人将踏青定在"人日"事出有因。成都的杜甫草堂是人所共知的一处名胜。杜甫草堂有副对联，是清朝大学者何绍基的点睛之作，其中就提到"草堂人日我归来"。这句话其实很写实：何绍基自述，他来到草堂祭祀杜甫的时间是正月初七"人日"这一天，而"人日"在成都历史上又是一个不平凡的日子。当年，杜甫为避安史之乱来到成都，在成都度过了一个凄风苦雨的春节。这年的春节，有春而无节。此时的杜甫，物质上匮乏到"上无片瓦，下无插针之地"；身边没有亲戚，也没有朋友，精神上极度空虚，情绪颓废到极致。就在杜甫需要雨中送伞、雪中送炭的时候，距成都百里之外的好友高适给他送来一丝温情。唐上元二年（761年），正在崇州担任刺史的高适在"人日"这天题诗寄赠杜甫，其中感人至深的两句这样写道："人日题诗寄草堂，遥怜故人思故乡。"高适在唐代诗人名气中远不及杜甫和李白，但他的官位却远高于杜甫和李白。这三个人说来也颇有缘分：青年时代的杜甫和李白都喜欢远游，结果，他们在旅途中共同结识了高适。三人一拍即合，一道结伴"畅游梁宋"，从此结下真挚友谊（"故人"之称即由来于此）。杜甫流寓成都，碰巧高适在蜀州（今成都崇州市）做刺史。鉴于杜甫当时的无助，高适常常资助杜甫，让大诗人度过了战乱年代最困难的日子。"人日见寄"说明高适是个有情有义的人，1100年后的清代大才子何绍基很在意，所以用"人日"来暗示为官、为人、为文要像高适那样真情实意，而不是文人相轻。

唐大历五年（770年），高适已离开人世，漂泊在湘江的杜甫偶然翻书，重新读到这首"人日见寄"诗，不禁睹物伤情，感事怀人，于是饱含深情写下《追酬故高蜀州人日见寄》一诗，以寄哀思，其中两句诗特别检讨了自己对"人日"的愧疚："自蒙蜀州人日作，不意清诗久零落。"杜甫的诗很难如此动容，几乎是和着血泪唱出的心声，读来感人肺腑。他对自己很自责，以至于"零落"了好友高适的一片苦心（"清诗"）。这种真挚情感，为这个时节增添了饱含深情的"花边新闻"。从此，以草堂为中心，千百年来便流传高、杜二人"人日唱和"的诗坛佳话。何绍基深知这一典故。他担任四川科举主考，从南充巡视后到成都，特意选择"人日"这一天进入成都，并直接奔赴杜甫草堂。一到工部祠，他便写下对后来形成成都"踏青节"缘起的对联："锦水春风公占却，草堂人日我归来。"成都的才子佳人因追捧、效尤何绍基以杜甫传人自居的"气魄"，后来就纷纷到草堂去踏青，祭拜杜甫，怀念高适，心理上过一把"当今"或"未来"第二杜甫的瘾，所以，选择的时间都是每年的"人日"这天。久而久之，由于拜谒风雅的大势所趋，成都人对这个特殊日子情有独钟，于是变成一个节日。由于正月十五元宵节在青羊宫，同时又举办灯会和花会，正月十九又是万花之王的"花朝节"，政府有大型的"春游锦江"活动，随后，不知不觉，因为春光明媚，休闲的成都人在休闲文化的打造上无法刹车，眼见得雨纷纷的清明在即，于是，就将草堂流行"人日游草堂"的踏青节，拉长了，放大了，提升了，从兼而有之到名副其实，变成了具有成都地方特色的清明节。因为清明要给先人扫墓，而成都对先人的祭祀，已经提前到从正月初七开始。这就是成都清明节不同于其他任何地方的区别。

成都的踏青是重要的"八节"（上元、清明、立夏、端午、中元、中秋、冬至和除夕）之一的清明节代名词。踏青古时叫探春、寻春，而在成都，踏青却是"争春"。成都的踏青节将上元和清明连在一起，并赋予这个节日以特殊的文化意义。

"清明"二字之谓，一喻清澈明净（月夜清明），二谓"清醒明白"（神志清明），三指"政治开明，法度有理"（天下清明或生于清明之世），四则专指二十四节气之一。清明节的起源，据传始于古代帝王将相"墓祭"之礼，这是已经失传的寒食节的演绎。

寒食节又称熟食节、禁烟节、冷节。它的日期，距冬至105日，也就是距清明很近。寒食节原本是源于古代的钻木、求新火之制。《周礼·秋官·司烜氏》："中春以木铎修火禁于国中。"古人因季节不同，用不同的树木钻火，有"改季则改火"的风俗。每次改火都需要换新火，未生新火之前，禁止人们用火。禁火期间，人们就提前准备一些冷食，以供食用，慢慢就成了固定的风俗。

以后，鉴于清明节与寒食节相距很近，加之寒食节所形成的风俗又与介子推的传说相联系，所以，清明节又是寒食节的同义词。

相传，晋国公子重耳在其流亡国外的19年中，介子推护驾跟随，立下大功。重耳后来返国即位，做了晋文公；介子推却急流勇退。他背着老母，躲入深山，以避富贵。晋文公寻找介子推无果，便放火烧山，本意是想把介子推逼出来。不料介子推隐退决心非常坚定，他和母亲抱着一棵大树，宁愿烧死也绝不出山。晋文公好心办坏事，只有伤心地下令，把介子推被烧死的那一天定为寒食节。规定：以后年年岁岁，每逢寒食节一律禁止生火，只吃冷饭，以示深切缅怀之意。寒食节的习俗有上坟、郊游、斗鸡子、荡秋千、蹴鞠、牵钩（拔河）等，其中上坟之俗最早。上坟就是到祖先墓前磕头，表示对祖先的"思时之敬"。清明扫墓从秦朝也已开始，到唐朝开始盛行。《清通礼》说"岁，寒食及霜降节，拜扫圹茔，届期素服诣墓，具酒馔及芟剪草木之器，周胝封树，剪除荆草，故称扫墓"，相沿至今。

而清明节的习俗除了讲究禁火、扫墓，还有踏青、荡秋千、蹴鞠、打马球、插柳等一系列风俗体育活动。这是因为清明节要寒食禁火，为了防止寒食冷餐伤身，所以大家来参加一些体育活动以锻炼身体。因此，这个节日中既有祭扫新坟生别死离的悲酸泪，又有踏青游玩的欢笑声，是一个融悲欢离合情愫于一体的节日。唐代诗人杜牧的《清明》诗说："清明时节雨纷纷，路上行人欲断魂。借问酒家何处有，牧童遥指杏花村。"

清明节活动中最有意义的是植树。这段时间，雨水与阳光兼而有之，种植树苗成活率高，成长快。因此，自古以来，成都就把清明节叫作"植树节"。植树风俗一直流传至今（1979 年，中国人大常委会立法，规定每年 3 月 12 日为我国植树节）。另外，清明节前后，成都人最热衷的活动还有放风筝。

由于清明节取寒食节而代之，宋代之后，踏青、春游、荡秋千等民俗活动也只在清明时举行，清明节便由一个单纯的农业节气上升为一个重大节日。随着清明节的不断盛行，寒食节的影响也就消失了。成都也是因为"人日游草堂"的踏青节不断盛行，使清明节渐渐跟踏青节融为一体。

九、交子

交子是世界上最早流行的纸币，发行于北宋时期（1023 年）的成都。美国学者罗波特·坦普尔说："最早的欧洲纸币是受中国的影响，在 1661 年由瑞典发行的。"

曾在四川广泛使用过的"交子"，迄今尚未发现其实物。据说，著名的传世北宋"交子"钞版已被日本人收藏。"交子"作为我国乃至全世界发行最早的纸币，在印刷史、版画史、货币史上都占有重要的地位。

成都在北宋时期是一个商业繁荣、商品交易发达的地区，然而最初使用的交换货币是铁钱。这种铁质的钱虽然很重，但价值却很低。据说当时人们要买一匹布，须带上的铁钱有七八十斤重，遇上大买卖就更麻烦了，这对于商人来说极不方便。商人在交易中发明了一种楮（纸）的卷。他们在楮卷上暗藏标记，隐蔽密码，并以此代替铁钱，从而大大方便了商人的商品交易。当时这种楮卷被称为"交子"，它的性质与现在的存款凭据相近。清《续通典·食货》的《钱币·上》写着，交子应为三年一届，其肇因始于宋代之铜钱与铁钱溷用而不便于携；迄神宗时，交子正式由官方所承认，即熙宁初年将伪造交子等同于伪造官方文书。

最初的交子由商人自由发行。北宋初年，四川成都出现了专为携带巨款的商人经营现钱保管业务的"交子铺户"。存款人把现金交付给铺户，铺户把存款人存放现金的数额临时填写在用楮纸制作的卷面上，再交还存款人，当存款人提取现金时，每贯付给铺户30文钱的利息，即付3%的保管费。这种临时填写存款金额的楮纸卷便谓之"交子"。这时的"交子"只是一种存款和取款凭据，而非货币。

随着商品经济的发展，"交子"的使用也越来越广泛，许多商人联合成立专营发行和兑换"交子"的交子铺，并在各地设交子分铺。由于交子铺户恪守信用，随到随取，所印"交子"图案讲究，隐作记号，黑红间错，亲笔押字，他人难以伪造，所以"交子"赢得了很高的信誉。商人之间的大额交易，为了避免铸币搬运的麻烦，直接用随时可变成现钱的"交子"来支付货款的事例也日渐增多。正是在反复进行的流通过程中，"交子"逐渐具备了信用货币的品格。后来交子铺户在经营中发现，只动用部分存款，并不会危及"交子"信誉。于是他们便开始印刷有统一面额和格式的"交子"，作为一种新的流通手段向市场发行。这种"交子"已经是铸币的符号，真正成了纸币。但此时的"交子"尚未取得政府认可，还是民间发行的"私交"。

有了"交子"的流行，就有了商人所开设的专门经营"交子"的铺子，使用交换时需要缴纳保管费用等。

成都的府河边过去有条小街名叫"椒子街"，据说原为"交子街"，是

"交子"铺曾经聚集的地方，后因谐音，讹为今名。

　　但并非所有的交子铺户都是守法经营，恪守信用的。有一些唯利是图、贪得无厌的铺户，恶意欺诈，在滥发交子之后闭门不出，停止营业；或者挪用存款，经营他项买卖失败而破产，使所发"交子"无法兑现。这样，当存款者取钱而不能时，便往往激起事端，引发诉讼。于是，宋景德年间（1004~1007年），益州知州张泳对交子铺户进行整顿，剔除不法之徒，专由16户富商经营。至此"交子"的发行始取得政府认可。宋仁宗天圣元年（1023年），政府设益州"交子务"，由京朝官一两人担任监官主持交子发行，并"置钞纸院，以革伪造之弊"，严格其印制过程。这便是我国最早由政府正式发行的纸币——"官交子"。成都的府河边过去有条小街名叫"椒子街"，据说原为"交子街"，是"交子"铺曾经聚集的地方，后因谐音，讹为今名。

　　"官交子"发行初期，其形制是仿照民间"私交"，加盖本州州印，只是临时填写的金额文字不同，一般是一贯至十贯，并规定了流通的范围。宋仁宗时，一律改为五贯和十贯两种。到宋神宗时，又改为一贯和五百文两种。发行额也有限制，规定分届发行，每届3年（实足2年），以新换旧。首届交子发行1256340贯，备本钱360000贯（以四川的铁钱为钞本），准备金相当于发行量的28%。"交子"的流通范围也基本上限于四川境内，后来虽在陕西、河东有所流行，但不久就废止了。

　　宋徽宗大观元年（1107年），宋朝政府改"交子"为"钱引"，改"交子务"为"钱引务"。除四川、福建、浙江、湖广等地仍沿用"交子"外，其他诸路均改用"钱引"。后四川也于宋大观三年（1109年）改交子为钱引。"钱引"与"交子"的最大区别是，它以"缗"为单位。"钱引"的纸张、印刷、图画和印鉴都很精良。但"钱引"不置钞本，不许兑换，随意增发，因此纸券价值大跌，到南宋嘉定时期，每缗只值现钱100文。

　　纸币的出现是货币史上的一大进步。钱币界有人认为中国纸币的起源要追溯到汉武帝时的"白鹿皮币"和唐宪宗时的"飞钱"。汉武帝时期因长年与匈奴作战，国库空虚，为解决财政困难，在铸行"三铢钱"和"白金币"（用银和锡铸成的合金币）的同时，又发行了"白鹿皮币"。所谓"白鹿皮币"，是用宫苑的白鹿皮作为币材，每张一方尺，周边彩绘，每张皮币定值40万钱。由于其价值远远脱离皮币的自身价值，因此"白鹿皮币"只是作为王侯之间贡赠之用，并没有用于流通领域，因此还不是真正意义上的纸币，只能说是纸币的先驱。"飞钱"出现于唐代中期，当时商人外出经商带上大量铜钱有诸多不便，便先到官方开具一张凭证，上面记载着地方和钱币的数目，之后持凭证去异地提款购货。此凭证即"飞钱"。"飞钱"实质上只是一种汇兑业务，本身不介入流通，不行使货币的职能，因此不是真正意义上的纸币。北宋时期四川成都的"交子"则是真正纸币的开始。

但"交子"不直接参与流通，商人从四川携带"交子"外出，仍然需要将"交子"兑换成金银铜钱等货币进行交易。"交子"是有价证券，相当于现在的支票。到了南宋时期，由于经济的快速发展，铜币的制造已经不能满足流通的需要，再加上南宋经济主要靠海外贸易，导致钱币大量流失海外，民间由此出现可以用于交易的"会子"，1160年临安府知府钱端礼率先统一由政府出面发行"会子"，随着他升任为户部官员，"会子"也在全国范围内发行。直到元朝，马可·波罗才将纸币传播到伊朗，而后传到日本、高丽。约600年后，即1661年，欧洲瑞典才出现纸币。

十、成都盖碗茶

"油、盐、酱、醋、柴、米、茶"，被称为四川人生活的开门七件事，盖碗茶则是四川等地人民传统的饮茶风俗。盖碗是一种上有盖、下有托、中有碗的茶具，又称"三才碗"，盖为天、托为地、碗为人。茶托又称"茶舟"或"茶船"，相传是唐德宗建中年间由西川节度使崔宁之女在成都发明的，起承托茶杯以防烫手的作用；茶碗上大下小，既有利于稳定重心，又方便茶博士掺茶；茶盖则起着调节茶汤浓淡的重要作用，用茶盖在水面轻轻一刮，使整碗茶汤上下翻转，重刮则浓，轻刮则淡。

盖碗茶还会"说话"：茶客示意堂倌添水，无须吆喝，茶盖揭起摆放一边，堂倌就会来续上水；茶客要离开一会儿，茶盖靠茶托斜放；茶客喝够不喝了，茶盖朝天沉入茶碗，堂倌会意拣碗抹桌子；茶客今天喝茶对茶馆极不满意，茶盖、茶碗、茶托拆散一字摆开，不止堂倌，连老板都要立马上前问原因赔不是。行业帮派商谈机密事用茶碗摆出的"茶阵"，只有"道"上人才知晓要表何意、说何事。

成都以前流行喝盖碗茶，现今则以喝露天的"坝坝茶"为时尚。茶馆文化整体体现了一个"闲"字。一句话：闲人多，闲话多，闲事多。四川的"闲"，得益于天府之国优越的地理环境，肥沃的土地给予四川老百姓丰足的物资，于是闲暇的时间，闲暇的四川人便开启了闲暇的生活状态。

四川的"闲人"只要一有时间就泡茶馆，大家在茶馆谈古论今、打发时间。现如今，传统意义上的茶馆以老年人居多，年轻人已经很少了。即使有，也是外地来的客人专程来体验四川的这种茶馆文化。成都的年轻人只有在周末、阳光明媚的下午才会出现在这里。

四川茶馆的"闲话"则上到天文地理，下到市井生活，在信息社会到来之前，四川的茶馆承载了四川老百姓信息沟通和交流的重要途径。

四川茶馆的"闲事"更是多样化，遛鸟、看报、打瞌睡、海摆（龙门阵），即使不认识的人也可以在此"海摆"（聊天）；以茶会友、商务洽谈也与四川茶馆毫无违和感……热闹的茶馆也衍生了丰富的"茶馆产业"，卖瓜子、卖花生、卖报纸、掏耳朵、擦皮鞋等小商贩比比皆是。

四川茶馆遍布成都的大街小巷，成都人不能一日无茶，坐茶馆是成都人生活的组成部分，也是成都人的一种特别嗜好，因此茶馆遍布城乡各个角落。成都茶馆不仅历史悠久，数量众多，而且有它自己独特的风格。无论你走进哪家老茶馆，都能领略到一股浓郁的成都味：竹靠椅、小方桌、三件头盖茶具、老虎灶、紫铜壶，还有那堂倌跑堂。

老虎灶是指烧开水的灶头，硕大的虎身是老虎灶的核心，用以燃煤；在灶膛的上方平置一块有许多火眼的钢板，以放置铜壶烧开水；与灶头比邻的是一个用钢板焊成的呈方形或圆形的瓮子锅，好似虎头一样昂首于灶头，瓮子锅很大，能储存约几百斤的清水，利用灶膛送来的余火加温，茶馆的伙计源源不断地将瓮子锅中的水盛入铜壶，如此循环操作，保证茶馆泡茶用水的需求。除此之外，老虎灶还起着煮饭、烤红薯、帮客人熬药等功能。

四川盛产竹，四川老茶馆的椅子都是代表四川特色的竹靠椅，竹靠椅材料廉价、加工方式简便，审美特征更是自然朴实，符合现代人提倡的绿色生活和绿色设计概念，它体现了四川人与自然和谐相处的生存哲学与生活智慧。

正宗地道的川茶馆应是紫铜长嘴大茶壶、锡茶托、景瓷盖碗，成都人喜欢喝茉莉花茶。伙计托一大堆茶碗来到桌前，抬手间，茶托已滑到每个茶客面前，盖碗咔咔端坐到茶托上，随后一手提壶，一手翻盖，一条白线点入茶碗，迅即盖好盖，速度惊人却纹丝不乱，表现出一种优美韵律和高超技艺。

成都茶馆最有特色的是茶博士，其实就是掺茶跑堂的。唐代《封氏闻见录》："茶罢，命奴子取钱三十文酬茶博士。"四川的茶馆掺茶技艺高超，还有许多绝活，他们摆茶船、放茶碗的动作一气呵成，可以把装满开水，有1米长壶嘴的大铜壶玩得风车斗转，先把壶嘴靠拢茶碗，然后猛地向上抽抬，一股滚水像直泻而下的水柱冲到茶碗里，再然后他伸手过来小拇指一翻就把你面前的茶碗盖起了，整个过程行云流水，"苏秦背剑""蛟龙探海""飞天仙女""童子拜观音"等花式更是让人眼花缭乱。技术高超的还可以扭转身子把开水注到距离壶嘴几尺远的汽水瓶里，刚好灌满，外面点滴不留，和古文里那个卖油翁的技术不相上下。这些茶博士生活在茶馆，接触社会各阶层，见闻广博，知识面广。城市里的道路交通、趣闻逸事他们都晓得，因此被茶客呼为"茶博士"。如今在全国各地打工的四川茶博士很多，不过他们靠的主要是一手掺茶技艺，而不是博学多识了。

与此同时，茶馆还在某些程度上兼有调解社会纠纷的职能。亲朋邻里之间若出现了纠纷，双方约定到某茶馆"评理"。凡上茶馆调解纠纷者，由双方当事人出面，请当地头面人物调解，双方参加辩论的对手经过一番唇枪舌剑之后，由调解人仲裁。所谓"一张桌子四只脚，说得脱来走得脱"。如果双方各有不是，则各付一半茶钱；如是一方理亏，则要认输赔礼，包付茶钱。

十一、大熊猫

大熊猫是举世公认的"珍品"。在生物研究史上，最早对大熊猫无以复加追捧并持之以恒对其命运表达关切的是欧美人。中华人民共和国成立之前，中国人对大熊猫的生物定位了解并不多，猎人可以捕猎这种"熊"，政府也没有任何保护的规定和措施。大熊猫作为一个罕见物种公之于众，是1869年法国神甫神父戴维（也译作阿曼德·戴维，全名：Fr Jean Pierre Armand David，中文名：谭卫道，1826~1900年），首次在四川雅安发现大熊猫，并将大熊猫皮带回法国进行展览。法国人民在看了它的皮毛后认定：第一，世界上没有这种动物；第二，商人为了一次轰动的展出而移花接木，这个动物皮子是假的！但是，法国自然历史博物馆馆长米勒·爱德华兹经充分研究后认为：它不是假货。但确实不是什么"花熊"，也不是什么"巨猫"，而是与中国西藏发现的小猫熊相似的另一种较大的"猫熊"，便正式给它定名为"胖大"（"大猫熊"）。但仅有"胖大"的"一张皮"确实不能完全让人信服。于是，美国人露丝·哈克纳斯在20世纪30年代到中国"淘宝"。她经过长时间耐心地搜求，最后如愿以偿，在树洞里捉出一只西方人梦寐以求了半个多世纪的大熊猫活体！露丝给她取名"苏琳"。如获至宝的露丝带着"苏琳"马不停蹄地赶赴成都，随即乘飞机到上海。但在出境时遇到了麻烦。最后她采取行贿的办法登上了到美国的轮船，她把"苏琳"装在一个大柳条筐里，在海关登记表"随身携带物品"一栏中填上"哈巴狗一只"，混出了海关。

当露丝带着"苏琳"还在太平洋上航行时，越洋电报早已把消息传遍了美国。轮船在旧金山码头靠岸时，正是圣诞节的前一天，翘首以盼的美国人在码头上举行了盛大的欢迎仪式。他们为"珍贵的客人"安排了最豪华的"套房"，并召开了隆重的欢迎晚会。"苏琳"被送到许多大城市展出，所到之处无不引起轰动。

苏琳的出现，使"胖大"从博物馆走进大众的视野。它不仅珍稀，而且尤其可爱，一时间成了全世界的宠物明星。但此时的西方大国又开始"返祖"，彻头彻尾回到他们八国联军时的祖辈时代，暴露出一副掠夺成性的强盗（至少是走私者）嘴脸，竞相到中国捕捉"胖大"。1936~1941年，仅美国就从中国弄走了9只"胖大"。有"胖大王"之称的英国人丹吉尔·史密斯在1936~1938年的3年时间，就收购了9只活的"胖大"，并把其中6只带到了英国。

"胖大"在国外大出风头以后，在中国的地位迅速攀升。从20世纪40年代开始，当时的民国政府开始限制外国人的捕猎活动。但也正是因为一波接一波的"胖大热"，大熊猫才得以幸存至今，并成为四川旅游的一个王牌，进而成为中国的"国宝"。

四川拥有全世界约85%的"胖大"，成为全世界拥有"胖大"最多的地区，其中，"胖大"最早的发现地——雅安宝兴、"5·12"地震后最新的一个保护基地——雅安碧峰峡、最有名的大熊猫自然保护区——阿坝州卧龙、栖息数量最多的自然保护区——绵阳王朗、参观大熊猫最便捷的基地——成都大熊猫繁育研究基地等都是以大熊猫为焦点萌宠的重要旅游目的地。

中国历史上不乏众多关于"胖大"的记载，单其芳名就有 10 个之多，像貔貅、白熊、竹熊、花熊、食铁兽等。貔貅皮在古代军事战争中还有特殊的作用：交战双方都疲于战事之时，均以打出貔貅皮作为休战、罢战、和谈的告示。所以，从唐代开始，中国就已经有了向国外送熊猫以示友好相处、和睦往来的先例。久而久之，"胖大"就变成了和平使者。在新中国的外交史上，以"胖大"为"国礼"赠送的例子屡见不鲜，世界各地无不以得到中国的"胖大"为最高殊荣。

"胖大"的珍贵，已经超越了动物的范畴。"胖大"之"珍"，源于"胖大"之"稀"。"胖大"的珍稀源于"胖大"数量的稀少。据全国第四次大熊猫调查显示，"胖大"的野生数量总计有 1864 只，圈养的数量为 471 只。大熊猫的稀少源于"胖大"种群增长艰难而且缓慢，是受到最大生存威胁的哺乳动物之一。人类在 20 世纪 80 年代开始考虑在人工条件下繁殖"胖大"，但结论是三个"难"字：第一，发情难；第二，配种受孕难；第三，幼崽存活难。

"繁殖困难"作为"胖大"的老大难问题，已经不是什么秘密，甚至经常被作为新闻标题。为保护和拯救"胖大"，成都市 1987 年兴建了"成都大熊猫繁育研究基地"。这是一个具有世界先进水平的科研机构，也是全球最大的"胖大"主题生态园。他们从最初抢救回的 6 只"胖大"，通过人工孕育，已发展到今天的 196 只（截至 2019 年 1 月统计数据）。今天，游人到"成都大熊猫繁育研究基地"，随时随地都可以看到活蹦乱跳的"胖大"在嬉戏。其他的"胖大"也忙忙碌碌打着"飞的"到外国旅游，或者干脆充当大使去了！

"胖大"在野外的繁殖成功率相对较高。在熟悉的环境中，成年"胖大"不论雄雌都积极参与繁殖。交配的季节在春季 3~5 月，通常不超过 4 天。怀孕期大约为 5 个月。野外偶尔会有孪生的情况出现，但是雌性"胖大"一般只喂养一只幼崽，这也是大熊猫繁育率上不去的重要因素之一。在"胖大"幼崽出生几天到一个月之后，母"胖大"会把幼崽独自留在洞中（或树洞里），外出 2 天或者更长时间。这并不意味它丢弃幼崽，而是养育幼崽过程中很自然的一部分。

野生"胖大"栖息于长江上游邛崃山脉、岷山山脉、秦岭南坡和大小相岭以及凉山局部地区的高山深谷。它们活动的区域多在坳沟、山腹洼地、河谷阶地等，一般在均温20℃以下的缓坡地形。这些地方森林茂盛，箭竹生长良好，构成一个气温相对较为稳定、隐蔽条件良好、食物资源和水源都很丰富的优良食物基地。野生"胖大"的寿命通常只有20年左右，但圈养"胖大"可以存活30年或更长时间。"胖大"不像其他以植物为食的兽类过着群居性的集体生活，而保留了像虎、豹等食肉动物的特性，分散隐居，过着独栖生活，所以，人们常把"胖大"称为"竹林隐士"。"胖大"爱各自固守着自己的家园，成天在独立王国里游山荡水，哪儿黑，哪儿歇，食不分昼夜，睡不择栖处，只求吃得饱、睡得酣、游得欢，一副"乐天派"性格，成天优哉游哉。

通常情况下，"胖大"性情"显得"十分温驯，好似闺阁深院的淑女。初次见人，常用前掌蒙面，或把头低下，不露真容，所以，得了一个"熊猫小姐"的雅号。而它的长相又多少靠近"款姐"：戴着墨镜、穿一身黑白"比基尼"，懒洋洋地晒太阳，有如西班牙海滩上享受日光浴的贵妇。

"胖大"食谱非常特殊，几乎包括了在高山地区可以找到的各种竹子。

"胖大"独特的食物特性使它被当地人称作"竹熊"。"竹熊"最喜欢吃的是竹子含纤维素最少的部分——嫩茎、嫩芽和竹笋。但由于竹子营养低劣，所以"胖大"只能通过加大进食量来摄取自身所需的基本养分。根据统计："胖大"每天取食的时间长达14小时，进食量达12~38千克，接近其体重的40%。它们的食量不是惊人，而是相当惊人了！吃这么多竹子，不是囫囵吞下的，那样等于人吃鱼要卡刺骨。"胖大"得慢慢咀，慢慢嚼，你会发现它多半时间在漫不经心、有条不紊地吃东西。

十二、海椒

四川人所称的"海椒"，是指由"海外"引进的"辣椒"。

16世纪末，辣椒传入中国，名曰"番椒"（一如今日之"番茄"），是明代《草花谱》所记载的一种外国草花，最早仅用于观赏。

辣椒原产地在中南美洲，本是印第安人的一种调味品。大约在15世纪末期，被西班牙人传到欧洲。1591年，辣椒先是作为一种观赏花卉被中国人引进栽培，并未用于食用，直到清乾隆年间，辣椒才开始变成"第一只螃蟹"

被放进中国人的餐碗中。最早吃这只"螃蟹"的中国人是长江下游一带的江浙人。他们当年"呼儿嗨哟"吃辣椒的时候，四川人还不知辣椒为何物。但四川人最令人敬佩之处就在于，一旦开始吃"海椒"，江浙的后人反倒不知"海椒"为何物了。

东晋时期的四川人常璩写了一本很有名的地方志《华阳国志》，其中的《蜀志》称：蜀人"尚滋味，好辛香"。说四川人吃东西"味重"，偏爱刺激的"辛香"。所谓"味重"，无非就是"山珍海味，盐巴第一位"的咸味了。四川产盐历史早，所以推动四川人"尚滋味"。由此把我们引入一个误区，以为四川人"好辛香"的风俗，也可顺理成章地与"尚滋味"并驾齐驱。这样一来，四川人喜吃辣椒的历史可以追溯至2000多年前的古蜀人时代。但问题随之出现了：那时四川并无辣椒这类产品，所谓"好辛香"又缘起何处呢？

其实，常璩所说的"辛"，并非是"辣"，不过是指酒、醋、姜、葱、花椒这一类刺激性气味。古蜀人知"五辛"，食"五荤"不假，但在清嘉庆之前，四川人见真正辣椒的机会并不多。清朝中期的"川菜"大菜266种，号称"一菜一味，百菜百格"，但其中带辣子的菜目仅有麻辣海参、酸辣鱿鱼、椒麻鸡片、辣子鸡、辣子醋鱼、新海椒炒肉丝6种，基本不见辣椒的踪影。清嘉庆以前是四川大移民时期，各地"小吃"随着移民的迁入而进入四川，而辣椒，也差不多在这个时候，与移民在四川安家落户的同时，不知不觉地生根、开花、结果了。也正好是在这个时候，四川各地的县志中开始出现栽种"海椒"的记载。

清嘉庆、道光年间，四川的川西地区开始普遍栽种"海椒"这种蔬菜。有趣的是，辣椒没有在江浙、两广被充分利用，却在长江上游、西南地区泛滥起来。这也是四川人在饮食上吸取天下之长，不断推陈出新的典型事例。嘉庆以后，黔、湘、川、赣几省已经"种以为蔬"，"无椒芥不下箸也（桌上没有海椒，吃饭的人愁眉苦脸以至于举不起筷子），汤则多有之"，"择其极辣者，且每饭每菜，非辣不可"。

清嘉庆年间，在以重庆为中心的川东地区，辣椒也已作为商品进入流通领域。地处川黔交界处的南川（现重庆市南川区一带）盛产辣椒，《道光南川县志》卷五"土产·蔬菜类"中有"地辣子"一名，就是当地百姓对辣椒的称谓。与南川毗邻的贵州遵义地区，道光年间，受川人影响也普遍栽种辣椒。清朝末期，四川农村普遍栽种辣椒，品种相当齐全。据宣统元年刊印的傅崇矩编撰《成都通览》记载，成都之农家种植品有大红袍海椒、朝天子海椒、钮子海椒、灯笼海椒、牛角海椒、鸡心海椒。成都之四时菜蔬：五月有青辣子，六月有红辣子、灯笼大海椒，七月有灯笼海椒，八月有红海椒。成都之咸菜用盐水加酒泡成，家家均有鱼辣子、泡大海椒、鱼乍海椒、辣子酱、胡豆瓣。

因为海椒的好处如此之多，所以，不仅当今四川人欲罢不能，就全国而言，四川海椒味也正以"星星之火，可以燎原"之势，铺天盖地地向全中国席卷而去。

十三、豆瓣

胡豆瓣是海椒引入四川后，因四川豆类制品的丰富和富裕而出现的衍生调味品，是现代川菜的必备佐料，被称为"川菜灵魂"。

胡豆瓣以郫县豆瓣为代表绝不是一个偶然现象。郫县（今成都市郫都区一带）是"天府之国"的一部分。成都平原历来有"金温江、银郫县"之说，表明郫县的农业经济地位一向位居"天府之国"成都的前列。2016年12月，经国务院批准，郫县撤县改名为郫都区。作为地方特色食品，郫县豆瓣会否因此改名呢？据了解，郫县豆瓣作为国家地理标志保护产品和郫县豆瓣行业公共品牌，不会因为区划更名而调整产品名称，除企业地址和包装由郫县更改为郫都区外，其余一切照旧。

郫县位于都江堰和成都之间，属盆地中亚热带湿润气候，自然条件得天独厚，来自都江堰的"上风上水"首先滋润郫县，也就难怪郫县经济和生活方式是"天府之国"成都的发蒙和肇始。早在杜宇时期，最成熟的农业经济样板就诞生在郫县，随后的开明王朝以其辉煌灿烂的十一代王系都以郫县为政治、经济、文化中心，是望帝、丛帝留恋难舍的都城（"杜鹃城"）。望帝是农田的代名词，丛帝是水利的同义语，望、丛二帝的活动半径都在郫县，表明郫县雨量丰富，五谷丰登，经济作物富集。

关于郫县豆瓣的起源，成都民间流传着这样一个的故事。清朝初年，湖广填四川的移民大潮风起云涌，福建汀州永定县翠享村移民陈益兼，在入蜀的艰辛旅途中，随身携带了一麻袋蚕豆充饥，但是由于路上连日阴雨，当他赶到郫县时，袋内的蚕豆大部分已经霉变发酵了。在移民初期的艰苦环境下，陈益兼不忍心将霉变的蚕豆扔掉，于是就把它们放在太阳下晾晒。有一天，陈益兼很偶然地把晾晒的蚕豆和着鲜辣椒一起吃，入口一嚼，竟觉鲜美无比，余味绵长。于是就开始试制"辣子豆瓣"，这便是豆瓣酱的由来。

事实上，胡豆瓣是古代四川人面对人少、地多、产丰这样的局面不断尝试用各种方式窖藏多余的作物，在窖藏过程中慢慢摸索出一套制作胡豆瓣的模式。他们选用产量过剩的蚕豆（或大豆）作为原料制作豆瓣酱。以蚕豆为原料的豆瓣酱称为"胡豆瓣"（四川人对凡属外来引入的产品均以"胡""海""洋""番"统称），"胡豆"即蚕豆。其制作方法为：先将蚕豆用温水泡胀，让外壳变软，皮、核分离，然后再剥去蚕豆皮。将去皮后的蚕豆核放入锅内煮熬，其程度要达到既完整保留外形不变，又能酥软到用手一捏就烂。将煎熬透心的熟蚕豆倾倒到席上，均匀摊平后，再在蚕豆上面覆盖"一层"厚约3厘米的稻草，然后将其放在一个既无阳光也不通风的地方"养灰"。在"养灰"过程中，平均2~3天翻动搅拌1次，这样坚持约一个星期，将其移至空气流动的地方。这时，揭开稻草，可以发现豆瓣上长出一层黄色的绒毛，四川人称为"灰霉"（霉菌）。酿制胡豆瓣的第一步可谓大功告成。

然后，制作进入第二个阶段：拌料。此处的"料"主要是指食盐、海椒和各种香料水。海椒必须洗净、晾干，然后切成碎粒，连同煮好的香料水，将一定比例的食盐均匀溶解，一并倒进坛中拌匀。搅拌过程极为关键。香料水与蚕豆搅拌得越均匀，豆瓣的成品就越好。特别要注意的是，经过"灰霉"过程以后的豆瓣，除了带食盐和海椒之外的香料水以外，不能沾染任何别的水渍（尤其是"生水"），否则会发生"生花"（沾染细菌后生虫）和"翻泡"（变质）的现象。

酿制停当以后，将生菜油浇淋到表面，任其慢慢浸入，到最终缸面漂满菜油，此时对储藏坛封盖，并加黄泥密实，保证密不透气。储藏坛宜置放在阴凉、潮湿的地方，储藏时间至少半个月。到开坛之时，缸面的油色由原来的酱色变成红褐色，香气扑面而出，一缸胡豆瓣即成。经过长期翻、晒、拌等传统工艺制作而成的胡豆瓣具有瓣子酥脆化渣、酱脂香浓郁、红褐油润有光泽、辣而不燥、黏稠适度、回味醇厚悠长的特点。

四川人并非仅仅是因为豆瓣坛子的香气锲而不舍地年复一年不断制作胡豆瓣的。郫县豆瓣的香气四溢也并非在揭开储藏罐的那一刻，豆瓣的香气主要是在厨房热火朝天的时候。四川人的家常菜荤菜如鱼腥类、肉食类，几乎无一能离开豆瓣而成为餐桌上的美味佳肴。豆瓣被视作四川家常菜的"灵魂"。全世界人口 1/4 是中国人，中国人中约 1/10 是四川人，没有不吃豆瓣炒菜的四川人。包括大家熟知的红油火锅底料，从最基本的来源来说，也是由豆瓣合成。

豆瓣在川菜中几乎无所不能。它的主要作用至少体现在三个方面：第一，增色。川菜重油，经高温加热后的豆瓣，在高温的菜油中传达了一种红亮的油色。第二，提味。经过长时间发酵的豆瓣在高温条件下将储藏时期的全部蕴含"爆发"到油渍里，浸透到菜肴中，使一道菜散发出诱人的魅力。第三，补香。豆瓣如独立存在，香味有限，而且单一。但一经合成，无论什么材料，均能迅速互动，既能提炼出菜肴的香气，也能淋漓尽致地展露自己的"个性"。最为叫绝的是，它跟谁像谁，随谁是谁。连烹饪大师有时也犯糊涂：同样的菜肴，一样的火候，只要差豆瓣一味，这道菜的成色就会有天壤之别。再有，没有豆瓣的炒菜，无论你把"川菜"的招牌举多高，四川人一吃就知道真伪。

胡豆瓣的无处不在和无时不有，以至于天下人认为：四川菜就是麻辣得可以。由此可见豆瓣的功力。

豆瓣除了胡豆瓣还有"黄豆瓣"。但黄豆瓣基本不流行，是一个"过去时"。黄豆瓣的制作与胡豆瓣无大异。先剔除大豆中的杂质，用水洗净，将其浸泡一夜，至黄豆发胀、无皱纹后，放入锅中煮熟至透心，用手一捏就碎，并呈糜糊状和黄褐色。然后将熟豆冷却，温度降至 37℃ 左右时，与面粉拌匀，用干净布盖上，放于温度稍高的地方发酵。约一星期即可长出一层黄绿色的毛，此时捣成小块，装入缸中，并加食盐和香料，搅拌均匀。再把酱缸放在向阳的温暖处。10 天后打开。待酱呈微红色，散发出香味时，即可食用。

四川豆瓣的魅力来源于两方面：一是"土""地"，二是淀粉。关于"土""地"，用于发酵的陶罐是黏土烧制，称为土陶罐。它虽然密不通风，但质地并不密实。天地之气仍可以隔着土陶放浊收精，聚集灵气。所以，四川豆瓣从里到外透着一种储存的底气，犹如大地的坚实，味道十分厚实，越是高温，越是煎熬，越是沉香四溢。这种家庭式的制作后来渐次进入作坊，其"厚度"就有所减弱；而在进入大工场之后，由于晾晒、搅拌方式的变化，特别是储藏器皿的改变，比之于家庭式的成品就黯然失色了。

四川的胡豆，是一种含淀粉的豆类。在经过浸泡、煮熬的热加工后，淀粉质被充分提取。它最大的特性是吸收性强。当各种香料与它融为一体，胡豆的淀粉便与香料打成一片。在搅拌过程中，胡豆的胶质和酱汁得到最大限度的"放生"，最后从一种食品"脱胎换骨"演变成为一种作料。它是各种精华浓缩一身后，脱颖而出的又一个似曾相识但令人刮目相看的红色精灵。

豆瓣作为作料，一旦在热锅中完成了自己的使命后，就会显得多余。它将自己牺牲和贡献出来，附着在其他的"主角"上，所以，一道菜炒下来，胡豆瓣立即变得寡盐少味，没有一双筷子会搭理它。川菜吃的是豆瓣的味，而不是豆瓣本身。

但从食疗的角度说，也有将"生豆瓣"和米饭吃的方式。旧时的矿工，因为劳动强度大，又长期匍匐在阴曹地府般的坑道里作业，加之经济拮据，所以，总是在米饭中拌上生豆瓣囫囵吞下，米饭抗饥，豆瓣"饱含深情"的淀粉质御寒。原以为，他们这样吃会坏肚子，殊不知却健康得很。一打听才知道：中医认为，豆瓣有补中益气、健脾利湿、止血降压的功效。

十四、泡菜

四川泡菜太有名，以至于常常混淆视听，以为它就是"川菜"中的一种菜式。

四川泡菜只是川菜的一部分，它同四川豆瓣一起，光大和发扬了川菜"百菜百格"中的一格。由于四川气候潮湿，所以饮食向来"尚滋味，好辛香"。海椒的引进，在小小的泡菜坛子里发酵了无限广阔的领域，使四川泡菜出现了众多分支，将泡菜分成了调料泡菜、下饭泡菜、开胃泡菜（俗名"洗澡菜"）。

调料泡菜是四川泡菜的核心。一般泡海椒、老姜、大蒜等，供四季炒菜所用。

下饭泡菜仍以调料泡菜为主轴。与调料泡菜相比，下饭泡菜不宜泡久，像萝卜皮、萝卜条、莴笋条，两日之内为下饭菜，三五天后就只能做汤菜了。

开胃泡菜也以调味泡菜为主轴，腌一夜即可，图个生脆赶口。所以，人们通常叫它为"洗澡泡菜"，意为"跳进池子洗个澡"，故又称"跳水泡菜"。与调味泡菜略有不同的是，开胃泡菜需随时不断加盐、加酒、加新鲜海椒，尤其在嫩姜上市的时候，天天泡嫩姜过水提味，以多泡蒜薹、葱头为上选，以保证坛子的泡菜盐水质地永不蜕变。

四川泡菜具有强大的征服力。20世纪70年代以前，外省人对四川人喜吃"陈菜"很不以为然。"三线建设"开始后，以四川为中心的地域迎来全国各地有文化、有知识、有技术的一大批精英。这些人才在20世纪80年代因故土之恋而先后返乡，他们对四川的眷恋和回忆固然包括很多方面，但没人看得见；人们能够看到的是，在他们回家的行囊中平添了几个四川泡菜坛。甚至有这样一种夸张的说法：他们给四川带去了知识、带去了文化、带去了技术、带去了观念，而从四川得到的就是一坛四川泡菜。承蒙他们对四川泡菜的厚爱，四川泡菜通过他们的"身体力行"走向全国，又经过他们的"传经送宝"走进千家万户。到90年代，川菜馆远征全国各地，四川泡菜一天天风光、风靡起来。

外地人不远万里带回老家的四川泡菜坛，20世纪在四川就像一种地标性产品。它的造型很古怪：坛颈有一圈"草帽"似的突出凹槽，叫"坛沿"，像一个托盘，实际上是一圈可以盛水的水槽。"坛头"有"坛口"和"坛顶"两部分。坛口高出坛沿，有"仰面盘"盖住；坛顶为坛盖，扣在坛口上面，扣边没入坛沿的水槽中。这是泡菜坛子的关键：绝对密封。开盖的时候，由于空气压力，往往容易将坛沿沟槽里的"生水"吸入坛内，导致泡菜盐水霉变，所以要用"仰面盘"隔水。

四川泡菜坛整个设计精巧而简单。坛底小，便于沉淀杂物；肚大，适于添加新菜；颈细，能够减少充气；颈沿养水，既便于隔绝空气，又便于坛内二氧化碳逸出；且开坛封坛十分方便。如此精巧的设计使泡菜坛可以让泡菜在缺氧的情况下加速发酵，从而产生大量乳酸菌。

泡菜坛子的上佳原料为能够避光、提精、聚气的土陶，而玻璃和细瓷则是饭馆专门用来泡"洗澡菜"吸引顾客眼球的。表面没上釉最好，叫瓦坛，上釉无非好看，除此无可圈点。泡菜好不好，取决于坛子的密封性能。不豁气的坛子，举起来对光一照，坛壁无一处"亮眼"；耳朵贴着坛口，嗡嘤声"如雷贯耳"即为好坛。选好坛要选烧制火候好、无裂纹、无砂眼、坛沿深、盖子吻合好的瓦坛。

初次制作泡菜时，"起水"是一坛泡菜是否成功的关键。"起水"的水为凉开水（生水有细菌），最好能找到一碗别人家的老腌水（母水）做"引子"；然后放入泡菜盐，再放进青花椒等调料，稍许再加一点白酒，即为"起水"。可适当加些醋或糖，以加速发酵，增加乳酸，缩短泡菜制作时间。一天之后，可以开始腌泡时令蔬菜。不断泡菜的过程就是养护腌水的最佳手段。每次泡菜时，视菜的数量，适当补充些盐、花椒、姜片、白酒。

做泡菜的诀窍并不在第一次做"起水"，而在以后随时保持盐水酸度的动态平衡。如果感到盐水不够酸，可适当暂停泡新菜；若盐水过酸，则适当加一些盐和酒。

四川泡菜的制作工艺已成为我国悠久而精湛的烹饪技术遗产。在四川餐桌上，泡菜顿顿有，人人离不了。不论何种级别的宴席，不论何种层次的饭馆，不论何种层面的人家，菜肴中肯定有泡菜。客人在招呼"老板，上泡菜"时，就是要吃米饭了。泡菜是免费提供的，任何餐厅不敢拒绝，否则一句"泡菜都不会腌嗦"，老客户从此再不露面。

四川泡菜，由于制作简单，经济实惠，取食方便，不限时令，利于贮存，能调剂余缺；既本味精香，又可随意拌食，有着甜、鲜、麻、辣诸味毕呈的特点。它在四川深受广大人民喜爱，不仅人人爱吃，而且家家会做，家家必做。同时，四川泡菜也是川菜里不可或缺的一味作料，但凡带腥味的菜都会用泡海椒、泡生姜去腥调味。如果调味泡菜泡得不正宗，桌上就不会有四川人认可的川菜；餐桌上没有开胃泡菜和下饭泡菜，大多也不是正宗川菜馆。

四川泡菜据推测应起源于3000多年前的商周时期。我国最早的诗集《诗经》中有"中田有庐，疆场有瓜，是剥是菹，献之皇祖"的诗句。"庐"和"瓜"是蔬菜，"剥"和"菹"是腌制加工的意思。据汉许慎《说文解字》解释："菹菜者，酸菜也。"《商书·说明》有"欲作和羹，尔惟盐梅"的记载。这说明，至迟在3000多年前的商代（武丁时期），先民就能用盐来渍梅烹饪用。北魏贾思勰的《齐民要术》一书中，就有制作泡菜的叙述，可见，至少1400 年前，我国就已经有制作泡菜的历史。在清朝，川南、川北民间还将泡菜作为嫁妆之一，足见泡菜在人民生活中的地位。

总的来说，四川泡菜是一种发酵食品，含有丰富的维生素和钙、磷等无机物，既能为人体提供充足的营养，又能预防动脉硬化等疾病。泡菜中有丰富的活性乳酸菌，它可抑制肠道中腐败菌的生长，减弱腐败菌在肠道的产毒作用，并有帮助消化、防止便秘、防止细胞老化、降低胆固醇、抗肿瘤等作用；泡菜中的辣椒、蒜、姜、葱等刺激性作料可起到杀菌，促进消化酶分泌的作用；泡菜还可以促进人体对铁元素的吸收。

十五、榨菜

榨菜为一种半干态非发酵性咸菜，以茎用芥菜为原料腌制而成，因为在加工蔬菜时需用"压榨法"，"榨"出"菜"中水分后成为一种菜品而故名。作为中国名特产之一，榨菜与法国酸黄瓜、德国甜酸甘蓝并称为世界三大名腌菜。

在 1898 年前后，当时属于四川管辖的涪陵县（今重庆市涪陵区一带）以其工艺独特的"涪陵榨菜"登上菜肴食谱，使中国的土产家族中增加了这个重要家庭成员，并迅速风靡全川，影响中国口味。涪陵区独特的自然环境适宜榨菜原料——青菜头的大面积种植，青菜头种植面积占全国菜头种植面积的 43.20%，是中国规模最大、最集中的榨菜产区，因而获得中国"榨菜之乡"的美誉。

榨菜的原料是一种芥菜类的瘤状菜头。鲜菜头也可切片、切丝凉拌做小菜，配肉炒或做汤，但更多用于腌制。菜头经风干、盐腌后再压榨，除去一部分水分，然后加盐和多种调料，装坛，封口，在阴凉处存放。在隔绝空气的条件下，坛里的榨菜先经酒精发酵，后经乳酸发酵，产生特殊酸味与香味，就成为市售的榨菜了。"榨菜"产业现已发展到四川省内 30 多个市县，浙江、福建、江苏、上海、湖南、广西等省、市、自治区也有生产。

四川腌制榨菜的优良茎用芥菜品种有草腰子、三转子、枇杷叶、露酒壶、鹅公苞等。其特点是茎部肥大呈圆球形或椭圆形，叶柄下有多个乳状突起，表皮光滑、色青绿、皮薄而粗纤维少、肉质脆嫩，腌制成品率高，品质优良。

四川榨菜的加工，需经原料修整、脱水、盐腌、修整、淘洗、拌料、装坛和贮存后熟等工序。

春季之时，草腰子、三转子、枇杷叶、露酒壶、鹅公苞等地上茎已充分发育膨大，农人便抓住它们刚出现抽薹的时节，进行采收。先除去根和叶片，剥除基部老皮、撕去硬筋。菜头（瘤状茎）重 500 克以上者切分为三块，稍小的可切分为二，使菜块的大小基本均匀。然后穿成串上架晾晒，称"风干"（脱水）。也可采用人工方法脱水，但效果不及自然脱水好。"风干"时间一般为 10 天左右，到菜块萎蔫柔软，表面出现皱纹就可以下架。

晾晒完下架时，"风干"后的菜头重量一般为鲜菜的一半。然后，将脱水后的菜头分两次盐腌。第一次按风干菜块重的 3%~4% 加食盐，拌匀、搓揉，分层入池压紧；等大量菜汁渗出时，用菜汁淘洗菜块、沥干。再加食盐，进行第二次盐腌，再沥干。沥干后，用剪刀剪去粗老部分和黑斑，修整成圆球形或卵圆形，用清洁盐液淘洗干净并沥干。然后，第三次加入食盐、并同时加入辣椒面、花椒和香料粉（大茴香、山柰、白芷、砂仁、肉桂、甘草、姜和白胡椒等）以及白酒，拌匀后装入特制的榨菜坛中。

装坛时，要层层压实、填满。坛口最后一层菜面撒上一层食盐与辣椒面的混合料后，用厚实的干叶片包实，再用竹篾条压死，紧封坛口（现在多用聚乙烯薄膜取代）。然后将储藏坛倒扣在一个盛装有水的盘子上，人称"倒扑罐"，将其置放在阴凉干燥处，保存 3~4 个月即为成品。

大致从 20 世纪 80 年代开始，四川榨菜除以大包装形式（原坛）外运销售外，已经普遍采用真空、密封和杀菌技术进行罐装或软包装等小型包装销售。

榨菜的成分主要是蛋白质、胡萝卜素、膳食纤维、矿物质等，有"天然味精"之称，富含产生鲜味的化学成分，经腌制发酵后，其味更浓。现代营养学认为，榨菜能健脾开胃、补气添精、增食助神；低盐保健型榨菜还能起到保肝减肥的作用。

十六、苦荞

苦荞，即苦荞麦，学名为鞑靼荞麦，别名荞叶七、野兰荞、万年荞，大家习惯叫"荞子"，又称"荞麦"，是少见的药食两用植物。它一般生长在高寒地带，如大、小凉山，大、小相岭和邛崃山脉等地，以及我们熟悉的汶川、茂县地区。国际粮农组织在21世纪初将苦荞列为"公认的优秀粮药兼用粮种"。

荞麦外观像麦子，但秆子比麦子矮小，结的荞穗也不如小麦饱满。它不属禾本科，而属蓼科，与人们所熟悉的"何首乌""大黄"等差不多算得上是亲兄弟，是药材家族中"嫁到"粮农食品家族的一个"与众不同"的成员。由于这种双重性，荞麦就显得十分"超凡脱俗"：它博采众长，吸收了两个家族的优势和益处，使自己成为集"万千优良品格"于一身的"天之骄子"。

荞麦的作用很多，不仅是药物、粮食，还是最早用于酿酒的材料之一。长期以来，人类一直试图找到这样一种食物，它既能饱腹，又能解渴，同时还能具有药物的功效。这种东西，秦始皇不惜代价派人到海外寻找过，没成功；汉武帝不遗余力也寻找过，照旧以失败而告终。历朝历代，人们追求健康、追求长寿，希望能找到一种具有药物疗效的食物，为此，皇家御医千辛万苦研制出"药膳"，但药膳并非纯天然食物，无非是药材进入膳食让人"神不知、鬼不觉"而已。这种神奇的东西在世上到底有没有？通过时间的验证，我们才发现苦荞就是人们梦寐以求的药用性食物，或者倒过来说，苦荞是食用性药物。真是"众里寻他千百度，蓦然回首"，苦荞却在"灯火阑珊处"。

回到四川来说，早在2000多年前，彝族同胞就学会了用荞子酿酒。彝族用苦荞酿制的酒，分为水酒、杆杆酒、坛子酒等。彝族同胞嗜酒豪饮，却越喝越健康，让人疑心他们的酒里一定藏着什么。彝族人不仅天天喝荞子酒，还喜欢吃荞麦粑粑。无独有偶，跟彝族一样，生活在海拔1500米以上的高山民族羌族和藏族也世代以荞麦为主食。羌族的"金包银"和"银裹金"，藏族的糌粑，都是由荞麦加工制作的。

在某种意义上，荞麦就是高原山区居民的主食。一个生活在高原地区的人，一年平均要消化200斤以上的苦荞麦。作为粮食食品，苦荞麦在基本满足人们生活所需的情况下，不仅酿制了历史悠久的苦荞酒，还能开发为茶。这种"苦荞茶"几乎可以说是茶和咖啡的结合体，茶水味，咖啡香，喝到口中滋味别样，喝后神清气爽。

苦荞得到国际粮农组织的认可源于苦荞一身"七大营养要素"。它们是：

1. 生物类黄酮：主要成分是芦丁，又名维生素 P。其主要功效是：软化血管，改善微循环，清热解毒、活血化瘀、拔毒生肌，有降血糖、尿糖、血脂、益气提神、加强胰岛素外周作用。而芦丁这种元素，在其他谷物中几乎没有。

2. 微量元素和矿物质：苦荞麦含有多种有益人体健康的无机元素，如钙、磷、铁、铜、锌和微量元素硒等。在苦荞中，镁的含量是小麦面粉的 11 倍以上，铁元素是其他主粮的 2~5 倍，锌为 1.5 倍以上，锰为 1.4 倍以上，钾为小麦的 2 倍、大米的 2.3 倍、玉米面的 1.5 倍。镁、钾的高含量，大大增强了苦荞粉的营养保健功能。

3. 淀粉：苦荞麦淀粉为支链淀粉，含大量凝胶黏液，加热后呈弱碱性，对胃酸过多有抑制作用，对胃病病灶可起到缓解和屏障保护作用。

4. 维生素：苦荞中含有丰富的维生素。维生素 B_2 的含量是玉米粉和大米的 2~10 倍。维生素 P 有降低人体血脂和胆固醇的作用，是治疗高血压、心血管病的重要辅助药物；尤其是对老年患者具有特别疗效，能降低微血管脆性和渗透性，恢复其弹性。在苦荞麦所含维生素 E 中，生育酚含量较高，有促进细胞再生的作用。

5. 纤维素：也称膳食纤维。在苦荞麦中，膳食纤维的含量达到 1.6%，是普通米面的 8 倍之多。膳食纤维的最大作用是具有整肠通便、清除体内毒素的良好功效，是人体消化系统的"清道夫"。

6. 脂肪：苦荞麦中油酸和亚油酸含量极高，而亚油酸是人体最重要的脂肪酸，一般在人体内不能合成。对于婴幼儿来说，它有促进生长、帮助发育的作用。而对成年人而言，则可防止冠心病。同时，因苦荞麦中含有抑制皮肤生成黑色素的物质，所以，它又有预防雀斑及老年斑的作用，是美容护肤的佳品。

7. 蛋白质：苦荞麦含有 19 种天然氨基酸，总含量高达 12%。尤其值得重视的是苦荞麦中含有的赖氨酸，这是一般植物如小麦、稻米所少见或没有的。这种赖氨酸富含精氨酸和组氨酸，能有效抑制脂肪发展。而且，苦荞麦中的蛋白有近 1/3 为清理蛋白，可清理体内毒素和异物，蛋白中丰富的精氨酸可以防止体脂增加。除此之外，苦荞麦还含有蔬菜才具有的叶绿素。也许，一方水土养一方人，正是因为高寒地带缺少菜蔬，所以，生长在高寒地带的苦荞一肩承担了两个重要使命。

苦荞将七大营养素完全集于一身，有着卓越的营养保健价值和非凡的食疗功效，被誉为"五谷之王"和"三降食品"，民间又称其为"净肠草"，是我国药食同源文化的典型体现。它的好，一方面是以长期以之为饮食的人（彝族、羌族、藏族）的身体状况为表现；另一方面则见诸李时珍在《本草纲目》上的记载："苦荞味苦，性平寒，能实肠胃，益气力，续精神，利耳目。"现代临床医学观察表明，苦荞麦面具有降血糖、降血脂，增强人体免疫力、疗胃疾、除湿解毒的功效，对糖尿病、高血压、高血脂、冠心病、中风、胃病患者都具有辅助治疗作用。这些作用都与苦荞麦中含有的营养成分密切相关。

当然，事物总会有它的两面性。荞麦味甘、性凉，有清热解毒、益气宽肠的功效，然而荞麦性凉，一次千万不能吃得太多。苦荞茶有健胃消食功效，所以更适宜在饭后饮用。如果饮用者处于饥饿状态，腹中已没有食物的时候再大喝苦荞茶的话，肯定会加重饥饿感，特别是低血糖人士，此时会出现血糖下降的不适症状，因此需要特别注意。

十七、火锅

如果说，四川小吃的中心在成都，川菜的核心在自贡，那么，四川现代火锅的"沸点"则在重庆，而"燃点"却在泸州。

大约在清代道光年间（1821~1851年），当时在长江边上跑滩的船工们，常宿于泸州一个叫小米滩的码头。小米滩在沱江注入长江的交汇口，船工们不得不在此转口，也必须在此食宿。由于长期行走江边，船工身体"寒气"较重，饮食上主张"菜当三分粮，辣椒当衣裳"。炊具为一口瓦罐，罐中盛汤水，加以各种蔬菜，再添加辣椒、花椒祛湿。这种辛辣的烫涮速食既经济实惠，又方便快捷，味道还美不胜收，渐渐就在长江边各码头传开了。

川江船只最后万流归宗，在出川之前都要集中停靠重庆码头。泸州在川江八大码头（包括宜宾、乐山、泸州、合江、重庆、万县、宜昌、武汉）中距重庆最近，下水约为大半天行程。"火罐烧锅"这种食俗从泸州沿江而下，传至重庆后，又有一番变革了。

当时，重庆朝天门码头一带的船工家属见到这种吃法后，就跑到嘉陵江边的屠宰场拾捡一些被丢掉的牛内脏，在江水里洗净后，切成小块，煨在锅里，等待船工的家属们回家一起吃。但随后，妇女们发现，牛内脏不适合熬煮，于是改革为现烫现吃。这种吃法受到广泛的欢迎后，原来随处丢弃的牛内脏就成为抢手货。聪明的小商贩干脆低价收进全部牛内脏，然后沿街叫卖。

"垄断"了材料的小商贩渐渐并不满足只是出售牛内脏，而是以"货源"为基础，自己置办了炉灶，开始了沿街叫卖的"移动火锅"。所谓"移动火锅"，就是由经营者挑着担，扁担两边的箩筐中，一头放牛杂和小菜，一头放泥炉子和"大洋铁盆"。在人员出没频繁的地方摆好炉子，盆内沸腾着麻辣鲜香的卤汁，每天就在河边、桥头或走街串巷地叫卖。"大洋铁锅"是一种"分隔切位"的卤水锅，一个"井"字形的木架置于锅内，四个方向（八个方位）都有"一格"独立的烫涮空间。对于已经吃火锅"上瘾"的船工们来说，出一趟工，下船时从船老板那儿得到一笔苦力钱，上岸第一件事就是吃火锅。他们或独自一人，或约集成伙，各人认定一格，即烫即吃，直至吃饱，既经济方便，还能增加热量。

除了苦力们喜欢吃火锅外，火锅沸汤飘散的鲜香味同样也吸引了越来越多的吃客。到 20 世纪 30 年代，"移动火锅"开始搬进了小饭店，分格的铁盆换成了赤铜小锅，卤汁、蘸汁由食客自行配制，以求干净且适合食客自己的口味。这种小火锅店越开越多，重庆江北的一条小街上密密麻麻挤满了"热盆景"，吃客在火热的盛夏季节吃火锅"纳凉"（体内汗水逼出，越是大汗淋漓，越是痛快凉爽）。所以，常常不免不雅的景象，这些吃火锅的袒露上身，乍一看，你会以为这是露天澡堂子，也可以说是最早的桑拿"干蒸"浴。对这种红红火火的经营局面，"吃水不忘挖井人"的经营者就将这条街称作"小米街"，以牢记它是从小米滩传过来的。

"重庆火锅"以其耿直和火爆的方式传入成都后，慢吞吞的成都人开始发扬光大，将火锅"吆喝声"的"下里巴人"改造成为荣登大雅之堂的"阳春白雪"。火锅进入快速发展的第一个高潮。尤其在抗日战争时期，四川火锅日益兴盛，官场要员、金融巨头、商人、文人、记者等都以吃火锅为快。

一到吃饭时间，人们呼朋唤友便往火锅店涌。火锅随后遍及全中国。谁也没关心火锅究竟是怎么发展起来的，都以为是重庆人发明了火锅，人们反而淡忘了泸州。

其实，从火锅边烫边吃的进餐方式上看，火锅这种烹饪方式既不是船工发明，起源也并不是在泸州。清朝年间，火锅不仅在民间盛行，而且成了一道著名的"宫廷菜"。清宫御膳食谱上有"野味火锅"食谱，用料是山雉等野味。清乾隆皇帝吃火锅成癖，他曾多次游江南，每到一地，都备有火锅。相传，他于嘉庆元年正月在宫中大摆"千叟宴"，全席共上火锅1550多个，应邀品尝者达5000余人，成了历史上最大的一次火锅盛宴。

明代的成都状元杨慎小时候随其父杨廷和赴弘治皇帝在御花园设的酒宴。宴上有火锅，火里烧着木炭。弘治皇帝借此得一上联云"炭黑火红灰似雪"，要众臣酌对。大臣们顿时个个面面相觑，无人吭声。此时，年少的杨慎悄悄地对父亲吟出"谷黄米白饭如霜"。其父遂把儿子的对句念给皇上听，皇上龙颜大悦，当即赏御酒一杯。

意大利威尼斯商人马可·波罗从欧洲到中国经商，在沿着丝绸之路由西向东风尘仆仆赶赴中国的时候也已开始吃火锅。据民间记载，那时的元世祖忽必烈也酷爱吃火锅。有一年冬天，部队突然要开拔，而他饥肠辘辘，一定要吃羊肉。厨师情急之中将羊肉切成薄片，放入开水锅中草草烫熟，并加调料、葱花等物，忽必烈食后赞不绝口。后来，他做了皇帝仍不忘此菜，并赐名为"涮羊肉"。

比马可·波罗更早吃火锅的人是南宋时代的泉州人林洪，在他所撰的《山家清供》食谱中，便有其同友人吃火锅的介绍。大意为：在桌上放个生炭的小火炉，炉上架个汤锅，把肉切成薄片，用酒、酱、椒、桂做成调味汁，等汤开了夹着肉片在汤中涮熟，蘸着调味料吃，味道美不胜收。尤其在大雪纷飞之寒冬中，与三五好友围聚一堂，于谈笑风生中随兴取食，看"橪橹灰飞烟灭"，太过瘾了，于是取"浪涌晴江雪，风翻晚照霞"的光景给这种吃法取了个美名，叫"拨霞红"。唐朝白居易的《问刘十九》诗说："绿蚁新醅酒，红泥小火炉。晚来天欲雪，能饮一杯无？"就惟妙惟肖地描述了当时食火锅的情景。据说，隋炀帝时代的"铜鼎"就是火锅的前身。若这种说法可靠的话，火锅历史就有1400多年了。但这并不是中国人吃火锅时间的上限。

　　时间再往上溯，大约在 1 万年前，祖先们就发明了陶质的鼎。无论是三足或四足的鼎，在当时，只要是能吃的食物，通通都丢入鼎内，然后在底部生火，让食物煮熟，成为一大锅的食物，当时叫作"羹"，这应该才是最早的火锅。火锅最早的古称叫"古董羹"（因投料入沸水时发出"咕咚"声而得名）。四川吃火锅之盛，其炽烈之势，掩盖了火锅历史的幽古之色，让人误以为，火锅历史土生土长于重庆和成都。但从另外一个角度看，说巴蜀是现代火锅发源地也并不为过。

　　在四川吃火锅，大致能直接体会到如下感受：一是鲜香味美。火锅中的汤卤处于滚沸状态，热与味结合，多种谷氨酸和核苷酸在汤卤中相互作用，产生十分诱人的鲜香，再加上调料、菜品、味碟，鲜上加鲜，回味无穷。二是口味大众化。四川火锅在卤汁风味上兼收并蓄，再加上几十种不同味碟的调配，其适应性几乎无所不容。三是用料更广泛。从传统毛肚火锅的"老三篇"（毛肚、鸭肠、黄喉）到现在的飞禽、走兽、山珍、海味等原料的增加，四川火锅的品种可以说数不尽数。四是制作精细。调味的选用，汤料的熬制，原料的加工，味碟的配备，菜品的摆放，烫食的讲究都颜值出众。五是方便随意。边煮边烫，边吃边聊，可丰可俭，其乐无穷，正如清代诗人严辰所说："围炉聚饮欢呼处，百味消融小釜中。"六是养身健体。吃得大汗淋漓对于治感冒有奇特疗效，可祛风湿，鱼头、甲鱼等含营养较高的食品有滋补作用，其中的药膳火锅对保健强身也有一定作用。

　　从大众的角度来说，四川火锅是最早的自助餐，由自己亲手操作（烹饪），自烫自食；菜品的烫（煮）食火候，就掌握在食客的手中。一般有以下方法和步骤：一是涮（一般对质地嫩脆如鸭肠、腰片、肝片、豌豆苗、菠菜等，采用"七上八下"的摘烫法）；二是煮；三是把握先荤后素。火锅的酱汁一般都是一碗芝麻香油，其用途，一是为了降温，二是为了润滑口腔以达到防烫的功效，三是为了增加辅助作料味。蘸料味碟是涮制火锅不可缺少的部分，常见的有麻油味碟、蒜泥味碟、椒油味碟、红油味碟、辣酱味碟、蘸料碟、酱汁味碟、韭菜花味碟等。

　　火锅不仅是美食，而且蕴含着饮食文化的内涵，为人们品尝倍添雅趣。台湾客家人多在大年初七这天吃火锅，火锅用料有七样是少不了的，即芹菜、蒜、葱、芫荽、韭菜、鱼、肉，这分别寓意"勤快、会算、聪明、人缘好、长久幸福、有余、富足"。

火锅热，可谓亲亲热热；火锅圆，可谓团团圆圆；用汤水处理原料，可谓以柔克刚；不拒荤腥，不嫌寒暑，用料不分南北，调味不问西东，山珍、海味、河鲜、时菜、豆腐、粉条，来者不拒，一律均可入锅，可谓兼济天下。荤素杂糅，五味俱全，主料配料，味相渗透，食者各取所需，烫而食之，在痛快淋漓中生动体现了中华食文化的中庸之道，中和之美。

十八、河鲜

中国人造字注重直观和形象。比如，一个"鲜"字，就是羊汤煮鱼肉，或鱼汤熬羊肉。祖先对美味的认识，提炼出一个"鲜"字，感受即源于鱼、羊，并以鱼为根本。

对于"鲜"的接受，四川人偏爱鱼的程度超过羊。四川人吃羊的时间基本限于冬天，高潮是在冬至；而吃鱼的时间则是全年不限。研究表明：鱼含有多种人体必需的氨基酸，所含的不饱和脂肪酸是猪肉的 10 倍，所以，常说吃鱼不仅可以健脑，而且可以防止冠心病。研究表明，因纽特人几乎不得冠心病，日本人的冠心病发病率远比欧美人低，因为欧美人食鱼的量平均每天约 20 克，日本人约 100 克，而因纽特人则可以超过 400 克。

四川处于长江上游，境内河渠纵横，丰富的河鲜资源，不仅种类繁多，数量庞大，而且因为优良的水质，味道也格外鲜美。加上川菜悠久的文化历史，对烹饪方法的讲究，味型丰富的调味料，让川味河鲜成为各大菜系中独有特色的饕餮美味。

但四川人的"河鲜"，却是在长期追逐"海鲜"之后的回归。海产含嘌呤，痛风之人断然无此口福，也容易引发皮肤过敏。"痛定思痛"，四川人决定"返璞归真"，以内河之鱼取代外海之鱼。由于早年"海鲜"一词早已成为一种"高档"消费符号，追求时髦的四川商人便改"海"为"河"，使一度气贯长虹的"鲜"味海水倒灌，沿着河流逆势而上，将美食革命"进行到头"，于是，当"河鲜"乘风破浪之时，一度蓬勃兴旺的海鲜却渐渐没了踪影。最令人不可思议的是，现在吃真正的河鲜远比吃海鲜贵，已成为中高档消费的新贵。

其实，河鲜并非四川从广东的"舶来品"。早在近 1000 年前，四川著名美食家苏东坡就业已开始身体力行地推广河鲜。他对四川河鲜的发展历史功劳卓著，以至于人们只要提到吃河鲜，脑子里立刻便要浮现一个跟他名字有关的菜肴："东坡鱼。"东坡吃鱼最生猛的程度竟至"拼死吃河豚"，这个情形见于他的《鳊鱼》诗，包括在《后赤壁赋》中他用鳜鱼下酒的记事，并非后人杜撰。

东坡鱼最早选用的食材叫墨头鱼，四川人称之为"乌棒"，体长 20~70 厘米，略呈圆筒形，无须，有鳞，色蓝灰，体长。肉厚多脂，味道鲜美。相传因苏东坡常在水中洗笔，水染黑，此鱼产此水中，故名。四川河鲜中的东坡鱼又被称为"五柳鱼"。苏东坡写的《煮鱼法》介绍了五柳鱼的做法：将鱼去鳞，剖腹，掏出内脏，用刀在鱼肋两边各轻划五刀，入锅水煮，煮好后肉质白嫩。因为在鱼的身上斜划五刀，烧制好后，刀痕形如柳叶，故名。

四川河鲜的底气来源于以岷江、沱江、金沙江、嘉陵江、雅砻江、青衣江、涪江、大渡河为代表的林林总总 1000 多条大小河流。较为著名的河鲜产品有沱江的鲇巴朗（又叫鲇鱼、河鲇），岷江的江团、石爬鱼、鳜鱼，金沙江的水密子，青衣江的雅鱼等，不胜枚举。

四川河鲜中最具"品相"的是：第一，"火锅鱼头"；第二，江团；第三，雅鱼；第四，水米子；第五，石爬鱼。

四川人"吃河鲜"停留在岸上，"品河鲜"已固定在江边。据说，这是为了创造一种"野生"+"生态"的氛围。照这种方式理解，有的商家便将趸船推到河中央，以"名副其实"地突出河鲜特色。按照这个发展趋势，四川的河鲜，将来极有可能会把食客送到河底的"龙宫"之中，一边伸手逮鱼，一边生吞活剥，这样似乎才能真正显示河鲜的意义。

四川的河鲜汇集地几乎毫无例外都在河流旁边，沱江和长江的汇合口泸州，金沙江、岷江和长江的汇合口宜宾，岷江、青衣江和大渡河交汇口乐山，青衣江、周公河交汇口雅安，涪江、安昌河、芙蓉江三江汇合地绵阳，嘉陵江流经地南充，嘉陵江与南河汇合处广元，金沙江和雅砻江流经的攀枝花、盐边，涪江流经的遂宁，嘉陵江三绕三方的阆中等地自然都成了重要的河鲜基地。尤其是在河流交汇的地方，各种大小船只在江边一字排开，趸船改装成为"水上河鲜馆"，趸船旁边的小渔船里游弋着活蹦乱跳的各种淡水鱼，渔民们在江边"守株待兔"地等着鱼儿和美食家们自投罗网。

"一方江水养一桌菜"，四川河鲜是上苍恩赐的珍肴。四川淡水鱼不但味道鲜美，还有多种保健功能。都说"吃红肉不如吃白肉"，这个红肉指的就是猪、牛、羊肉，而白肉呢，就是指鸡、鸭、鱼肉。四川饮食界一直又有"吃四条腿的不如吃两条腿的，吃两条腿的不如吃没有腿的"的说法，四条腿的是猪、牛、羊，两条腿的是鸡、鸭、鹅，而没有腿的，自然说的是四川的河鲜。

十九、冷淡杯

"冷淡杯"原本是成都老百姓的俗语，是"有酒无肴、吃酒不吃菜"的一种饮食习惯，成都自古以来就是一个消费中心。由于大自然的恩赐和都江堰水利工程的福荫，居住在成都的居民过着相对闲适的生活。民间有这样的说法，古时的成都人一天只吃两顿饭，上午 10 点左右一顿，下午 5 点左右再吃一顿，到了晚上，肚子饿了就临时吃点东西垫肚子，称为"打尖"。成都的老百姓喜欢在院坝里或街沿边摆张小方桌，端来几碟煮花生、毛豆角、豆腐干之类的下酒菜，就着小酒边乘凉边"打尖"。若是左邻右舍也到外面来乘凉，主人便会盛情相邀，这时主人便会自谦地说出："请得闹热，吃得冷淡。"因此，冷淡杯绝不是指吃冷食物，而是寓意吃得清淡、简单。当然，冷淡杯之名还有一种说法，最早的"冷淡杯"主要是指一个人在小酒店里小酌独饮，因形单影只而显得场面冷清，杯中之酒喝进嘴里索然无味，故名"冷淡杯"。

当"冷淡杯"后来渐渐发展成为"鬼饮食"，就开启了成都的夜生活。成都的商业繁荣始于汉代，唐朝年间登峰造极。但"挑灯夜战"的情况则是在清朝咸丰以后，一方面这一时期成都经济重新走出了大萧条以后的阴影；另一方面得益于人口的长足发展。正当亚文化的"吃文化"在川菜、小吃各个方面茁壮之际，四川以外的广大地区爆发了太平天国起义。惶惶不安的平民百姓在街头巷尾的"热议"中，最不安分的一部分开始兴奋地消磨"不眠之夜"。如果说，他们最初把"冷淡杯"吃得很晚是因为惊恐、担心、好奇，那么，后来就完全变成他们需要把冷酒喝得天昏地暗才解恨。"夜猫子"式的生活让人觉得比白天更有魅力，大概夜晚可以产生更多幻觉。酒铺的店主看到，自己纯粹卖酒的坛坛罐罐旁边不断增加坐下来喝酒的客人，以往一天的生意现在可以双倍地获取，双方都有了积极性，久而久之，老买主与老掌柜之间达成默契，一个不关门，一个要上门，他们之间的一买一卖，最后"生产"了成都的"鬼饮食"。

从本质上说，"鬼饮食"就是原来的"冷淡杯"。之所以改换了名称，主要是因为这些吃"冷淡杯"的人将"冷淡杯"中的冷酒喝进了深夜。子夜之时，成都沉入寂静，除了星星点点的酒铺，能在此时活跃非凡的，照理就只剩鬼鬼祟祟的鬼了。鬼，人们不得以见；但街上多出来一批"酒鬼"，自然，他们吃的"冷淡杯"就成了"鬼饮食"。

成都地道的"鬼饮食"很简朴，类似于孔乙己桌上的一盘茴香豆和一碗绍兴黄酒。成都酒鬼过去在桌上原是"寡酒"一碗，酒系高粱制作，人称"高粱酒"；高粱酒辣嗓子，喝酒的人一般自带花生，一边剥花生一边喝酒。后来开酒铺的店主煮了一些素食的毛角豆，以后逐渐增加炒黄豆和汲水胡豆，再后就开始出现荤菜，如鸭头、鹅头、鸡头或鸭蹼、鹅掌和鸡爪，乃至鸡鸭鹅的翅膀及内脏，它们经过卤制之后是上佳的佐酒菜。随着酒客数量的与日俱增，酒铺排成一条街，寂静的夜晚变得明晃晃的人声鼎沸，热闹非凡，但因为相沿成习，成都人按约定俗成的称呼仍然呼其"鬼饮食"。

成都人对夜生活的挑战一如人鬼之间几千年"冤冤不改"的不了情，包括"鬼饮食"这个称呼，都有一丝说不清、道不明的复杂情结。从人认识生活和了解自然开始，鬼就跟灵魂和梦境密切相关。人们常常不由自主地思考自己与外部世界的关系。鬼概念影响人们心理和风俗习惯以及生活方式，中国人怕鬼、信鬼，经常是在遇到灾难、冤屈、诬陷等事情时求祖宗鬼神帮助解决。人创造了鬼，但鬼大多情况下却与人为敌，造成了人鬼之争的文化。人们对鬼的态度大致分为祭鬼、驱鬼、斗鬼和用鬼四个层次。祭鬼是鬼在主宰人，驱鬼则是人们的一种自卫本能，斗鬼则体现了人的力量和主动性，用鬼则完全是在驾驭鬼为人们服务了。由这几种态度大致可以窥见，成都"鬼饮食"是成都人"斗鬼"和"用鬼"的胜利。早在1800年前，张道陵祖孙三人就在成都"用鬼"，他们传延的道教精神对成都有着潜移默化的影响力。所以，这是"鬼"一定会首先在成都被"用"的地方。

成都产生"鬼饮食"还跟成都饮食文化有关系。"吃"是四川人那个时代的大问题和永恒主题。四川人对"吃"的痴迷，以至于非得创制川菜菜系，还有数不胜数的风味小吃，还不解气，仍然孜孜不倦地对烹调术精益求精，追求色、香、味、形、器一应俱全。由此看来，"吃"在成都不单纯是一种生理需要，而是一门艺术。成都人并不叫"冷淡杯"为"鬼吃"，而称其为"鬼饮食"。饮食具有审美情趣，是人生的享受行为。

既然是一种饮食行为，所以成都有理由继续升级换代。1978年改革开放以后，成都迎来饮食突飞猛进、最具活力的30年时间。"鬼饮食"不再局限于一个很小的范围，而是在整个成都的街头巷尾全面兴盛起来。这一次升级换代彻底颠覆了历史，连名称也换了，叫"串串香"。

20世纪90年代，成都出现两大怪：一是锅灶端到街边卖；二是吃饭头顶大天盖。每到晚餐时间，各家餐厅忙着把桌椅板凳移至户外，每张桌子都抠成一个"方钱币"，中央一个大洞，孔径正好搁置一口锅。这是成都火锅方兴未艾的一个时代，它同时催生了一个延续"鬼饮食"的饮食项目："串串香"。

所谓"串串香"，是指用一根竹扦，将蔬菜、蛋禽、肉食穿起来，像糖葫芦串。它的作用，除了放进汤锅中烫食方便以外，更为方便的是为了吃完之后的结算。最早，一根细竹扦（素菜）收费一毛，一根粗竹扦收费两毛（荤菜），走路的人去吃，骑车的人去吃，开奥拓的去吃，开奔驰的也去吃，串串店将成都作为和谐社会的平民色彩彰显得淋漓尽致。

"串串香"可以说是廉价"低档的火锅"，当然，火锅也可因此定义为"高档的串串香"。从"串串香"可以看到当年火锅发展初期的影子，它投射了火锅历史纯粹来源于底层民间。"串串香"的出现，颠覆了"鬼饮食"的"物资匮乏"，汤锅旁边堆满琳琅满目的各色菜肴，"冷淡杯"已变成"豪华大餐"，成都"鬼饮食"略显穷酸的旧貌从此一去不再复返。

"串串香"因其用汤特色和味觉感受而别名"麻辣烫"。走在成都的大街小巷，人们随处可见大大小小的"串串香"餐铺，红漆的矮方桌、小凳子，尤其是一锅热气腾腾、香气四溢的红汤。它以"克隆"火锅的方式，将"二级火锅底料"的粗糙香味飘散在城市上空，空气中弥漫着海椒、花椒、泡菜的气味。难怪当代人们对川菜的认识始终局限于"麻辣"，不是外地人太木讷，而是"麻辣烫"一度太泛滥。人们一度以为，成都除了"麻辣烫"就没什么吃的。有个上海人到成都出差，慕名在餐厅里专拣有"麻辣"字样的菜肴，顿顿吃到嘴里的菜都是麻辣味。第三天受不了啦，看着菜谱，费了半天劲，最后斩钉截铁地点了一份自以为"最清淡"的水煮牛肉，等菜刚一端上桌面，他老兄就大呼小叫起来："呱呱（乖乖），四川宁（人）用的水腾腾（通通）都是麻椒、辣椒水！"全国岂止他一个人对四川不了解或有误解！

带麻辣烫味的"串串香"比"冷淡杯"热闹多了，比"鬼饮食"延续的时间更长了。成都的麻将迷们夜间开战，凌晨收兵，天色蒙蒙亮之前照样可以吃到"麻辣烫"。"麻辣烫"无处不在，无时不有。最有意思的是一顿"麻辣烫"吃下来，桌边桶内一大把一大把的竹扦，用它来衡量消费水平，是曾经发过"交子"（中国最早的纸币）的成都人对现代餐饮业的一大创新，假如全国因之采用，它就称得上是对中国金融界的一大贡献。

成都人在饮食上的创新能力永远令人感叹。当年火锅由重庆传入成都，没有人能料到它在一夜间风靡蓉城，更没有人能料到成都人还能派生出"麻辣烫"这种形式，荤的、素的不管三七二十一往竹扦上一穿，就此吃出一个"火红的年代"。这极大地丰富和推进了成都"鬼饮食"的升级换代。海带、土豆、肉片、花菜、莴笋、毛肚、香肠、鱿鱼、冬瓜、黄腊丁、贡菜、海白菜、魔芋、黄花、藕、空心菜、排骨等，早已将卤菜类的兔头、鸡爪以及资历最老的花生、毛豆挤到一边。虽然"正宗"的"冷淡杯"至今还在坚守自己的底线，但"鬼饮食"的防线早已被"串串香"突破，人们更热衷于在"麻辣烫"店铺看到有"冷淡杯"的盐煮烧腊菜，也希望在以正宗为标榜的"冷淡杯"店铺看到有"麻辣烫"的竹扦。因为，就在评论它们孰是孰非还没来得及下结论的时候，一场更凶猛的饮食之风席卷而来，在成都掀起更为汹涌的波澜，这就是夏季"夜啤酒"的出现。

"夜啤酒"继承了"冷淡杯"和"鬼饮食"的特色，血缘上一脉相承，正统得可以将它们间的关系称为"老子英雄儿好汉"。"杯"者"酒"也，"鬼"者"夜""冷"也。"夜啤酒"横空出世，所有饮食全部变成配角。考其原因，追逐时髦的成都人总是把自己的情感倾向于现代。啤酒来自德国，沾点洋气，喝"夜啤酒"就是吃"冷淡杯"，吃"冷淡杯"也必然要喝"夜啤酒"，但将晚间呼朋唤友的一次活动定义为吃"冷淡杯"不免流俗。成都人的这种小心思被商家看得很透，所以，借势推动一场饮食运动，将"夜啤酒"迅速推向喝啤酒极为彻底的"酒吧"。这次运动让成都走在了现代消费的最前沿，假如不是他们说着中国话，你会以为成都的几条"酒吧一条街"是在巴黎或慕尼黑。这里的喝酒之盛，喝咖啡之猛，连德国和法国的游客朋友都自叹弗如。

二十、保宁醋

古往今来，人们一边"大碗吃肉，大口喝酒"大快朵颐，一边津津乐道地数说美食的来龙去脉，如小吃、川菜、火锅以及诸如此类。但唯有一样美食，大家避而不谈；即便要谈，也是绕了几个弯，最多提及它的"调味品"功能。这就是醋。

早在南宋年间，吴自牧的《梦粱录》中就有"人家每日不可缺者，柴米油盐酱醋酒茶"之说，当初被称为"开门八件事"。至元代时，"酒"被略去，这才变为后来家喻户晓的"七件事"（元代杂剧唱词中随处可见"早晨开门七件事，柴米油盐酱醋茶"），流传至今，已成为老百姓居家生活朗朗上口的一句口头禅。

醋在日常生活中占有如此重要位置的地位，但奇怪的是，醋并没有合理地得到它应有的地位。人们说狐狸吃不到葡萄的心境，恋人间对别的异性的排斥，都把醋给扯进去，其贬低、嘲讽、戏弄意味之浓，以至于后来人们不愿提"吃醋"二字，有的地方干脆连醋的名字都成了"忌讳"。人们为什么会有这奇特的忌讳？这是因为"吃醋"是一种被人矮化的心态和被自己扭曲的心情，说一个人愤怒、怨恨、妒忌、迷乱、疯狂、神经质，"像打翻了五味瓶"，都形容为"鼻子孔里酸溜溜的"，而人在吃醋被酸着的时候，歪鼻子、咧嘴巴、眯眼睛一副扭曲变形。吃醋因此落了个戏谑的名声。

其实，在营养学上说，吃醋反而大大地有益于身体健康。科学分析表明，醋除含有醋酸外，还含有各种氨基酸和乳酸、琥珀酸、草酸、烟酸等多种有机酸，蛋白质、脂肪、钙、磷、铁等多种矿物质，维生素、糖分以及芳香性物质醋酸乙酯。而以米为原料酿成的米醋，有机酸和氨基酸的含量最高。

李时珍在《本草纲目》中对醋的功效是这样加以说明的："醋能消肿，散水气，杀邪毒，理诸药。"

明代时已经出现以醋佐酒、以酒助兴的习俗，《明宫史》记载宫女们"细细用指甲挑剔，蘸醋蒜以佐酒"的情形，可见古代宫中不乏对醋有先见之明者。现代医学表明，醋可以提神醒脑、逸兴抒怀、心旷神怡、悠然自得；女士饮醋，可以促进新陈代谢，使身体更柔软，肌肤更亮丽。但归根结底，醋在人们一向的认识中就是一味最古老的调味品。

醋既是五大口感（酸甜苦辣麻）之首，也是人生百味之一。以大米或高粱为原料，通过发酵将碳水化合物（糖、淀粉）的液体转化成酒精，酒糟和酒精受醋酸菌的作用后与氧结合，而生成的酸和水，这便是醋。一言以蔽之：酿醋的过程就是让酒糟和酒精进一步氧化成醋酸的过程。

酸食之所以能成为饮食，是因为早在祖先们茹毛饮血的年代，就把在劳动中采摘到的梨、枣、柿子等果实进行囤积，以备长期食用而演变得来的。一部分果实在温度、湿度等适合的条件下，经自然发酵，变成了浆状酸性醋液。人们食用后，顿觉胃口大开。酸的助消化等功能逐渐被人们所认识，后来渐渐演变为醋，成为深受家庭烹饪青睐的调味佳品。

传说，制醋始于晋朝刘伶（竹林七贤之一，嗜酒）妻子吴氏的"歪打正着"。吴氏讨厌丈夫天天沉醉于酒精，有意将"盐梅"之类的"辛辣之物"丢进酒中。但令她始料不及的是，她却"开"了最早的"醋吧"，让丈夫刘伶吃到最早的饮食醋。刘伶之所以成为大酒鬼，跟他常常误食陈醋不无关系，因为醋是解酒的，越喝醋，他越清醒，越是起劲地偷酒喝。

又说制醋始于杜康的儿子杜杼。杜康是传说中酒的发明人，也称"酒圣"。他的儿子杜杼有一次酿酒时发酵过了头，至第 21 天酉时开缸时，发现酒液已变酸，但香气扑鼻，且酸中带甜，颇为可口。杜杼干脆一不做二不休，给这种"升级换代"的新酒重新起名，以"廿一日"加"酉"字，给这种酸水起名为"醋"。

从以上两个传说可以看出，最早的醋是人们酿酒过程中"无心插柳"的结果。但自从醋从酒中脱颖而出之后，醋家族就开始了传宗接代，在一代又一代的繁衍中产生了米醋、陈醋、香醋、麸醋、酒醋、白醋、各种果汁醋、蒜汁醋、姜汁醋、保健醋等。由于醋能改善和调节人体的新陈代谢，作为饮食调料，其需求量就不断增长。

据考证，在春秋以前中国还没有真正意义上的醋，当时只是用天然梅果的汁作为酸味调味剂。《尚书》中记载，殷高祖武丁"高调"夸奖一位他想聘请的宰相，在赞美他才干卓绝的时候，武丁用了这样的比喻："若作酒醴，尔惟曲蘗（假若是做甜酒，你就是那关键的曲和蘗）；若作和羹，尔惟盐梅（假若是做羹汤，你就是那必不可少的盐和醋）。"殷武丁在这里所说的梅，就是酸梅子，当时是作酸性调味剂来使用的。梅捣成梅浆叫作"醷"。后来发现，粟米发酵后也可以出酸，古人就利用粟米发酵做曲制酸，这就是早期的醋。

到汉代时，醋开始普遍生产。这一时期的醋叫作"酢"（zuò，从醋解），北魏时期的《齐民要术》中记载了酢的做法，有大麦酢法、烧饼酢法、糟糠酢法、酒糟酢法等几种酢（醋）的做法。南北朝时，食醋的产量和销量都已很大，《齐民要术》系统地收载了 22 种制醋方法，是我国对粮食酿造醋的最早记载。

四川，同样不缺名醋。阆中"保宁醋"因产于保宁府（古阆中）故名，始创于明末清初，迄今已有近 400 多年的历史，与江苏镇江香醋、山西老陈醋、福建红曲米醋并称为全国"四大名醋"。

保宁醋的酿制有两个特点：一是酿醋用的药曲像过去酿酒的酒曲一样，是用五味子、白叩、砂仁、杜仲、枸橼、建曲、荆芥、薄荷等生津开胃，健脾益神的 60 多种中药为原料制成的；二是制醋的用水。流经阆中城南的嘉陵江水，绿水碧波，特别是冬季，更是碧绿清澄。醋坊取冬季之水，用沙缸过滤，储存备用。用嘉陵江中流冬水酿成的醋，香味浓郁，酸而微甜，入口生津。正宗的保宁醋呈黄棕色，滴入细瓷碗内旋转，如菜油一样均匀地沾在碗边，俗称"挂碗"。如无生水浸入瓶内，可久存不腐，而且越存香气越浓郁。保宁醋营养丰富，含有人体需要的 18 种氨基酸。它酸味柔和，醇香回甜，既是调料，又是良药。除具有一般佐餐调味、开胃健脾、预防流感、平降血压、治疗足癣、消气去嗑、医治烧伤等功效外，对增加人体营养，促进新陈代谢，加强生化功能也具有独特效用。

如今，"保宁醋"已成为阆中的代名词，它与阆中另外一大特色食品"张飞牛肉"珠联璧合，成为阆中醋吧中最具生态的天然拍档美食。

二十一、牦牛肉与牦牛

牦牛，是青藏高原及川西北高原的象征，也是藏区宗教、民族的图腾之一。它主要生存在海拔3000米以上的高寒地区，区域生态环境的严酷性使它们从骨子里具有傲霜抗雪的能力。

藏区老百姓说过："没有牦牛就没有藏民族。"经过驯化的牦牛性情温和、驯顺，具有极强的耐力和吃苦精神，对于沿袭着游牧生活的藏民族来说，牦牛具有无可替代的重要地位。在高寒恶劣的气候条件下，无论寒风凛冽，还是冰雪袭人，牦牛都以其耐寒负重的秉性坚韧不拔地奔波在雪域高原，担负着"雪域之舟"的重任。对于生活在雪域高原的藏民族来说，牦牛浑身是宝。它是藏民族耕种土地的最有力帮手；它是藏民族作为迁徙民族的运输工具；它的粪便是藏民族取暖的燃料（或作为堆砌墙的原料和木板圈的涂料）；它的长毛编成了遮挡严寒和抗拒风雪的氆氇帐篷；它的奶不仅成为藏民族一日不可或缺的饮品，而且可以加工成各种奶制品；它的肉更是藏民族生息和繁衍的重要食物。牦牛肉能为人体补充多种有益的营养成分。这种肉类食材中不但含有大量高质量蛋白，含有多种人体必需的氨基酸，另外胡萝卜素以及钙和磷等微量元素也是牦牛肉中最重要的存在，它脂肪含量低，平时人们食用能补充营养而且不会发胖。调理身体也是牦牛肉的重要作用之一，它能提高人体的抗病能力，也能促进人体发育，还有用于人类病后身体的调理，可以修复受损的组织细胞，能让人体不适症状快速恢复，对人类身体有明显调理作用。

截至2018年12月，四川阿坝藏族羌族自治州牦牛存栏量近190万头，加上周边辐射地区存栏牦牛约750万头，约占全国牦牛总量的50%。近年来，阿坝州自主探索出了"4218"牦牛标准化养殖模式。即：将牧区天然草原放养生长到4岁、体重达200千克左右的牦牛，转移到半农半牧区进行100天（10天过渡期+90天保健饲养期）标准化饲养，体重增加80~100千克后，适时出栏销售。

这种模式是破解牦牛产业发展"瓶颈"问题的有效途径和方法，饲养方式简单，技术难度和规模不大，养殖户可以很好地把握投资规模和出栏时间，有效解决了牦牛集中出栏、肉质新鲜度、草畜矛盾和草原因严重超载导致的退化、沙化问题，农牧种养资源能得到很好利用，为我国牦牛产业发展探索出了新路。

二十二、张船山与遂宁

《巴蜀文学史》历数四川名流时这样评述："从汉代以来，巴蜀出现了司马相如、扬雄、陈子昂、李白、苏洵、苏轼、苏辙、虞集、杨慎、张问陶这十大文学家，他们都是中国文学史上的名人。迄今为止，几乎任何版本的中国文学史，都要对上述十人的文学成就作出介绍。"张船山因其在文学上的卓越成就，使其被后世与李白、苏东坡等大家相提并论。

张船山，名问陶，字仲冶，号船山，是清代四川遂宁籍著名诗人、书画家，诗、书、画三绝奇才，他的诗曾一度被誉为"蜀中之冠"。

仅就清代而论，四川诗人中能跻身全国第一流的，只有张船山一人。有评价说："乾嘉年间的性灵派在华夏拥有诗人之众，是过往的许多诗派无法比拟的，而巴蜀诗人恰恰是通过张问陶的作用，直接或间接地带领一批诗人……迎来清代巴蜀诗歌中最为壮观的黄金时代。"评论认为，张船山不仅是清代蜀中诗冠，也是清代乾嘉诗坛大家，是清代第一流的诗人和著名诗学理论家，是继袁枚之后，性灵派后期的代表人物。袁枚是乾隆时代的诗坛盟主、性灵派主将，晚年因为著名诗人洪亮吉的推荐，才读到张船山诗作，自诩与张船山之交为"神交"。他对洪亮吉说："我已经快年满八十了，该见棺材的人了；为什么赖着不走呢，就是因为你给我推荐了张船山，我们至今没有见面，就这么草草率率地走，我闭不上眼睛！"

张船山的诗作，对后世影响深远。如梁启超在《饮冰室文集》中讲述了张船山在山东任主考的故事；《海上花列传》中，描写了不少人模仿张船山诗意作诗。当代诗人、南社盟主柳亚子写诗盛赞张船山说："猛忆船山诗句好，白莲都为美人开。"而小说家张恨水在他的小说《春明外史》里，让主人公杨杏园应和了张船山的八首七律《梅花》诗，引得当时的人们纷纷寻找《船山诗草》来读。当代国学大师钱锺书在《谈艺录》中同样高度评价张船山，认为袁枚、张船山、赵翼称得上是诗坛在乾隆时代的三大家。尤其是袁枚和张船山，他们两人是性灵派诗歌早期和后期的主将。所以，著名学者刘扬忠先生认为："张船山不单是西蜀诗人之冠，而且是清代中期全国诗之冠。"学者王英志先生在《性灵派研究》一书中，将袁枚、赵翼、张船山列为乾嘉诗坛"性灵派"三大家，并评价说："纵观整个乾嘉时期性灵派众多诗人，可与袁、赵鼎足而立为性灵派三大家者，唯有张氏。"由此不难想象，张船山在清代乃至整个古代诗歌史上的独有地位。

船山诗不仅在国内广泛流传，"四海骚人，靡不倾仰"；在国外也影响巨大，"朝鲜使人求其诗，至比之鸡林纸价"[①]。韩国文学家朴齐家在罗聘（扬州八怪之一）寓所见到张船山诗一卷，爱不释手，热情洋溢地给张船山写了一首诗："曾闻世有文昌在，更道人间草圣传。珍重鸡林高纸价，新诗愿购若干篇。"诗中将张船山比作文昌，可见评价之高。张船山和诗回复他："性灵偶向诗中写，名字宁防海外传。从此不防焚剩草，郁陵岛上有遗篇。"船山从弟张问彤曾从侧面介绍自已的兄长，说他"狂得时人骂，诗从外国知"。可见，张船山的诗歌在海外已经名声大噪了。

总而言之，清代的四川人，能够被载入《中国文学史》的人并不多，而作为四川人，张船山在这个特定历史时代以其独一无二的才华跻身中华文化名人之列，被誉为清诗"四川第一人"应是当之无愧。

二十三、成都的老城墙

现存的成都老城墙建于明初，在宋、元城基础上筑成，是我国西南地区著名的城垣建筑。明末，战乱频繁，城墙多被破坏。时至康熙年间，由四川巡抚在明城废墟上重新修建了清城。清乾隆四十八年（1783 年）又花费巨资重修，所建城墙周围长近 23 里，上有垛口及箭孔 8122 个，八角楼 4 个，炮楼 4 个，城墙高 5 丈。城墙四周分别建有 4 个门，门外建有方形瓮城，并遍种芙蓉，间植桃柳。

据《成都城防古迹考》记载："原来之东、南、西、北四门，皆有月城。因其地城墙城门皆双层，形如半月，民国时陆续拆除，辟为街道。至抗日期间为避空袭计，四面城墙增开缺口甚多，兹不备举。今日唯北较场口军区后，尚有旧军校修之城门洞便道，为旧城砖所砌，是仅存之城砖及城垣之

[①]　注：高丽纸自唐朝起由朝鲜输入，宋朝时称为"鸡林纸"，每纸有固定规格，一般长 4 尺、横 2.5 尺，制作时以棉、茧为主要原料，纤维细长，类似我国长城古纸或皮纸。

样品。"

由于历史上的种种原因，如今，这些老城墙在成都已经基本消失，只有个别地方还残留着一点城墙遗迹。著名学者袁庭栋先生曾对目前成都的四段城墙遗迹进行过详细讲述。

第一段位于成都城西，城墙高约 6 米，长约 50 米。穿过位于下同仁路的成都水表厂厂房，就是一面布满青苔的青砖老墙——这是目前成都保留得最完整的清代古城墙之一。

第二段是位于老成都北门的北较场城墙，距今已有 200 多年历史。城墙共有两段，一段在西面，长 300 余米，高约 9 米，保存下来的墙体为黄土筑成；另一段在北较场子后街中段，长 30 余米，高约 8 米，且有一城门洞。最底部 3 层用红石条砖砌成，近 20 厘米厚，上面 81 层是青色城墙砖，最上面用镂空砖砌成。

第三段位于成都华兴路 8 号，远处看去，有一处高约十五六米的土垒，依稀可以辨出古城墙的影子。

最特别的是第四段城墙遗迹，位于城东北跑马道街居民院墙中，这里间或夹杂着长满青苔的古城墙砖，依稀可以看出城墙最高的地方约有几丈，城墙砖是标准的青砖。

据考古学者研究，上溯至蜀汉时期的成都城基本上沿袭了战国蜀郡城的规模。成都城共有外城和子城两城，外城称为太城，内城称为少城。城中西面有宣明门，宣明门又称张仪楼，南面有江桥门，东面为阳城门，北面称咸阳门。少城在太城外，东面城墙与太城西面的城墙相接，因此城市只有西、南、北三面有墙有门。汉武帝时再次增修，太城、少城各建九座城门，时称"十八郭"。

据有关史书记载，这些成都之古墙与城门，历经沧桑变迁，早已消失。如今，老成都的城墙和城门在上了年纪的老人们心目中有一种难以割舍的情结。城墙与城门作为历史，将永存于成都人的回忆之中。

二十四、文翁化蜀

孔子是我国春秋时代著名的教育家，有三千子弟，七十二贤人。那时的天子和诸侯，大概都在忙着争夺王位，扩展领土，对教化抛诸脑后。孔仲尼在今山东曲阜创办的杏坛学堂，应是私学。由地方政府拨款，在四川兴办官学的第一位教育家应是文翁，他创办了中国最早的区域性地方官学。

文翁是安徽舒城人，被西汉景帝刘启派到成都去任蜀郡太守。舒城是春秋时的舒国，早已受到过中原先进文化的熏陶，而四川受中原文化影响晚一些。文翁上任后，感到四川文化滞后，便选派了一批聪颖的青年官员到长安去，向博学的文士们拜师求学。

这批青年才俊学成归来，文翁便委派他们当教师，这是中国的第一批专职教师。文翁在现在的成都市区文翁路一带用石头建造了一幢校舍，这就是中国的第一所公立学校，也是蜀郡郡学。后人把这所学校称为"文翁石室"。据考证，文翁石室创立于公元前141年，距今已近2200年了。

文翁对入室受业的学生，给予减免赋税徭役的奖励。成绩好的学生，结业后可以分配到各级政府中工作。处理政务时，文翁常选一些学生旁坐学习、观摩或代他处理；每次出巡，他都带着在校学生一道，去各地考察民情，充实知识，多方鼓励青年读书求学。

经过文翁不懈的努力，蜀郡各地也相继办起了许多乡学，使得蜀郡文风大盛。在此之前齐郡是华夏文风最盛的，此时，人们便把齐与蜀，并称为当时华夏的两大教化之邦。

文翁大力倡导教育，给蜀地带来了良好的尚学之风，吏民均以读书为荣，百姓争相送子弟到郡学上学。文翁办学教化民众，深得四川人的赞誉。蜀人把文翁和李冰父子，并颂为"李冰治水，文翁化蜀"。

文翁的郡学开办17年后，汉武帝刘彻看到文翁办学成功，决定推广文太守的经验。武帝下令全国，普遍兴办文翁石室式的官学。在成都出土的汉代石刻画像中，就出现过文翁讲学图。五代时的后蜀皇帝孟昶，曾用了8年时间，将文翁石室的教材《十三经》，刻了几千块石碑帖，让学生们摹拓。现在还残存若干块，保存在本地博物馆里。

由文翁石室的蜀郡郡学，到今天的成都市石室中学，2200余年，石室的薪火不断。当代的革命家兼学者郭沫若、李一氓，都曾在此领受过文翁之惠。2200多年来，学校名称曾多次更改，教育制度多有变化，但校址永远不动，优异的学风一直传承。这是世界教育史上罕见的奇迹。中国的第一所公立学校，在原址屹立了2200年之久。今天的成都石室中学，其校史延伸也达

2200 多年，令人敬仰。

二十五、（通南巴）红色苏维埃政权

苏维埃一词是俄语音译，意为"会议"，是前苏联革命政权的组织形式。中国革命秉承苏联革命衣钵，组建红军，由红军创建的政权称为"红色苏维埃政权"，所在区域称为"苏区"，又称"革命根据地"。巴中革命根据地是当时中国的第二大苏区。

1932 年 12 月 18 日，红四方面军抢占了通江北部边境两河口，建立了入川后第一个苏维埃政府——两河口苏维埃政府。张国焘、徐向前、曾中生等领导人在泥溪场立即召开了会议，提出"红军停止转征，在川北创建根据地"的口号，并随即建立了赤北县苏维埃政府。然后兵分三路：东路向万源方向发展；西路向南江进发；中路直逼通江城，向巴中发展。12 月 25 日，旷继勋、甘元景、韩继祖率十二师先头部队解放通江城，歼敌一个营和当地大部民团。这样，红四方面军乘敌空虚之机，控制了以通江为中心的大片地区，随即建立了川陕省临时革命委员会，由旷继勋任主席。

通、南、巴地区的开辟，及中共川陕省委和川陕省苏维埃政府的成立，标志着川陕边革命根据地的初步形成。这是红四方面军和川陕边人民的伟大胜利。

时间要回溯到 1932 年 12 月 15 日，红四方面军在陕南西乡钟家沟召开了会议。西北革命军事委员会主席张国焘、副主席兼总指挥徐向前、副主席兼政委陈昌浩、参谋长曾中生、政治部主任舒玉章、政治部副主任张琴秋、副主任傅钟，十师师长王宏坤、政委周纯全，十一师师长倪志亮、政委李先念、政治部主任周光坦，十二师师长旷继勋、政委甘元景、政治部主任韩继祖，七十三师师长王树声、政委张广才、政治部主任黄超，原鄂豫皖红四方面军总政治部主任余笃三等团以上干部参加了会议。会议分析了四川的政治、经济、军事、地形等特点，认为：首先，四川历称"天府之国"，地广人多，物产丰富。川北纵横 400 多里，境内山高谷深，是有利于开展游击战争、建立革命根据地的理想地方。其次，四川人民历来勤劳勇敢，深受军阀、地主、官僚、恶霸的压迫剥削，有强烈的反抗精神和革命要求，具有建立根据地的群众基础。再次，中国共产党早在 1923 年和 1926 年分别在川东和川北建立了党的组织，多次领导当地人民武装起义，虽遭失败，但在群众中播下了革命的火种。最后，四川军阀各霸一方，互相钩心斗角，又与蒋介石和外省军阀矛盾重重，这不仅给红四方面军以乘虚入川之机，而且使红军能够迅速获得广大群众的衷心拥护和积极支持，完全具备了建立根据地所必需的客观条件。据此，会议决定，立即翻越巴山，进军川北。

为战胜巴山风雪，克服山道险阻，部队进行了深入的思想动员和可能做到的物资准备，并向广大指战员宣传讲解入川的重大意义，说明解放四川人民是红军的光荣任务；并指出胜利翻过巴山，创建新的根据地，红军就能壮大发展。号召全体指战员发扬不怕一切艰难险阻的精神，顺利实现进军川北的战略任务。在物资上，每人准备了数天干粮和2~3双草鞋，并携带稻草，以备途中防滑和露宿之用。

1932年12月17日，红四方面军总部以第七十三师第二一七团为先遣队，先行出发，主力于12月19日相继出发，冒寒风、踏冰雪，互相鼓舞、彼此扶行。部队铲开积雪，铺上稻草，烧着篝火，度过风雪之夜，并顺利越过了巴山天险。

红四方面军为迅速打开局面，决定集中兵力打击国民党田颂尧部。当即由王树声、张广才率第七十三师向南江进攻；由倪志亮、李先念、旷继勋、甘元景分别率十一师和十二师迎接巴中来犯之敌。红十二师将敌全部击溃，乘胜追击到清江渡地区。敌罗乃琼、李炜如又纠集七团之众，进行反扑。红十二师与十师三十二团，一举击溃敌方7个团的进攻，乘势反击掩杀。敌两次进攻受挫，乃退守巴中城。12月底，倪志亮、李先念率七十三师与刘汉雄部遭遇，激战三日，歼敌1个团，之后继续向南江挺进，南江之敌不战而降，弃城逃跑。

1933年1月1日，红七十三师解放南江城，并继续向西发展。1月下旬，红十二师、十一师之三十二团逼近巴中，守敌也不战弃城逃跑。1月23日，红军解放巴中。在此期间，倪志亮、李先念率红十一师三十三团击溃敌第三师一部，占领通江西南要地得胜山；王宏坤、周纯全率领的红十师也击溃了进抵竹峪关之敌六十五师先头部队，逼其退守万源。

红军进入川北的胜利，给当地群众以巨大鼓舞。群众一见红军到来，革命情绪更加高涨，送猪赠匾，进行慰劳，并积极当向导，运送物资，支援红军作战。红四方面军组成大批工作队，分别发动群众，分配土地，帮助建立地方党和政权组织。在此期间，南江县土著武装任玮璋部 2000 多人，在共产党员张逸民等发动下起义参加了红军，编为独立师，任玮璋任师长，张逸民任参谋长，红四方面军派刘杞任政委。这时，川陕边游击队扩编为 2 个团、16 个连，2000 多人，正式成立了红二十九军，陈浅伦任军长、李艮任政委。此时，中共四川省委书记罗世文指示梁（山）达（县）中心县委，迅速动员一切力量，巩固和扩大川东游击军，发展游击根据地，配合红四方面军入川的行动。

2 月 7 日，中共川陕省委第一次党代会在通江县城召开，到会 500 余人。大会的中心议题是讨论创建川陕革命根据地问题。大会同时宣布成立 5 个县委，并分别任命了县委书记。他们分别是赤江县委书记谢在江、红江县委书记马其芳、南江县委书记杨国道、赤北县委书记潘天成、巴中县委书记何绪荣。

2 月中旬，川陕省第一次工农兵代表大会在通江城召开，到会代表 150 余人，其中妇女代表 30 余人。大会宣布以《中华苏维埃共和国宪法大纲》作为指导川陕省各项工作的根本大法。正式成立了川陕省苏维埃政府，公布了《川陕省苏维埃临时组织法大纲》和《各种委员会的工作概要说明》。选出了川陕省苏维埃政府主席熊国炳，副主席杨孝全、罗海清，秘书长黄超。至此，川陕省苏维埃政府辖红江、赤江、南江、巴中等县和巴中特别市，以及陕南特区（包括镇巴、西乡各地区）等苏维埃政府，人口约 100 万，初步形成了川陕边革命根据地。

二十六、木船帮会与船工习俗

木船帮会，形成于清朝中叶，是船民以行政区域、承揽货船种类、航线来划分的群众性帮会组织，对方便运户和船民、为各地区物资流通和繁荣起到了重要作用，同时也具有十分明显的行业性和地域性特征。

木船帮会通过选举会首对帮会事务进行管理，包括调解纠纷，筹办每年端午节龙舟赛和农历六月初六的王爷会等。进入民国时期，重庆的"上大河帮""小河帮""下大河帮"三大船帮，成为四川 24 个船帮的代表机构。

每年农历六月初六，各地码头都要在镇江寺、紫云宫等庙宇举办"王爷会"。王爷会由船帮会首主持，船老板参加，祭祀镇江王爷，商讨帮规、业务、航线、运价等。涪江木船，逢王爷会要停航。船老板祭祀镇江王爷后，置酒肉招待船工，船工也要合资买酒肉答谢船老板。

旧时称把持一方或某一行业的行帮头目为把头。船老板如对把头礼节不周、语言得罪、行为冒犯，把头便要策划在夜间抢劫来船，称为"扫舱面子"，又叫抢"文明钱"。把头会暗地掌握木船动态，趁木船在偏僻处停泊过夜，派手下兄弟伙推梢船靠近木船，用凶器逼住睡觉船工，向船老板"借钱"，或强行提取货物。

有的船老板，本身就是把头，凭借帮会、袍哥等势力，勾结劣绅官吏，干"腾空放炮"的勾当。货主把货物上船装舱后，船老板暗中把大部分货物转移变卖，换上石头、泥土、杂物。面上堆放少许原件货物，按时开航，到达某个预谋的险滩，故意把船打烂，然后向航政部门报损。搞"腾空放炮"，多数是全体船工事先分账，船打烂时，各自早已做好逃生的准备。有些价值特别昂贵的货物，如名土特产、药材、鸦片等，除船老板和后驾长参与外，其余船工蒙在鼓里，大部分淹死险滩，有的幸免于难，却不明真相。

各地重要码头，常备有救生船，以抢救渡船、木船打烂时的落水者。如重庆慈善堂的两江三岸多处码头，按先例把梢船涂抹成红色，以示专供施救之用，俗称"红船"。夏秋洪水季节，易出事，红船会快速救难。抗日战争初期，出现轮渡，红船才逐步消失。慈善堂下属有"浮尸会"，就是专门用船打捞沿江漂浮遗体并掩埋的慈善机构，这种习俗沿袭至中华人民共和国成立前夕。

船帮从"神会"到"航业公会"，帮主由"会首""主事"到"会长"，数次易名，早已违背创建时的宗旨，成为把头操纵帮务、把持业务、欺压船民的封建组织，滋生出许多压迫船工、坑害货主的恶习。

"帮长年"俗称"帮丘二"，就是做佣工的意思。船帮把头及手下兄弟，开设赌场，引诱不谙世事的船工赌博。船工自带的赌金输完后，不得不向把头借钱再赌，越赌越输，越输越赌，这种陷阱称为"相夹夹"。有的船工事先不知是圈套，自投罗网加入赌局，称为"自带夹夹"。重庆朝天门一带有个小码头叫"剐狗湾"，就是把头开赌的场所，把头赢了钱还说："我这是在剐狗！"剐狗湾由此得名。船工输掉的赌金，相当于数年的工资，还要付"大二分""大三分"的利息。在这种高利贷的盘剥下，船工别无他路，只得写下"× 年内，生疮害病，听天由命，灾祸死亡，与船主无关……"的字据，上把头的船或到把头所指定的船"帮丘二"。帮丘二期间，船老板只供给吃饭和草鞋，劳动所得，全部归还把头。如果"丘二"靠亲朋筹借到钱还把头，则可以提前解除契约。

船工生活在社会底层，有深沉的洞察力，常年走州闯县，融会各地方言土语，创造了许多似行话又非行话的俗语、谚语；加上社会对航运、木船、船工的认识和评价，也产生了不少俗语、谚语。这些俗语、谚语多出于封建迷信，一目了然地打上了旧时代的印记。其中，各类禁忌尤为突出。在当时，五花八门的禁忌出发点是为了天人合一地保佑安全，船工如有违犯，轻者自备酒肉、香烛、纸钱敬神悔过，重者扣除工资逐令下船。

例如行为禁忌：不许端碗上岸吃饭，不许先盛饭后舀汤，不准在船头解便，不准在跳板上扯水，不准裸身看舱，看舱时不准说话，不准镶桩子喊号子，不准说万年桩，不准拉跑头纤，不准乱开铺睡觉等。

例如语言禁忌：凡与木船不安全相关的词语，如沉、翻、搁、倒、烂、完、触等，都要用其他说法代替，如：姓陈说包东，姓成说跷脚，姓程说禾口，翻面说张面，搁起说放起，盖起说阴起，舱刮完了说舱吊清了，东西用完了说发财了，装镶得深些说密些，船板说锁幅，筷子说篙竿，碗说花子，水瓢说瓜黑子，鼎锅说吊子，豆腐说灰毛，冷说凉，吃饱说合适，睡觉说拖条，洗脸说擦面，船打烂说失吉，船沉水淹锅灶说王爷升天等。

又如开航禁忌：逢忌日不开航，如：杨公忌日不开航，犯了忌语不开航，蛇上船不开航，鱼跳上船不开航，老鼠上岸不开航等林林总总。常见的忌日有：正月十三、二月十一、三月初九、四月初七、五月初五、六月初三、七月初一、九月二十五、十月二十三、冬月二十一、腊月十九。太多的忌日不开航，会损害船老板的利益，有胆识的人就开始逐步破除，斗胆行船。犯了一般忌语，已不予计较。鱼蛇上船少见，也许老鼠上岸与船打烂巧合的事例较多，不仅在船工心里造成余悸，而且作为信条，决不开航。

船工的行话往往充满哲理，如：船载千斤，掌舵一人。逆水行舟，不进则退。艄公多了打烂船。宰相肚内能撑船。三十年河东，三十年河西。屋漏偏遭连夜雨，行船又遇打头风。一羽试风向，一草试水流。小溪小河流长江，长江水流归东海。船无方向难航行。船到桥头自然直。开顺风船成不了好舵手。风浪吓不倒推船人。船头坐得稳,不怕风浪颠。任凭风浪起,稳坐钓鱼船。一篙竿打一船人。一篙竿撑多远。漏洞虽小,易沉大船。破船经不起顶头风。路长弯多,水长滩多。纤夫的步子,一步一个脚印。欺山莫欺水,欺水变成鬼。行船走水三分险。隔山容易隔水难。独木搭桥人难走,众人造船好过江。同船共渡前世修。肥田难比瘦店,瘦店比不上烂船。白糖饼子黄糖糕,个人船儿个人包。船烂还有三千钉等。句句话都充满了水上的哲理。

这些俗语中,还有不少是反映船工个性和作风的,如:拉船是畜生,上街是先生。回家骂屋头(妻),上船骂石头。忤逆找来和气吃。吃得亏才打得拢堆。真神面前不烧假香,朋友面前要说真话。山不转水转,总有一天要见面。胆大漂洋过海,胆小寸步难行。胆大擒龙伏虎,胆小不敢摸抱鸡母。船上不漏针,漏针一船人。整烂就整烂,整烂好朝贵州搬。

也有反映船工生活与苦难的,如:到了昭化,不想爹妈;到了广元,不想爹娘。挖煤人埋了没有死,推船人死了没有埋。沟死沟埋,路死路埋,老虎吃了活棺材等。

也同样有对行为不正者的嘲讽:看风使舵,顺水推舟。脚踏两只船。上贼船容易,下贼船难。一个老鸹守一口滩等。

这些俗语、谚语,有的需要略作解释,我们方能弄清其含义。船工干活,有谁不听指挥或偷懒,便乱骂,这种粗犷作风,被不知情的人说成是"水流沙填"习气。殊不知吵骂后,船工之间毫无嫌怨。"忤逆找来和气吃",仍然和睦相处,极为豪爽。船上如果出现漏掉针的小缝,关系全船人的性命,这是"船上不漏针,漏针一船人"的原意。某船工一旦找不着自己的钱物,其他人也会说:"船上不漏针,漏针一船人。"意思是说,东西不会掉下河去,总在船上,仔细去找,不要随便怀疑他人偷去,闹得互相猜忌和不安宁。

当木船有码碛、搁浅或有其他未遂事故时,船工们需要商讨办法施救。当正确意见被否定,却采用了错误的办法时,持正确意见者在事前尤其在事后都要说:"整烂就整烂,整烂好朝贵州搬。"一是发泄牢骚,二是对错者嘲讽。民谚"贵州地无三尺平",贵州成了"山"的同义语,船工把山和水对立看待,认为错者是从山上下来的,不识水性,不懂水的规律,当然误事,整烂了只好上山去找事做。

重庆拉船到嘉陵江上游的昭化、广元，叫"打上广"。极少数船工因某种原因无法回重庆，流落当地，被招郎上门，因而产生了"到了昭化，不想爹妈；到了广元，不想爹娘"的谚语。旧时湖北俗称湖广，重庆开往宜昌以下的木船，称"打广船"。除少数打广船返回重庆外，大多数打广船都会被卖掉。这中间，一部分船工会流落异乡，另谋生路；另一部分船工会搭其他船逆流而上回重庆；还有部分船工三五人结伴步行回重庆。路线是：从宜昌动身，经施南（今恩施）、利川进入四川。又分成两条路线，一条是经石柱、高家镇、丰都、涪陵、长寿到重庆；另一条是经万县、梁平、垫江、长寿回重庆。四川船工结伴步行，背着麻布口袋，手提竹篮、砂罐，沿途过着讨口似的生活。川鄂交界处，崇山峻岭，气候恶劣，人烟稀少，野兽出没，土匪骚扰，一路十分艰辛。故有"沟死沟埋，路死路埋，老虎吃了活棺材"之说。好不容易走到长寿，见到高耸的白塔，船工悲喜交集，都要哼唱一首古老的歌谣："看见长寿塔，便把砂罐搭（摔），要回重庆不用问，旱路还有二九一百八（里）。"

遇到水道上有特大的险滩，下行木船要请掌握特殊放滩技术的滩师放船。在旧时，滩师技术一般不传外姓，本族人代代相传数百年。滩师偶有不慎打烂木船，私下里也要找个理由搪塞，免得要赔偿损失。如果不请滩师放船，木船搁浅或打烂，滩帮梢船就会划过来估提货物，往往明为施救，实为抢劫，不索取高额钱财，绝不退还货物。历代官府，如果要整顿漕运，沿岸滩帮总要倚仗帮会、宗族、袍哥等势力，百般刁难阻止，甚至公开扬言："你当你的官，我守我的滩，背时人的船要打烂，管你球相干！"又如，"一个老鸹守一口滩"本是对水禽在滩头捕食鱼虾的形容，却成了放滩帮、拉滩帮把持业务的同义语。

中华人民共和国成立后，随着航运业的规范与发展，航运设施的完善与提升，木船与船帮已经逐步退出了内河航运的大舞台。但作为民俗文化的一部分，行船俚语与水上风俗知识在内河游船的导游讲解中，仍是一个有特色的文化专题。

二十七、川中大乐

四川民间大型打击乐，原名"蓬莱大乐"，流行于遂宁市及周边地带。相传，"川中大乐"属传统宫廷乐的一种，源于周朝，兴盛于唐代。唐明皇李隆基听到此乐高昂悦耳，演奏队形壮观，气势磅礴，为宫廷所有乐队无法比拟，于是命名"大乐"，定型为宫廷乐。到了明代末年，有一年轻宫中乐师，因战乱逃回湖北老家。清初移民时期，这位乐师在"湖广填四川"时来到今遂宁市大英县蓬莱镇一带，用他的技艺建起了一支"大乐队"，经与当地民间打击乐互化融合并逐步衍化为"蓬莱大乐"，传承至今。

川中大乐在乐器形态的布局上，强调一个"大"字，即：乐器尺寸大、音响声效大、乐员形体大、打击力度大、动作幅度大。乐器大，其乐器主要由中心鼓、大鼓、脚盆鼓、川堂鼓、南堂鼓、大钹、川大铰、苏钹、川铰等组成，其中大脚盆鼓仿洗脚木盆，上实下空，蒙一面生牛皮，鼓面直径 1 米；大钹每副 5 公斤；大马锣每个 1 公斤。人员方面，川中大乐规范人数为 108 名，应 36 "天罡"和 72 "地煞"，特殊情况可做增减。乐员中的鼓钹手要威武壮实，体重过人。大鼓手举锤于额，收捶于心，亮开山相，起霸王鞭，竖卧蚕眉，开八字步，收虎胯裆。大乐常用曲牌有《云顶翻》《凤点头》《扑灯蛾》《牵藤藤》等十余种，乐员少则数十人，多则上百人，表演时可搭扎乐棚，配以耍龙灯、舞狮子等民间艺术，多为大型宗教祭祀，喜迎远方贵宾以及大型庆典等活动所用。川中大乐是具有鲜明的巴蜀文化特征和浓郁四川风情的民间传统打击音乐，是巴蜀民族文化精品，同时也填补了四川无大型鼓乐的空白，被誉为"巴蜀文化精品""东方神乐"。

"川中大乐"节奏昂扬欢快，气氛喜庆热烈，场面庄严华贵。作为一种流传于川中地区的宫廷乐，由于受地域文化的影响，渗入了具有浓郁的巴蜀民族文化特征的民间吹打音乐及川剧音乐。因此，与国内其他著名的鼓乐相比，首先在演奏的乐器种类上是最多最丰富的；其次，演奏风格上融北方锣鼓的阳刚和巴蜀音乐的柔美为一体，既有宫廷乐的庄重肃穆，又有民间音乐的活泼欢快，电闪雷鸣中谐以和风细雨，具有交响乐结构严谨、层次丰富的特点，富有极强的艺术感染力和地方文化特色。

北方的威风锣鼓、安塞腰鼓、兰州太平鼓等，都具有声音洪亮、舞姿粗犷刚健、气势磅礴的特点，"川中大乐"的表演与之相比毫不逊色：其鼓大、锣大，曲牌结构严谨简练，场面恢宏壮观，表演幽默诙谐，蕴含深刻的巴蜀传统文化内涵。

在 20 世纪 60 年代的社教运动和"文化大革命"破"四旧"中，绝大部分乐器被销毁，"蓬莱大乐"濒于失传。直到 1984 年，时任蓬溪县文化馆馆长的杨兴国多次到蓬莱地区（今大英县蓬莱镇一带，当时属于蓬溪县地域）考察，才在《蓬溪民间音乐集》《群文花絮》中首次以文字和图像形式介绍了"蓬莱大乐"。为了抢救这一优秀的巴蜀民间文化遗产，1993 年，时任蓬溪县文体局局长的杨兴国组织专门力量，数十次深入蓬莱地区进行了全面艰苦细致的挖掘整理工作，历尽艰辛找到了"蓬莱大乐"第十三代传人——年届八旬的高吉云老人，通过数次细致的挖掘整理，依据其传统模式，结合巴蜀地域文化特点，编创出了新的大乐曲牌，并将"蓬莱大乐"更名为"川中大乐"（民间打击乐套曲），共分五章：第一章为"五龙出海"，第二章为"五凤朝阳"，第三章为"五福临门"，第四章为"五方纳财"，第五章为"五洲庆瑞"。在一般大型庆典演出中常用第五章"五洲庆瑞"。当地政府为表演团队重新制作了乐器，并在其乐器组合、队形编排、舞美设计、表演形式方面进行了合理的继承和有益的拓展，组建了 100 余人的"蓬溪川中大乐团"，使其在继承传统民间文化的基础上，表演效果更显场面壮阔，气势雄浑激越，节奏昂扬明快，具有很高的艺术观赏价值和浓郁的巴蜀地方文化色彩。

二十八、川剧的腔

川剧在音乐唱腔方面的最大特点是由昆腔、高腔、胡琴、弹戏、灯戏五种不同声腔组成的，这在中国各地剧种中十分罕见。

昆腔的唱腔基本上保持原"苏昆"的特点：腔调曲折婉转，节奏较缓慢，特别讲究发音吐字的准确性。伴奏乐器以笛为主，打击乐中必须加上苏锣、苏钹。唱腔的曲牌尚存 100 多支，如《点绛唇》《香柳娘》等，绝大多数与高腔曲牌名称相同，但曲调不同。曲牌运用时，以多支组合的套曲为主，川剧呼之为"成堂曲牌"。

高腔是川剧中最有特色、最有代表性的一种声腔形式，于明末清初传入四川，主要特点是：行腔自由，为徒歌式，不用伴奏，只用一副拍板和鼓点调剂节奏。高腔的唱腔高昂响亮，婉转悠扬，铿锵有力，并有帮腔和之。打击乐采用大锣大鼓，贯穿于曲牌始终，使帮、打、唱三者紧密结合在一起。在演唱过程中，宣叙调与咏叹调交替使用，帮腔与唱腔互为增辉，加之以紧锣密鼓的配合，能使舞台气氛变化无穷。

高腔的曲牌十分丰富，常用曲牌有近百支左右。曲牌的结构，包括起腔、立柱和扫尾三部分。另外，高腔曲牌中还有所谓"重腔""犯腔""钻腔""滚腔""飞腔""咿腔""呜腔""啊腔"的区分。

高腔音乐最有特色的还是它的帮腔。中华人民共和国成立前，川剧的帮腔主要是由鼓师领腔，其他乐工人员帮腔。中华人民共和国成立后，专门配备了嗓音较好的女帮腔队。帮腔可起到定调，描述环境，制造舞台气氛，提示剧中人物的内心感情，代表第三者对剧中人物进行评价等作用。

胡琴腔分二黄和西皮两大类，伴奏乐器以小提琴和川二胡为主，并有唢呐和笛子的吹奏，适于表现各种情绪。

弹戏是一种唱梆子腔的声腔，包括情绪极不相同的两类曲调：一类叫"甜平"，表现欣喜、欢乐的感情。一类叫"苦平"，表现悲哀、凄苦的感情。板式有"一字""二流""三板""垛板""倒板"等。

灯戏音乐称为"灯调"。乐曲一般比较短小，节奏鲜明，旋律明快，听来有轻松活泼的感觉，长于表现诙谐风趣的喜剧场面。灯调在运用时也采用曲牌相连接的形式，但因乐曲比较短小，一般只四句、六句或上下句，所以演唱时，一首（段）乐曲大多配上若干不同的唱词反复地唱。灯戏曲牌（调）较多，伴奏乐器主要是"大筒筒胡琴"，这种胡琴的琴杆粗而短，琴筒较大，音略带"嗡"音，中华人民共和国成立后加进了川二胡之类的弦乐器。

川戏锣鼓在川剧音乐中起着举足轻重的作用，除在戏中起伴奏作用外，还直接表现剧中人物的思想感情。常用的小鼓、堂鼓、大锣、大钹、小锣（兼铰子）统称为"五方"，加上弦乐、唢呐为六方，由小鼓指挥。演唱时，由于锣鼓贯穿其间，使唱、做、念、打几方面能有机地结合在一起，形成川剧艺术特有的风格。同时，川剧锣鼓在整个川剧舞台艺术中起着特殊重要的作用，仅锣鼓曲牌就有 300 支左右。川剧锣鼓还常用作音响效果，行船时双桨划动的声音、潺潺的流水声、哗哗奔流的滩声、飒飒的风声和洒洒的雨声，以及搬动沉重物体的撞击声等，都能比较真实生动地表现出来。

此外，川剧的表演还有一项绝技——变脸。其他剧种的变脸一次只能变1~2个脸谱，而川剧的脸谱能不停地变化几种甚至十几种。变脸作为川剧表演的特技之一，其功能主要用于揭示剧中人物的内心及思想感情的变化，即把不可见、不可感的抽象情绪和心理状态变成可见、可感的具体形象。川剧中的变脸是由特殊的机关和演员的技艺结合在一起的，真正达到了不留痕迹的境界，在所有的变脸技艺中川剧当属最高超的。

在长期发展过程中，由于各种声腔流行的地区和艺人师承关系的不同，在表演方面形成了川剧的几种流派，主要有以杰出艺人的姓称派的，如旦行的浣（花仙）派、丑行傅（三乾）派、曹（俊臣、武生、武丑，有"曹大王"的赞称）派等。同时，还有因河道，也就是流行地区不同而称派的，如川西派（以高腔、灯戏为主）、资阳河派（以高腔为主）、川北派（以唱弹戏为主）、川东派（以唱胡琴为主）四派，这就是川剧界所谓的"四条河道"。

"四条河道"各有特质，随着五种声腔的同台演出和各地文化交流的日趋频繁，各流派之间，一直在互相取长补短，相得益彰，不断前行。

二十九、攀西大裂谷

裂谷，是地球外层的岩石圈受到引张破裂而形成的狭长谷地，俗称"地球的伤疤"。

攀西裂谷位于青藏高原和云贵高原的接合部，由四川凉山的冕宁县至云南的元谋县呈南北走向，长300余千米，主体为四川的西昌至攀枝花段，故得名"攀西裂谷"，也叫"攀西大裂谷"或"攀西古裂谷"。

攀西裂谷是在数亿年前古大陆各板块相互拼接的地壳构造运动中形成的，有几十亿年时间跨度的地质史，拥有独特的地质、矿产、植物、地理、地貌以及亚热带生态等资源。

矿产资源：攀西裂谷中的矿产资源是在久远地壳构造运动中，地球内部的岩浆向外喷涌与岩层形成热结晶现象时生成的，这里矿产资源以种类多、储量大而出名，共发现了近百种矿产资源，其中钒钛的储量达到300亿吨，可供开采200余年，而石墨的储量也达到了2000多万吨。

水能资源：攀西地区奔流着两大河流：一条是金沙江，另一条是雅砻江，据科学探测，这里的水能分布的密度可谓世界之冠，达290多万千瓦·小时／平方千米，在建成的水电站中，以雅砻江上的二滩水电站最为出名，现结合二滩库区和国家级森林公园，已对旅游者实行有限开放。

生态资源：包括地质生态资源和民族民俗生态资源。其中地质生态资源主要表现在这里独特的地貌和未受外界较大影响的原生态地质情况，包括天坑、地漏、溶洞、石林、温泉、暗河等独特的地貌，被誉为"天然的地质博物馆"；而民族民俗生态资源则主要是说生活在这里的人们因地理环境的原因与外界较为隔离，保存了大量原生态，甚至是古代的生活习俗和社会形态，尤以老凉山地区彝族表现最为明显，在中华人民共和国成立前，这里的彝族仍然处于奴隶制社会形态。

三十、客家文化

客家的"客"即"山为主，故我为客"，本意是指外来的人，就是相对本地人而言，流落南方的汉人就是外来的人。但现在说的"客家"则是指客家民系，是客家人的简称。

客家先祖世居黄河流域，西晋末年（4世纪初）、唐代后期（9世纪末）因战乱大批南下。1270年南宋灭亡后，又迁至赣、闽、粤等地，自称"客家"或"来人"，以区别于本地人。目前，客家主要聚居在广东、江西、福建、四川、广西、湖南、台湾、海南等省部分地区，分布于180多个县，是一个具有显著特征的汉族民系，也是汉族在世界上分布范围最广阔、影响最深远的民系之一。

客家起源存在多种说法，主要的有客家中原说和客家混血说。两宋开始，中原汉民大举南迁，经赣南、闽西到达梅州，最终形成相对成熟的、具有很强稳定性的客家民系。此后，客家人又以梅州为基地，大量外迁到全国乃至世界各地。

客家中原说认为客家主体构成为来自中原的移民，而客家土著说则认为"客家共同体，是南迁汉人与闽粤赣三角地区的古越族移民混化以后产生的共同体，其主体是生活在这片土地上的古越族人民，而不是少数流落于这一地区的中原人"。

一般认为，客家民系是南迁汉族人在唐末至明中叶聚集于闽、粤、赣连接地区，经过与当地畲族、瑶族等土著居民融合而成的，具有有别于汉族其他民系的独特的方言、文化和特性的一个汉族民系。客家民系文化的主要特征表现出继承中原汉族文化的主要特征，所以应肯定其为汉族的一个支系。但是这支民系不是纯汉族血统，其文化也不是纯中原汉文化，所以作为一个群体，其成员就应该包含相互融合，享有共同文化特征的不同民族的成员。因此，"客家"的说法是作为一个汉族民系的称谓，更多的是文化的概念，并非是一个民族的概念。

　　客属民系自晋朝以来，一共经历了五次大规模的迁徙，并在这五次迁徙过程中繁衍发展而来。第四次是清朝末年，赣南由于满族统治者的蹂躏以及瘟疫发生，人口锐减，加之闽西和粤东人口膨胀，清政府通令沿海居民向内地挤压，一部分客家人迁往四川。

　　客家最为突出、最为本质的精神可以归纳为"四海为家，冒险进取，敬祖睦宗，爱国爱乡"十六个字。客家历史是客家先民、客家人的流浪史、拼搏史、创业史。为了生存、发展，长期的迁徙、流浪，颠沛流离，使其逐步地摆脱了中原"安土重迁"和"父母在，不远游"等传统保守观念的束缚，树立起"四海为家"的新思想。也正是由于长期的颠沛流离，在逆境中求生存、求发展的精神使其成为奋力与自然、与社会抗争，努力拼搏的胜利者和敢于拼搏、敢于冒险进取的强者。客家先民在中原老家受到儒学的传统教育，宗族、家族观念根深蒂固。长期的流浪生活，更体会到宗族、家族合力的重要性，更加巩固和加强了宗族家族观念。于是敬祖睦宗的思想观念显得十分突出，修族谱、修宗祠的行为甚为普遍。客家先民更加深刻地体会到"在家不知娘辛苦，出外方知慈母情"，"在家千日好，出门半朝难"，于是更加怀恋家乡，并深刻体会到家、乡、国命运一体，荣辱与共的关系，使爱国爱乡的思想强烈地表现在各个方面，显得尤为突出。

　　一个民系成立的重要因素之一就是有共同的语言。客家民系的共同语言即客家方言。客家方言又称客方言、客话、客家话，属于汉语八大方言之一。作为汉语方言之一的客家话保留了较多古汉语音韵，其中山歌别具风格。客家人在聚居地区保持自己的习俗传统，妇女均天足，参加劳动生产，不受封建陋习约束，勇于进取。近代，太平天国之乱失败后，不少客家人被迫分散在更广阔的地区，有的转徙中国台湾、中国香港，或侨居南洋一带。

四川的客家主要由六个部分组成：一是清康熙至嘉庆年间，客家徙居四川繁衍200多万人口；二是抗战时，以惠州为主的粤、闽、桂、赣客家为躲避日寇迫害迁徙四川；三是中华人民共和国成立时，南下干部中的客家定居四川；四是20世纪50年代以来，为了支援四川的经济建设，很多外省客家人赴川工作留居四川；五是大专院校客属毕业生受国家派遣来川工作，并长留四川；六是海外客属华侨回到祖国并在四川定居。

洛带是成都近郊保存得最好的客家古镇，古镇的居民是来自于广东、湖广、江西、川北等地的客家人，他们的祖先跋山涉水，在此地落地生根，将浓浓的客家文化一代代传承了下去，而今居住在小镇上的客家人依然保留着自己的传统、语言和风俗习惯，而且还完整地保存着最具客家特色的建筑——客家会馆。目前洛带存留的会馆主要有广东会馆、川北会馆、湖广会馆、江西会馆等，会馆能反映出先人移民时期，同族人既相互包容又各自独立的心态，也能反映出不同族群不同的建筑风格。据史籍记载，会馆的功能包括聚嘉会、襄义举、笃乡情等，遥想当年来自五湖四海的移民来到一个陌生的新环境里生活，难免思念故土，有时也会生出"飘飘何所似，天地一沙鸥"的寂寞感，会馆就成了他们缓解乡愁，寻求精神皈依的场地，同乡人聚在一起喝茶看戏，述说人生的苦与乐，漂泊不定的心因此靠了岸。洛带会馆之中最具代表性的当数广东会馆，它建于清乾隆年间，是广东籍客家人捐资建造的。建筑坐北朝南，戏台、乐楼、耳楼、前中后殿沿着中轴线对称分布，占地面积为3310平方米，算得上规模浩大、气势蔚然。馆内完好地保留了不少意蕴深刻的石刻楹联，比如大石柱上那一联，"云水苍茫，异地久栖巴子国；乡关迢递，归舟欲上粤王台"，道出了客家先民在他乡开疆拓土的艰辛以及对故乡的思念之情。

三十一、红军长征

"长征"是指1934年10月，中央红军（红一方面军）开始实行的战略转移行动，当时称为"突围""反攻""西进"等（中央红军从江西出发时的目标是到湘西与红二、红六军团会合，"创立新的苏维埃根据地"，提法是"突围行动"和"长途行军"；遵义会议后提出"西征"）。

1935年5月，在西昌礼州镇发布的《中国工农红军布告》中首次提出了

"长征"一词。布告原文为："中国工农红军，解放弱小民族；一切夷汉平民，都是兄弟骨肉。可恨四川军阀，压迫夷人太毒；苛捐杂税重重，又复妄加杀戮。红军万里长征，所向势如破竹；今已来到川西，尊重夷人风俗，军纪十分严明，不动一丝一粟；粮食公平购买，价钱交付十足；凡我夷人群众，切莫怀疑畏缩；赶快团结起来，共把军阀驱逐；设立夷人政府，夷族管理夷族；真正平等自由，再不受人欺辱；希望努力宣传，将此广播西蜀——红军总司令朱德。"

这张布告首次用了"红军万里长征"一语，"万里"是从瑞金算起的行程，"长征"则表现了红军渡过金沙江，摆脱了几十万敌军的围追堵截，变被动为主动后的振奋和自豪。"长征"一词很快就用开了。1935年9月，中央政治局《关于张国焘同志的错误的决定》首次提出"二万余里的长征"。到陕北后，毛泽东同志的讲话第一次提出了"二万五千里长征"的概念。

长征是人类近现代战争史上，凡人谱写的英雄史诗。

1934年10月，中央红军主力离开中央革命根据地开始长征。同年11月和次年4月，在鄂豫皖革命根据地的红二十五军和川陕革命根据地的红四方面军分别离开原有根据地开始长征。1935年11月，在湘鄂西革命根据地的红二、红六军团也离开根据地开始长征。1936年6月，第二、红六军团组成第二方面军到达陕甘苏区，同第四方面军汇合。同年10月，红军第一、第二、第四方面军在甘肃会宁胜利会合，结束了长征。

第一支是中央红军（后改称红一方面军），于1934年10月10日由江西的瑞金等地出发，1935年10月19日到达陕西的吴起镇（今吴起县），行程达25000里。

第二支是红二十五军（后编入红一方面军），于1934年11月16日由河南罗山何家冲出发，1935年9月15日到达陕西延川永坪镇，同陕甘红军会师，合编为红十五军团，行程近万里。

第三支是红四方面军，于1935年5月初放弃川陕苏区，由彰明、中坝、青川、平武等地出发，向岷江地区西进，1936年10月9日到达甘肃会宁，与红一方面军会师，行程1万余里。

第四支是红二、红六军团（后同红一方面军第三十二军合编为红二方面军），于1935年11月19日由湖南桑植刘家坪等地出发，1936年10月22日到达会宁以东的将台堡，同红一方面军会师，行程 2 万余里。

红四方面军原在川陕根据地，为向川甘发展，1935 年 3 月 28 日至 4 月 28 日取得强渡嘉陵江战役的重大胜利。红四方面军于 5 月初开始长征，中旬占领了以茂县、理番（今理县）为中心的广大地区，6 月在夹金山、达维一带成功接应红一方面军会师。中央决定将两个方面军混合编为左、右两路军过草地。中共中央随右路军跨过草地，抵达班佑、巴西地区。8 月底，右路军一部在现四川阿坝藏族羌族自治州若尔盖县包座乡全歼国民党军第四十九师 5000 余人，打开向甘南前进的门户。

同年 9 月，张国焘率左路军到达阿坝地区后，拒绝执行中共中央的北上方针，并要挟中共中央和右路军南下。毛泽东等于 9 月 10 日急率红一方面军第一、第三军（后组成陕甘支队）继续北上，夺取甘肃南部的天险关隘腊子口，突破国民党军渭河封锁线，翻越六盘山，于 10 月 19 日到达陕北吴起镇（今吴起县城），先期结束了长征。11 月 21~24 日，红军又取得了直罗镇战役的胜利，为党中央和红军扎根陕北奠定了基础。

"长征是历史记录上的第一次，长征是宣言书，长征是宣传队，长征是播种机。"

三十二、茶马古道

茶马古道起源于唐宋时期的"茶马互市"。藏区古时不产茶，高寒地区的藏民在食用牛羊肉、糌粑、奶类等高热量食物抗寒的同时，也迫切地需要茶叶来分解体内的脂肪，防止燥热；而在内地，民间役使和军队征战都需要大量的骡马，但供不应求。于是，用内地的"茶"交换藏区的"马"成为必然，应运而生了"茶马互市"。这样，藏区和川滇边地出产的骡马、毛皮、药材等和川滇及内地出产的茶叶、布匹、盐和日用器皿等，在横断山区的高山深谷间开始了相互交换，从隋唐始，至清代止，历尽岁月沧桑近千年。在漫长的岁月里，中国商人在西北、西南边陲，用自己的双脚，踏出了一条崎岖绵延的文明古道，形成一条延续至今的"茶马古道"。这是一条具有互补性的茶和马的交易之路，也是一条地道的马帮之路。以马帮的肩、脚，承载并举托了一条人文精神之路：它是青藏高原上古老的文明通道，是人类历史上海拔最高、通行难度最大的高原古道，是汉、藏民族关系和民族团结的象征和纽带，是迄今我国西部文化原生形态保留最好、最多姿多彩的一条民族文化走廊。

中国茶叶最早向海外传播，可追溯到南北朝时期。当时中国商人向土耳其输出茶叶。隋唐时期，中国茶叶以茶马交易的方式，经回纥及西域等地向西亚、北亚和阿拉伯等国输送，中途辗转西伯利亚，最终抵达欧洲各国。

北宋时代，易马的茶叶就地取于川蜀，并在成都、秦州（今甘肃天水）各置榷茶和买马司。元代时，官府废止了宋代实行的茶马治边政策。到了明代，又恢复了茶马政策，而且变本加厉，把这项政策作为统治西北地区各族人民的重要手段。明太祖洪武年间，上等马一匹最多换茶叶 120 斤。明万历年间，则定上等马一匹换茶三十篦，中等二十，下等十五。明代文学家汤显祖在《茶马》诗中这样写道："黑茶一何美，羌马一何殊……羌马与黄茶，胡马求金珠。"足见当时茶马交易市场的兴旺与繁荣。至清代，茶马治边政策有所松弛，私茶商人较多，在茶马交易中则费茶多而获马少。清雍正十三年（1735 年），官营茶马交易制度终止。

"茶马古道"是世界上地势最高、山路最险、距离最遥远的贸易文明古道。线路主要在横断山脉的高山峡谷中蜿蜒，在滇、川、藏"大三角"地带的丛林草莽中往返，历史线路主要有青藏线（唐蕃古道）、滇藏线和川藏线三条。

现在通常所指的茶马古道的线路主要有两条：

一条从四川雅安出发，经泸定、康定、巴塘、昌都到西藏拉萨，再到尼泊尔、印度，国内路线全长 3100 多千米。

另一条线路从云南西双版纳、普洱等普洱茶原产地（今西双版纳、普洱等地）出发，经大理、丽江、香格里拉、德钦，到西藏邦达、察隅或昌都、洛隆、工布江达、拉萨，然后再经江孜、亚东，分别到缅甸、尼泊尔、印度，国内路线全长 3800 多千米。

在两条主线的沿途，密布着无数大大小小的支线，将滇、藏、川"大三角"地区紧密连接在一起，成千上万辛勤的马帮，日复一日、年复一年，在风餐露宿的艰难行程中，开辟了一条通往域外的经贸之路。他们既是贸易经商的生意人，也是开辟茶马古道的探险家。

藏传佛教在茶马古道上的广泛传播，还进一步促进了滇西北纳西族、白族、藏族之间的经济往来和文化交流，增进了民族间的团结和友谊。沿途一些虔诚的艺术家在路边的岩石和嘛呢堆绘制、雕刻了大量的佛陀、菩萨和高僧造像，还有神兽、海螺、日月星辰等各种形象。粗糙或精美的艺术造型为古道漫长的旅途增添了神圣和庄严的色彩。最早，西藏昌都地区沟通外地的小道，是由人畜长期行走自然形成的。唐初，吐蕃南下，在香格里拉境内金沙江上架设铁桥，打通了滇藏往来的通道。宋代，茶马互市的主要市场转移到西南。抗日战争中后期，茶马古道成为大西南后方主要的国际商业通道。

茶马古道开启了青藏高原的古老文明。它并非只是在唐宋时代汉、藏茶马贸易兴起以后才被开通和利用的，早在唐宋以前，这条起自卫藏，经林芝、昌都并以昌都为枢纽而分别通往今川、滇地区的道路就已经存在和繁荣，并成为连接和沟通今川、滇、藏三地古代文化的一条非常重要的通道。其中，昌都作为茶马古道上的一个重要枢纽，不仅是滇藏道和川藏道两条道路的必经之地，而且也是这两条道路的一个交会点。茶马古道作为卫藏与今川滇地区之间古代先民们迁移流动的一条重要通道，同时也是今川、滇、藏三地间古代文明传播和交流、传播和荟萃的一个重要枢纽地区。

从川滇西部高原越过金沙江、澜沧江、怒江等河流，经昌都、林芝、山南、日喀则，这是古往今来由川滇西部进入卫藏的一个主要通道，也是最便捷、最易行走和最重要的路线。古人选择道路主要是沿河道而行。这条路线的绝大部分路段恰恰是河流所形成的天然通道。茶马古道（亦即今滇藏公路和川藏公路沿线）就正好是沿着这一通道行进的。川西高原的甘孜藏族自治州、阿坝藏族羌族自治州境内有一定数量的"石棺葬"出土，这种葬式在岷江上游地区、雅砻江流域和金沙江流域地区也有较为密集的分布。由石棺葬可以证明，以昌都为枢纽的茶马古道路线，很早以前就是一条今藏、川、滇三地原始居民进行沟通往来的重要通道。这条通道被开通的历史，从考古发现看，至少可上溯到距今 4000~5000 年前的新石器时代晚期或更早。

茶马古道同时更是人类历史上海拔最高、通行难度最大的高原文明古道。青藏高原被称为"世界屋脊"或"地球第三极"。茶马古道几乎横穿了整个青藏高原，其通行难度之大在世界上当是首屈一指。主要表现在：一方面，茶马古道所穿越的青藏高原东缘横断山脉地区是世界上地形最复杂和最独特的高山峡谷地区，其崎岖险峻和通行之艰难亦为世所罕见。四川籍著名民族史学家任乃强先生在《康藏史地大纲》中所言："康藏高原，兀立亚洲中部，宛如砥石在地，四围悬绝。除正西之印度河流域，东北之黄河流域倾斜较缓外，其余六方，皆作峻壁陡落之状。尤以与四川盆地及云贵高原相结之部，峻坂之外，复以邃流绝峡窜乱其间，随处皆成断崖促壁，鸟道湍流。各项新式交通工具，在此概难展施。"据统计，经川藏茶道至拉萨，"全长约四千七百华里，所过驿站五十有六，渡河五十一次，渡绳桥十五，渡铁桥十，越山七十八处，越海拔九千尺以上之高山十一，越五千尺以上之高山二十又七，全程非三四个月的时间不能到达"。清人焦应旂的《藏程纪略》记："坚冰滑雪，万仞崇岗，如银光一片。俯首下视，神昏心悸，毛骨悚然，令人欲死……是诚有生未历之境，未尝之苦也。"另一方面，茶马古道沿线天寒地冻，氧气稀薄，气候变幻莫测。一日之中可同时经历大雪、冰雹、烈日和大风等，气温变化幅度极大。民谚曰："正二三，雪封山；四五六，淋得哭；七八九，稍好走；十冬腊，学狗爬。"千百年来，茶叶正是在这样人背畜驮历尽千辛万苦中运往藏区各地。藏区民众中有一种说法，称茶叶翻过的山越多，这茶就越珍贵，越有福德。

　　茶马古道同样是汉、藏民族关系和民族团结的象征和纽带。汉族文明的特点是农业和儒教；藏族文明的特点则是高原地域和藏传佛教，两者都有深厚的底蕴。藏族之所以成为中国多民族大家庭中的一员，茶马古道在其中发挥了非常重要的作用。茶马古道的意义并不仅止于历史上的茶、马交换，事实上它既是历史上汉、藏两大文明发生交流融合的一个重要渠道，也是促成汉、藏两个民族进行沟通联系并在情感、心理上彼此亲近和靠拢的重要纽带。正如藏族英雄史诗《格萨尔王传》中所言："汉地的货物运到博（藏区），是我们这里不产这些东西吗？不是的，不过是要把藏汉两地人民的心连在一起罢了。"这可以说是藏族民众对茶马古道和茶马贸易之本质最透彻、最直白的理解。

　　茶马古道是迄今我国西部文化原生形态保留最好、最多姿多彩的一条民族文化走廊。茶马古道所穿越的川滇西部及藏东地区是我国典型的横断山脉地区，由于高山深谷的阻隔和对外交往的不便，使该地区的民族文化呈现了两个突出特点：第一，文化的多元性特点非常突出。沿途的民居样式、衣着服饰、民情风俗、所说语言乃至房前屋后宗教信仰标志始终像走马灯一样变化着，"五里不同音，十里不同俗"。这种多元文化特点，使茶马古道成为一条极富个性的民族文化走廊。第二，积淀和保留着丰富的原生形态的民族文化。茶马古道所途经的河谷地区大多是古代民族迁移流动的通道，许多古代先民在这里留下了踪迹，许多原生形态的古代文化因素至今仍积淀和保留在当地的文化、语言、宗教和习俗中，同时也有许多历史之谜和解开这些历史之谜的钥匙蕴藏其中。千百年来，不仅是汉、藏之间，藏族与西南其他少数民族乃至藏族内部各族群之间的文化交流与传播都在这里历久弥新地进行着，这一线既有民族文化的冲突与碰撞，也有各民族文化之间的融合与同化。事实上，正是这条东西横跨数千里，穿越青藏高原众多不同族群面貌、不同语言和不同文化地区的茶马古道，犹如一条彩带将它们有机地串联起来，使它们既保留着自己的特点，又彼此沟联并协同发展。

尤其值得一提的是康定，它是四川甘孜藏族自治州的州府，也是历史上曾经繁荣一时的茶马古道商业贸易中心。数百年以来，藏商把从西藏带来的麝香、虫草、黄金、马匹带到康定，与内地商人带来的茶叶、丝绸进行交易。正是这种民族间贸易的兴盛，造就了各民族在康定的大融合。

三十三、《华阳国志》

《华阳国志》被誉为"中国方志编纂史上的一个创举"，华阳指的是华山之南，汉水之南的地区，《华阳国志》一书所记载的地区不仅包括如今的四川、重庆，还包括了云南、贵州、汉中一带，是中国最早记述地域最广的地方志，堪称地方志的"鼻祖"。

《华阳国志》全书共分为《巴志》《汉中志》《蜀志》《南中志》《公孙述》《刘二牧（刘焉、刘璋）志》《刘先主（备）志》《刘后主（禅）志》《大同（晋统一）志》《李特、雄、期、寿、势志》《先贤士女总赞》《后贤志》《序志》等，共十二卷，大体由三部分组成：一至四卷主要记载巴、蜀、汉中、南中各郡的历史、地理，其中也记载了这一地区的政治史、民族史、军事史等，但以记地理为主，其类似于"正史"中的地理志；五至九卷以编年体的形式记述了西汉末年到东汉初年割据巴蜀的公孙述、刘焉刘璋父子、刘备刘禅父子和李氏成汉四个割据政权以及西晋统一时期的历史，这一部分略似"正史"中的本纪；十至十二卷记载了梁、益、宁三州从西汉到东晋初年的

"贤士列女"，这部分相当于"正史"中的列传。

《华阳国志》的作者为东晋时期的常璩，字道将，蜀郡江原县（今四川崇州市）人，大约生于291年，卒于361年。《华阳国志》开创了后世地方志的体例，以地理志、编年史和人物志三方面结合的方式，记载了4世纪之前以益州为中心的西南地区历史与地理状况。书中有许多政治、经济、郡县沿革、古代氏族等方面的重要史料，如巴蜀古代史事，诸葛亮出征南中的经过，各民族历史、传说、风俗等。其中的《先贤志》《后贤志》，收有西汉到东晋益、梁、宁三州（今四川及陕西、汉中、云南一部分）的人物约400人，这些内容都是正史的重要佐证史料。

在《华阳国志》一书中，常璩记载了几地的历史地理、风土人情，内容丰厚，为研究我国古代西南边疆的地理、政治史、经济史、民族史提供了宝贵的史料。

传世的《华阳国志》版本众多，而四川省图书馆所藏的明嘉靖刻本《华阳国志》是目前国内能找到的年代最早的版本。这个版本全国仅存两部，另一部在中国国家图书馆。根据考证，四川省图书馆所藏的《华阳国志》有可能是在成都刻印而成的，是名副其实的"蜀人所著、蜀人所刻印，记载蜀地的方志"。

三十四、金牛道

金牛道又叫石牛道，得名源自"石牛粪金、五丁开道"的故事，因说石牛能粪金，故称为金牛。石牛粪金的故事发生在秦惠文王更元九年（前316年），秦惠文王嬴驷将金牛赠送给蜀王，西蜀五丁力士奉命开山架栈引金牛成道，故名金牛道。

金牛道在历史上一直是古蜀道的主干线，也被叫作五丁道、剑阁道、蜀栈、南栈。先秦时期的古蜀道能够保留至今，得益于古人在开辟道路时就懂得在路的两边种植柏树以保护路基，后人在维护道路时也不断种植、维护柏树，所以现在遗留下来的古蜀道主道两旁都能看到高大、粗壮的古老柏树，成为古蜀道最壮丽的景观，如广元翠云廊、绵阳七曲山一带。

最早记载这个故事和提出金牛道之名的是西汉著名文学家扬雄的《蜀王本纪》（已佚）。金牛道在战国时期的具体线路已难确考。从整个古金牛道上的传说和地名，证实了历史曾发生过开石牛道的过程，如秦置金牛驿于烈金坝、五丁峡、五丁关、石牛铺等。

据古地名遗址和史志记载，再加今人的实际查勘，金牛道的具体线路是：汉中南郑向西，进入沮口、青羊、大安等镇，经勉县西南烈金坝（金牛驿），南折入五丁峡、五丁关至宁强县，再转西南经牢固关、黄坝驿，进入四川朝天的七盘关、转斗铺、中子铺、五里铺、神宣驿、龙门阁、明月峡、五里峡、石柜驿、汉寿驿、朝天镇，顺嘉陵江两岸绝壁上的飞阁栈道向南经朝天峡、望云铺、飞仙关至广元的千佛崖入利州古城广元。再南渡嘉陵江至要塞昭化，经古战场葭萌关，上牛头山，过"一夫当关，万夫莫开"的天下雄关剑门关。信步于古柏夹道、浓荫蔽日的翠云长廊而至梓潼大庙，经涪城绵阳过鹿头关、白马关、旌阳驿、金雁驿、天回驿，到达成都金牛坝。全程共600余千米。

在秦朝之前，四川还没有通往外界的比较像样的陆路通道，一般出川都要取道重庆从三峡出川。战国后期，秦国日益强大，南攻蜀国，东击巴国，出三峡以图楚国。巴、蜀沃野千里，物产富饶，秦垂涎已久。但蜀有剑门之险，巴有江河之阻，道路崎岖，运输艰难，征伐很不容易。

后来，秦惠文王采用大将司马错的计策，诈言秦得天降石牛，夜能粪金，秦王写信给蜀王愿与蜀国友邻，馈赠宝物石牛并献美女给蜀王，请开道迎接回去。蜀王开明氏不明就里，便派五力士在大剑山、小剑山、五丁峡一带峭壁处，日夜劈山破石凿险开路，入秦迎美女运石牛。秦国等蜀道开通后，就暗派大军长驱直入，蜀国没有防备，前线军队又寡不敌众，在葭萌一战大败，蜀国也就随之灭亡了，此是后话。后来这条路遂得名为石牛道。《读史方舆纪要》记载："自勉县而西南至四川剑州大剑口，皆谓之石牛道（或金牛道亦名栈道）。"

自此以后，闻名中外的古蜀道也就诞生了，对今后四川的生产、生活甚至战争都产生了深远的影响，最著名的可以算是三国时期，蜀国与魏国的交锋，诸葛亮、姜维全部是通过蜀道与魏国进行交战。

古往今来，在金牛道沿途还遗留下了不少的古桥梁、古建筑和古碑刻等遗迹，它们同样也是古代四川同中原地区进行政治、经济、文化等方面交流的重要证据。千年古蜀道，延续着文明，也完成了从古至今的嬗变，虽然蜀道变成了通途，但沿途的处处标记为世人留下了深厚的文化瑰宝。

三十五、三国与蜀汉

我们常说的"三国"，是继东汉而出现的时代称号，由于魏、蜀、吴三国鼎立而得名。三国疆域，大体魏得北方，蜀得西南地区，吴得东南地区。

魏国置司、豫、兖、青、徐、凉、雍、冀、幽、并等州。其中凉州领戊己校尉护西域；幽州地境达于辽东；南部诸州大致依秦岭、淮河分别与蜀、吴相接。蜀置益州，自秦岭至于南中（今四川大渡河以南和云南、贵州，因在巴、蜀之南，故名）。吴有扬、荆、交三州。

三国户口情况大致魏有户 66 万余，人口 440 余万；蜀有户 28 万，人口 94 万，吏 4 万，兵 100 万余；吴有户 52 万余，人口 230 万，吏 3 万余，兵 23 万。

古代中国地区中，皇帝称号只能由一个人使用，但这个时期却同时出现了三个，各领一国。西晋时陈寿编撰史书《三国志》从 184 年黄巾之乱之后的东汉末年的动乱时期开始记述，所以历史学家多以黄巾之乱的结束作为三国时代的开始。明代罗贯中根据这个时代的历史为蓝本撰写的历史小说《三国演义》，成为中国四大名著之一。在当代历史学的研究中，三国时期一般始于 220 年曹丕受禅称帝，终于 280 年晋灭吴。但史家往往多以 184 年爆发黄巾起义为三国时间上限，以 280 年晋灭吴为三国时间下限。

211 年冬，在荆州的刘备，受益州之主刘璋的邀请，入蜀帮助刘璋防守张鲁、曹操的入侵。东汉建安十六年（211 年），刘备率部进入益州，逐步占据了原来刘璋（刘焉之子）的地盘。刘备入蜀后在 212 年调兵直指成都的刘璋，虽然期间军师庞统中流矢死，但仍于 214 年成功逼使刘璋投降。刘备成功入主益州，留下关羽防卫荆州。219 年，刘备从曹军手中夺得汉中，据守荆州的关羽也向曹军发起进攻，但是孙权遣军袭杀关羽，占领荆州大部，隔长江三峡与刘备军相对峙。

东汉延康元年（220 年）正月，曹操逝；十月，子曹丕称帝（即魏文帝），国号魏，都洛阳，建元黄初。221 年，刘备在成都称帝（即汉昭烈帝），国号汉，世称蜀，又称蜀汉，建元章武。孙权于 221 年接受魏国封号，在武昌称吴王。222 年，蜀军出长江三峡与吴军相持于夷陵（今湖北宜都市境），猇亭一战，被吴将陆逊击败，退回蜀中。229年，孙权在武昌称帝（即吴大帝），后迁都建业（今南京），建立吴国。猇亭之战以后不久，蜀、吴恢复结盟关系，共抗曹魏。鼎足之势维持了40余年之久。

刘备于221年称帝后，为争夺已失的荆州，于次年出峡，与吴军进行了夷陵之战，败退入蜀，病逝于白帝城。其子刘禅即立。诸葛亮辅刘禅。小国弱民，处境困难。今川西和云、贵的一些少数民族，当时统称西南夷，接连发生叛乱。益州郡（今云南晋宁东）豪强雍闿，求附于吴。牂牁太守朱褒、越嶲夷王高定元都响应雍闿，南中地区动乱扩大。蜀汉建兴三年（225年），诸葛亮率军南征，大军分为三路，诸葛亮军西平越嶲，马忠军东平牂牁，然后他们与中路李恢所部共指益州郡。此时孟获已代雍闿据郡。诸葛亮败孟获，并按出军时马谡"攻心为上"的建议，对孟获七纵七擒，终于使孟获归心，南中平定。诸葛亮把夷人主帅移置成都为官，把南中青羌部落编为军队；以南中的牛马特产充实蜀国军资。西南夷人地区的闭塞状态，从此有所改变。

诸葛亮于蜀汉建兴五年（227年）率军进驻汉中，同魏国展开争夺关陇的激战。诸葛亮在益州疲惫情况下仍坚持求战，一方面力图以北伐来巩固自己"兴复汉室，还于旧都"的正统地位；另一方面则以攻为守，借以图存。建兴六年（228年），诸葛亮命赵云据箕谷（今陕西褒城北）以为疑兵，自己率主力取西北方向进攻祁山（今甘肃礼县东北）。前锋马谡在街亭（今甘肃天水东南）败阵，蜀军撤回。以后三年，诸葛亮又屡次出兵，都由于军粮不济，没有显著成果。蜀汉建兴十二年（234年），诸葛亮再次北伐，进军至渭水南面的五丈原（今陕西眉县西南），积劳成疾，病逝军中，蜀军撤回，北伐停顿。

诸葛亮逝后，蜀国以蒋琬、费祎、董允等人相继为相，因循守成。蜀汉景耀元年（258年）以后，宦官擅权，政治腐败。同时，当时的中流砥柱大将军姜维延续武侯遗志，又率军多次北伐。263年，司马昭派钟会、邓艾、诸葛绪分兵三路南平蜀汉，与姜维发生拉锯战，魏军被挡于剑阁前，邓艾避开姜维大军的锋芒，抄阴平小路直取涪城，进逼成都，蜀主刘禅投降，蜀被魏所灭。蜀国历二帝，共43年。

蜀国的军事建制大致如下：中央军为"五军"，即前、后、左、右、中军。中军既是作战部队又是卫戍部队；前、后、左、右四军为野战军。蜀汉中央军置军师将军1~2人，为全国最高军事统帅。中军有护军、监军、军师、都护、领军、典军各一人，前、后军有护军、监军、军师、领军、典军各一人，左、右军有护军、监军、都护各一人。前、后、左、右军的统帅分别是前将军、后将军、左将军、右将军，只有中军统帅是护军。

三十六、陈寿与三国文化

南充，在三国时叫巴西郡安汉县，是蜀国领地。早在唐代，在陈寿的故乡南充，陈寿的父老乡亲就在他少年读书的地方建起了万卷楼，以示纪念。南充，也由此成为"三国文化"的发源地。

1992年，南充市重建万卷楼，在陈寿的故居中出土了一块汉砖，经仔细辨认，确定汉砖的内容是教子图，这使得陈寿父亲的形象逐渐清晰起来。陈寿的父亲是马谡的参军，失街亭以后，陈寿的父亲和马谡一样受到处罚。马谡被诸葛亮斩首；陈寿的父亲受到髡刑，即削发的处罚，然后被逐出军营。这时，陈寿的父亲才辗转回到家乡。

陈寿出生于蜀后主刘禅建兴十一年（233年），也就是刘备在白帝城向诸葛亮托孤后的第十一年，此时，三国争霸已进入尾声。据史料记载，陈寿四五岁时，开始在父亲的影响下读书识字。少年时，陈寿对历史著作表现出了特别的兴趣。大约18岁时，他进入蜀国都城成都的太学学习，遇到了影响他一生的人———同是南充人的谯周。在谯周门下学习时，陈寿进一步刻苦攻读史学，南充至今流传许多陈寿刻苦读书的故事。蜀汉灭亡那一年，陈寿31岁，他留在了故乡南充，闲居家中，埋头读书数年。268年，陈寿离开故乡赶赴洛阳，担任西晋著作郎，专门负责编撰史书，从此，他的人生步入了一个新的阶段。在洛阳，陈寿编撰完成了史学巨著《三国志》。在陈寿编撰的《三国志》中，他对于因卷入失街亭一战而受牵连的老父只字未提，反而对于惩罚父亲的诸葛亮却大加颂扬，足见陈寿对待历史客观公正的态度。1700多年过去，《三国志》的文字仍然在民间广泛流传，罗贯中所著历史小说《三国演义》的蓝本便是根据《三国志》而来。

陈寿的老师谯周是三国后期的重要人物。陈寿在《三国志》中专门为这位同乡老师写了一篇传记。传记中说谯周语言幽默，连诸葛亮都常被他幽默的话语逗乐，而他最终也以一种不同凡响的方式影响了三国鼎立的格局。当魏国将军邓艾兵至阴平的危急关头，谯周此时的举动是力劝后主刘禅降魏，并说："如果降魏后魏国不封你为王，我愿冒险去魏国说理。"刘禅听从了谯周的意见，投降魏国，三国鼎立的格局被打破。这样做的结果，既能够保证后主刘禅不至于身败名裂，又能使全蜀老百姓不至于生灵涂炭。谯周的所作所为，在很多人看来无疑是违背忠义之道的，当时和后世的许多人对谯周有着诸多的非议。南充人宽容地接纳了这位颇具争议的老乡。蜀国降魏后，谯周数次拒绝了魏王封赏给他的高官厚禄。7年后，谯周在家乡于纷扰中离开了人世，誓死不肯穿魏王赐给他的寿衣。这其中的是非曲直，只能任由后世评说了。今天的谯周墓坐落在一处颇为热闹的市民小区中，人们在茶余饭后不知是否会偶尔想起这位用名节换来这一方平安的老乡。之后形势的演变，果然如同谯周所预料的那样，蜀国在归入魏国两年后，魏国的晋王司马昭之子司马炎以受禅让之名取代魏国建立晋朝，也就是历史上的西晋。公元280年，晋朝消灭吴国。至此，分裂割据的三国局面终于结束。

《三国志》是一部记载魏、蜀、吴三国鼎立时期的纪传体国别史，详细记载了从魏文帝黄初元年（220年）到晋武帝太康元年（280年）60年的历史，全书共65卷。由于陈寿又是晋代朝臣，晋承魏而得天下，所以《三国志》中也尊魏为正统，以《魏志》诸纪作为全书的总纲，又分别以魏、蜀、吴三书记述三国鼎立的开端、发展及结束。书中还记述了黄巾的兴亡、董卓和群雄的四起；官渡战后曹操势力的迅速增长；赤壁战后三国鼎立；夷陵战后蜀吴长期合作和蜀魏长期对立；魏明帝传位婴儿以至曹爽的失败是魏晋替兴的转折；诸葛亮之死是蜀政变化的标志；孙权晚年嫌忌好杀已肇败亡的危机；等等。

由于蜀汉的史志资料较少，也没有现成的史书可借鉴，搜集史料就非常困难。陈寿费了很大气力四处搜寻，《蜀书》才仅得15卷之数，较魏、吴两书更为简历。也因如此，《蜀书》中的许多重要人物的事迹，记载都十分简略。

陈寿所著的《三国志》属私人修史，取舍严慎，为历代史学家所重视。《三国志》成书后就受到时人推重，人们赞誉它"善叙事，有良史之才"，"辞多劝戒，明乎得失，有益风化"。

与陈寿同时的夏侯湛写作《魏书》，看到《三国志》，认为没有另写新史的必要，就毁弃了自己的著作。南朝人刘勰在《文心雕龙·史传》篇中讲："魏代三雄，记传互出，《阳秋》《魏略》之属，《江表》《吴录》之类，或激抗难征，或疏阔寡要。唯陈寿《三国志》，文质辨洽，荀（勖）、张（华）比之（司马）迁、（班）固，非妄誉也"。这就是说，那些同类史书不是立论偏激，根据不足；就是文笔疏阔，不得要领。只有陈寿的作品达到了内容与文字表述的统一。

虽然史书有为政治服务的功能，但陈寿仍以魏、蜀、吴三国各自成书，如实地记录了三国鼎立的局势，表明了他们各自为政，互不统属，地位是相同的。陈寿所修的《三国志》在当时属于现代史，很多事是他亲身经历、耳闻目见的。但因为时代近，有许多史料还没有披露出来；同时，因为恩怨还没有消除，褒贬很难公允，盖棺而不能论定，也给材料的选用和修史带来了一定的困难。但陈寿还是能在叙事中做到隐讳而不失实录，扬善而不隐蔽缺点。

《三国志》最大的缺点就是对曹魏和司马氏多有回护、溢美之词，受到了历代史学家的议论。这显然是处在曹魏、西晋政权交替过程中的一种避祸方式。作为封建时代的史书，必然会对当权者有所维护，为尊者讳是无法超越的潜在规则。陈寿除了涉及魏晋易代的敏感问题与当权人物之外，其叙写仍属翔实可信。另外，全书只有纪和传，而无志和表，这也是一大缺欠。所以，《三国志》成书之后，由于叙事过于简要，到了南朝宋文帝时，著名史学家裴松之便为其作注，又增补了大量材料。

陈寿在《魏书》中为曹操写了本纪，而《蜀书》和《吴书》只有传，没有纪。记刘备则为《先主传》，记孙权则称《吴主传》。陈寿还著有《益部耆旧传》《古国志》等书，整理编辑过《诸葛亮集》，可惜这些书后来都亡佚了。当陈寿挥笔写下"三国志"这三个字的时候，他或许不会想到，这部耗费了他毕生精力创作出来的史书会跨越时间的阻隔，影响着之后历朝历代的中国史著，直至1700多年后衍变成为一种独特的文化现象。

《三国志》从完成那一刻起就在当世引起了轰动，更与《史记》《汉书》《后汉书》一起被后世史学家尊称为"中华史学名著前四史"。历代史学家对《三国志》都有着极高的评价，认为它是"三国文化"的源头。晋惠帝在看过《三国志》后当即下诏，命令全国百姓每家每户都要抄写《三国志》，这也使得《三国志》中的故事很快就在民间流传。到唐朝时，社会上出现了一种新兴的行业——说书，又进一步推动了三国故事在民间的普及。这种普及和传承，一直延续到今天。

三十七、白马人

四川绵阳平武县境内自古以来都是氐羌系少数民族聚居区。由于自然环境相对闭塞，远古的氐羌遗裔至今仍生活在县内的高山密林之中，保留着古老而独特的民族风情。居住在县境西北部夺补河流域和黄羊河流域的白马人，就是其中最为典型的代表。

白马人是一支十分独特的族群。1978年，著名社会人类学家费孝通曾经专程赶赴平武研究白马人。经国内外众多专家学者多年的考察和研究，学术界现已基本认定，他们是古代氐族人的直系后裔。在中华人民共和国成立初期，缺乏民族识别条件的情况下，人们习惯称他们为白马藏族。白马人集中分布在摩天岭两侧的平武县、九寨沟县和文县三县境内，总人口约1.5万人。平武县境内的白马人主要分布在白马、木座、木皮和黄羊关四个藏族乡，共计4000余人。

白马人自称"贝"，有独立的语言，没有文字。民族文化与风俗习惯与相邻而居的藏族、羌族有较为明显的区别。白马人的经济活动以农牧业为主，副业则为狩猎、采药等。日常食物以燕麦、苦荞、洋芋等杂粮为主，喜饮咂酒，吸兰花烟，忌食狗肉。实行一夫一妻制，一般不与外族通婚，有入赘习俗，婚俗与汉人相近而略有区别。对逝者一般实行屈肢土葬，也有火葬与水葬。

白马人的原始宗教信仰尚处于万物有灵的状态，崇拜自然，敬奉神山"白马老爷"，最重要的宗教活动是跳"曹盖"。白马人的传统服饰非常有特色，男装为白色或青色右开襟长衫，系自制宽腰带；女装为白色或彩色长衫，下摆为百褶裙，上装胸、肩、袖等处和下摆边缘有彩色装饰，胸佩鱼骨牌，腰系自织彩色腰带，并配以铜钱串；男女均戴自制的盘形荷叶边白色羊绒帽，顶插一支或数支白色公鸡尾羽，作为本民族的标志。

每年农历正月初一到十五的跳"曹盖"仪式，是白马人最重要的宗教活动。在历史上，白马人一度没有本民族文字，只有一些在宗教仪式里使用的类似象形文字的符号。现在，大部分的年轻白马人很少说母语了，他们绝大多数时间用汉语交流，白马人的语言同样面临着可能失传的问题。一般而言，白马人都有小名、白马语名、汉名三套姓名，每家每户都有汉姓，其中杨姓居多。

白马人的传统住房为土墙板屋，日常生活以火塘为中心。在白马人聚居区，刻在住房门窗上惟妙惟肖的动物造型并不是一种简单的装饰，而是一种有着深刻内涵的信仰。据说，它与白马人的动物崇拜有着紧密的联系。比如说，有黑熊部落、猴子部落、蛇部落，最大的要算羊部落，部落里面又分小的部落、小的家族。有时，动物的名字就是部落的名称，这也是白马人一种奇特的文化现象。

白马人有自己独特的歌舞形式，每年农历正月初一到十五，农历四月十八和十月十五都是他们重要的节日期。在节日里，白马人都要跳他们的传统舞蹈——"曹盖"。舞者戴着木雕面具，以鼓钹和铜号为主要伴奏乐器，载歌载舞。白马人通过舞蹈，旨在祭祀神灵、祈求平安、驱鬼辟邪，也代表了白马人希望与自然界和谐相处、天人合一的思想。表演者在浑厚有力的鼓号声中，以碎步沿逆时针方向转圈而舞，舞姿多模拟各种动物的动作，因此这种舞蹈又被称为"十二相舞"。

传统意义上的白马人以农耕、畜牧、狩猎、采集为生。原始的生产、生活方式形成了白马人对自然的崇拜，对山川的顶礼，也造就了他们勤劳、勇敢的性格，孕育了白马人原始、古朴的民族文化。山深林茂，风吹草低，宽阔的河谷游弋着牛羊，年复一年的荞麦花开。辛勤的劳动，简朴的生活，孕育出白马人独具神韵的敬酒歌、跳曹盖、圆圆舞、猫猫舞等不同层级的民族歌舞。白马人独特的传统习俗和文化艺术，犹如一枝深山奇葩，继续引发着海内外社会人类学专家、学者的关注①。

三十八、太阳神鸟

太阳神鸟金饰2001年2月25日出土于成都金沙遗址，2005年8月16日，

---

① 注：资料来自平武县政务网 http://www.pingwu.gov.cn/contents/10/6.html

被国家文物局批准成为中国文化遗产标志。国家文物局认为，太阳神鸟图案构图凝练，是古蜀人丰富的哲学思想、宗教思想，非凡的艺术创造力与想象力和精湛工艺水平的完美结合，也是古蜀国黄金工艺辉煌成就的代表。

"太阳神鸟"金饰，即"四鸟绕日"金饰，无论是外层的 4 只飞鸟，还是内层旋转的太阳，都极具动感的视觉效果。特别是在红色背景衬托下，里面的漩涡就如同一轮旋转的火球，周围飞鸟图案分明就是红色的火鸟。外层飞行的神鸟和内层旋转着的太阳，表现的正是古蜀人对太阳神鸟和太阳神的崇拜和讴歌。据《山海经·大荒东经》记载："汤谷上有扶木，一日方至，一日方出，皆载于乌。"其金乌负日的神话传说也进一步说明古蜀人是"崇鸟崇日"的。

另外，从这个太阳神鸟金箔饰本身形象来看，内层的 12 道漩涡状光芒，既像一道道火苗，又像一根根象牙，也像一轮轮弯月，表示一年 12 个月周而复始。这里的数字 4 和 12 并不是巧合，我们推测，它们表示着特定的含义，外层 4 只逆时针飞行的鸟代表春夏秋冬四季轮回，每只鸟对应 3 个月牙（或者说是火苗，或者说是象牙），恰好说明每只鸟代表一个季节（3 个月）。内层圆圈周围的 12 道等距离分布的象牙状的弧形旋转芒纹代表一年 12 个月周而复始。这些都说明古蜀人已经掌握了岁、时、月的概念以及形成的规律和原因，已经知道"岁"与太阳运行有关，"月"与月亮运行有关，一年大致有 12 个月。

除此之外，太阳神鸟还可以与同样是金沙遗址出土的青铜立人像的冠帽相印证，这个青铜立人像的冠帽上有 13 道象牙形旋转状的冠饰，好似太阳闪烁的光芒，与太阳神鸟金箔饰内层的漩涡图案有异曲同工之妙，有着类似的象征意义。不同之处正好说明了这个弧形冠饰表示的是一年有 13 个月，即这一年是闰年，加了闰月。因此，金沙遗址出土的这些考古材料，均可以作为崇拜太阳的古蜀人使用了比较完备阴阳历的佐证。

不论是太阳神鸟金饰上的 12 道象牙状的旋转芒纹，还是青铜立人像冠帽上的 13 道象牙形旋转状的冠饰，这里的 12 和 13 两个数字之所以说是有着特定含义的，是因为还可以从三星堆遗址出土的考古材料中得到证明。12 和 13 两个数字都仅仅是在金沙遗址出土的考古材料中出现，而在比之前更早的三星堆遗址出土的考古材料中就几乎没有出现，就说明了这是历史发展的必然结果。在三星堆遗址出土的与太阳有关的考古材料中，是极少有表示 10 以上概念的图案的。比如，三星堆二号坑出土的圆形铜挂饰，它的弧形旋转芒纹是最多的，也才 9 个；而同样是二号坑出土的青铜圆轮形器（有说是"青铜太阳形器""车形器"或"轮形器"），它的芒纹只有 5 个；至于二号坑出土的青铜神殿的顶部和屋盖上的太阳形图案，它们的芒纹是 6 个或者 7 个。只有三星堆二号坑出土的青铜神殿的顶部和屋盖上的太阳形图案是唯一的一个例外，它上面的太阳形图案，每面有 3 个，4 面一共有 12 个。并且都是既不似象牙，也不像月牙。说明它们都比金沙遗址出土的太阳神鸟金饰早得多，所以还不够成熟，还没有那种特定的含义，它们只是更单纯地表示太阳的形象，象征太阳崇拜。因此，可以说三星堆文化中的古蜀人，至少在早期还没有把宗教崇拜（尤其是太阳崇拜）和历法联系在一起，只是在晚期才开始发现它们之间的关联。

虽然很多考古文化层出土器物中都有太阳形图案，但是刚好是 12 个的，却不多。只有甘肃东乡出土的一件双肩耳罐上共画了 12 个太阳。郑州大河村出土的仰韶文化晚期的彩陶罐上也画着 12 个太阳。这些都不仅是与太阳崇拜有关，也应该与历法有关。但是，像青铜神殿的顶部和屋盖上的这种每面 3 个，4 面一共 12 个太阳形图案的，却极少。它似乎表示的就是一种分一年为 4 个季节、12 个月的阴阳历。在历史上，蜀地的天文历算也特别发达，有其独特的系统，产生过深远影响，有"天数在蜀"之谓。古蜀人使用的历法的发展，除了古蜀人自己不断总结自然规律，不断进步以外，也借鉴了中原地区以及其他地区的历法知识。

在中原地区，商代时使用的是一种阴阳合历，出现闰月，有平年和闰年之分，平年一年里有朔望月 12 个，闰年有 13 个月。月有大小月之别，用干支排列纪日，从甲子到癸亥，配成 60 天，周而复始，这在殷商卜辞中有不少证明。但是在殷商的甲骨文和金文上只有"春"和"秋"。说明当时人们还没有四时的概念。西周时期与殷商时期的历法类似，但是，已经有了"二至""二分"和"四时"的概念。春秋时期已经形成了完备的"二十四节气"系统和"二十八星宿"天文系统，并已经掌握了"金、木、水、火、土"五星的测定。周代天文知识的进步，也充实并完善了周代的历法。

金沙遗址出土的这幅"太阳神鸟"金箔，代表着古蜀人的历法观念，与同一时期的中原地区的历法相似，都是相当完备的阴阳历，一年有 12 个或 13 个月，会置闰月，有四时的概念。这一方面证明古蜀文化与中原文化的交流早已有之，同时也说明当时蜀地的历法已形成了较完备的体系。

三十九、保路运动

清朝末年掀起的保路运动，在历史上也称作"铁路风潮"，是广东、湖南、湖北、四川等省人民反对清政府将民间筹股兴建的川汉、粤汉铁路出卖给帝国主义的群众运动。对四川来说，保路运动是四川近代史上重要的一段历史，也是中国近代史上浓墨重彩的一页，为我们留下很多的历史思考。

川汉铁路是清末提出兴建的一条重要铁路线路，全长 1980 千米，东起湖北广水（后改汉口埠），经宜昌府、夔州府（今奉节）、重庆府，西至成都，是连接湖北、四川两省，贯通长江中上游地区的重要铁路动脉。粤汉铁路是京广铁路南段广州到武昌间的一条铁路旧称，全长 1059.6 千米，从 1900 年动工到 1936 年筑成。川汉、粤汉铁路是沟通南北和深入内地的两条重要干线，因而成为帝国主义争夺的目标。1911 年 5 月，为了与美、英、法、德四国银行团订立总额为 600 万英镑的借款合同，清政府宣布了"铁路干线国有政策"。

为了夺回这两条铁路的自办权，广东、四川、湖南、湖北四省人民，采用征集"民股"的办法，由地方政府在税收项下附加租股、米捐股、盐捐股、房捐股等，来筹集筑路的资金。经过几年的筹集，不仅四省的绅商、地主成了股东，连一些农民也握有股票。于是，粤汉铁路开始修筑，川汉铁路从宜昌到万县的一段也已动工，从当时情况看，这两条铁路是可以靠自力修成的。但是，帝国主义不肯让中国自己修成铁路，就利用清政府财政上的困难进行要挟，迫使清政府订立了铁路借款合同，宣布铁路干线国有政策。根据当时的借款合同，英、美、法、德等帝国主义不但掌握了铁路权，而且要以湖南、湖北两省的盐税厘金作为抵押。所谓的铁路"国有"，不但剥夺了中国人自办铁路的主权，实际更是把川汉、粤汉铁路完全拍卖给帝国主义了。广大人民在两路筹办时期吃尽了苦头，当他们看到清政府公然出卖路权，更加愤恨，许多绅商也因铁路国有损害了他们的利益，非常不满。于是，一场具有广泛群众基础的、轰轰烈烈的保路运动爆发了。

　　首先起来反抗的是湖南人民。1911 年 5 月 14 日，长沙举行了万人群众集会。接着又举行了长沙至株洲的万余铁路工人的示威，并号召商人罢市，学生罢课，拒交租税以示抗议。在湖南人民的带动下，湖北、广东、四川的人民也都积极行动起来，保路运动很快发展成为声势浩大的武装起义。

　　地处内陆的成都，在当时，国人民智也已渐开，民众渐渐明白铁路修建带来的好处。于是，由四川省留日学生首倡，经当时的四川总督锡良奏请，早在 1904 年，就于成都岳府街设立了"川汉铁路公司"。1907 年 12 月 28 日，川汉铁路正式开工建设。但是，在 1911 年 5 月，清政府公然宣布"铁路干线国有"政策，并和英、法、俄、美四国银行团正式签订借款筑路合同，这就相当于将铁路的筑路权变相卖给美英法等国财团。1911 年 6 月，"川汉铁路公司"的广大股东为争回路权，经过紧张筹备，在成都召开了全省股东和各团体联合大会，成立了"四川保路同志会"，号召全川人民誓死"破约保路"。随着保路运动的进一步开展，成都各地民众响应号召，抗粮抗捐、罢课罢市等行为接连发生，并扩展到全川的范围。随后，清政府对四川保路运动采取了残暴的镇压。9 月 7 日，四川总督赵尔丰将保路斗争的领导人蒲殿俊、罗纶、邓孝可、张澜等人诱至督署内拘捕。消息传来，参与保路运动的数千名请愿民众涌向督院街督署院内向总督请愿。赵尔丰面对手无寸铁的群众，竟然下命令开枪镇压，请愿群众 30 多人被枪杀，制造了震惊全国的"成都血案"。"成都血案"成为保路同志军武装起义的导火线。随后同盟会等革命党人领导和发动了全川的武装起义，推翻了清政府在四川的统治，四川保路运动是四川近代史上的一次资产阶级民主革命，是辛亥革命的重要组成部分。

　　孙中山先生曾这样评价道：倘若没有四川的保路运动，革命的成功尚须推迟一年半载。这是对四川保路运动的作用和意义极其中肯的评价。1913 年，为纪念四川保路运动中的死难烈士，成都百姓在成都少城公园（现人民公园）内立起一座 31.85 米高的"辛亥秋保路死事纪念碑"。这座碑在 1988 年成为全国重点文物保护单位，并被列为"全国青少年爱国主义教育基地"。我们向在保路运动中牺牲的仁人志士致敬，他们的精神在百年后的今天仍然激励着每一个人。

　　2011 年 10 月，四川出版集团四川民族出版社出版了《四川保路运动历史真相》一书，作者为郑光路。为了写这本书，他进行了几年艰苦的案头准备，阅读了相当多的百年前旧资料，还采访过许多保路运动当事人的后代。该书通过大量文献资料和档案，以及当时的报刊、电报和图片，尽力还原四川保路运动的历史细节，客观、真实、全面、生动地再现了100年前四川保路运动那一幅幅有血有肉的鲜活历史画面，极真实地解读了四川保路运动的全过程，是一部以独特视角研究辛亥革命的作品。

　　成都市人民公园内还建有四川保路运动史事陈列馆。陈列馆共有两层，6间展厅，总面积约1000平方米，馆内陈列、展出图片百余幅，实物复制品70余件，展板介绍文字约20万字。内容重点以四川保路运动史实为主题，同时呈现当时四川的社会民俗生活与中国早期铁路史话。